# 总体国家安全观视域中的新型洗钱犯罪治理

陈 晨◎著

*Zongti Guojia Anquanguan Shiyu Zhongde Xinxing Xiqian Fanzui Zhili*

上海检察文库
检察业务论丛

中国检察出版社

**图书在版编目（CIP）数据**

总体国家安全观视域中的新型洗钱犯罪治理 / 陈晨著 . —北京：中国检察出版社，2023.12

ISBN 978-7-5102-3029-5

Ⅰ. ①总…　Ⅱ. ①陈…　Ⅲ. ①洗钱罪—研究—中国
Ⅳ. ①D924.334

中国国家版本馆 CIP 数据核字（2024）第 020514 号

**总体国家安全观视域中的新型洗钱犯罪治理**

陈　晨　著

**责任编辑**：王　欢
**技术编辑**：王英英
**美术编辑**：徐嘉武

**出版发行**：中国检察出版社
**社　　址**：北京市石景山区香山南路 109 号（100144）
**网　　址**：中国检察出版社（www.zgjccbs.com）
**编辑电话**：（010）86423780
**发行电话**：（010）86423726　86423727　86423728
（010）86423730　86423732
**经　　销**：新华书店
**印　　刷**：北京联兴盛业印刷股份有限公司
**开　　本**：710 mm × 960 mm　16开
**印　　张**：17.5
**字　　数**：291 千字
**版　　次**：2023 年 12 月第一版　　2023 年 12 月第一次印刷
**书　　号**：ISBN 978-7-5102-3029-5
**定　　价**：62.00 元

# 总 序

“实践没有止境，理论创新也没有止境。”注重发挥理论研究对检察工作的先导性、基础性、统摄性作用，及时为检察实践和改革创新提供高品质的理论支撑和智力支持，是上海市检察机关的优良传统，也是上海市检察机关推进新时代检察工作高质量发展，推进检察队伍革命化、正规化、专业化、职业化建设的重要抓手。

近年来，上海市检察机关持续学深悟透践行习近平新时代中国特色社会主义思想，全面贯彻习近平法治思想，发扬上海检察理论研究根植实践、勇立潮头、锐意创新、笃行致远的理论品格，依托“大调研”“大研究”工作格局，不断深化理论研究与实务探索的良性互动，持续创新丰富课题制、年会制、论坛制等载体和平台，产生了一批较高质量的理论研究成果，在引领理念、辅助决策、服务办案、助推改革等方面发挥了积极作用，为推动新时代上海检察工作行稳致远提供了有力支撑。

“上海检察文库·检察业务论丛”系列丛书以“理论建设与业务建设相辅相成、学术研究与实践应用统筹兼顾”为目标，主要择优收录本市检察业务专家、检察理论骨干人才和在本市检察系统挂职学者，就新时代检察机关法律监督工作相关重点问题撰写的专著、译著，旨在为检察官构建更为广阔的检察研究成果展示交流平台，以文见人、以文树人，建设高质量检察智库。

丛书编录秉持放眼全局、立足实践，以展示检察学术研究成果的方式，生动展现上海检察官在推进全面依法治国、坚持和完善中国特色社会主义检察制度，促进深化对检察工作基础性、战略性、全局性问题进行的深入思考、理论阐述和研究探索，以期形成既有学科覆盖面与研究的系统性，又具有鲜明的时代特征、检察特质和上海特色的检察理论研究成果体系，从而为推动新时代检察工作高质量发展，更好地发挥法治固根本、稳预期、利长远保障作用提供理论支撑和智力支持。

理论是实践的先导、行动的指南。当前，世界百年未有之大变局加速演进，世界之变、时代之变、历史之变的特征更加明显。党的二十大开启全面建设社会主义现代化国家新征程，面对高质量发展对高水平法治保障新要求，面对人民群众在民主、法治、公平、正义、安全、环境等方面更趋多元多样的需求，迫切需要从检察理论和实践的结合上深入回答关于中国式现代化进程中法治保障的时代课题。上海检察机关将把牢宪法对检察机关的职责定位和上海在国家改革发展大局中的战略定位，以时不我待“争一流、走在前、排头兵”的担当，不断推进理论探索和创新，为在法治轨道上全面建设社会主义现代化国家贡献检察力量。

由于水平有限，难免纰漏，不当之处，敬请批评指正。

“上海检察文库”编委会

2022年12月

# 目录
contents

# 上篇

# 反洗钱工作与国家总体安全

# 第一章　洗钱的基本要素和法律规制

金融是现代经济的核心。党的十八大以来，在以习近平同志为核心的党中央坚强领导下，我国坚定不移走好中国特色金融发展之路，持续推动金融事业高质量发展。[①]2023 年 10 月 30 日至 31 日，中央金融工作会议在北京举行。会议强调，金融是国民经济的血脉，是国家核心竞争力的重要组成部分，要加快建设金融强国，全面加强金融监管，完善金融体制，优化金融服务，防范化解风险，坚定不移走中国特色金融发展之路，推动我国金融高质量发展，为以中国式现代化全面推进强国建设、民族复兴伟业提供有力支撑。[②]

反洗钱是维护国家政治安全、金融安全和积极参与全球金融治理体系建设的重大国家战略。近年来，我国预防和打击洗钱及相关违法犯罪取得积极进展，但打击治理洗钱违法犯罪的形势依然严峻，需要相关部门的工作协同，依法打击各类洗钱违法犯罪行为，尤其要加大力度惩治刑法第 191 条规定的洗钱犯罪，坚决遏制洗钱及相关犯罪的蔓延势头，推动源头治理、系统治理和综合治理，构建完善国家洗钱风险防控体系，切实维护国家安全、社会稳定、经济发展和人民群众利益。[③]

---

① 《推动金融迈向高质量发展——新时代以来金融领域改革与发展综述》，载中国政府网，https://www.gov.cn/govweb/yaowen/liebiao/202310/content_6912618.htm，2023 年 10 月 31 日最后访问。

② 《中央金融工作会议在北京举行 习近平李强作重要讲话》，载中国政府网，https://www.gov.cn/yaowen/liebiao/202310/content_6912992.htm，2023 年 11 月 1 日最后访问。

③ 《中国人民银行、公安部等 11 部门联合开展打击治理洗钱违法犯罪三年行动》，载中国政府网，https://www.gov.cn/xinwen/2022-01/26/content_5670590.htm，2023 年 11 月 1 日最后访问。

## 第一节　洗钱的基本要素

### 一、洗钱的基本概念

洗钱是由英文术语“Money Laundering”翻译而来，其物理概念本是用碱液清洗沾满油污的硬币。现代意义的“洗钱”是对其物理意义的假借，意思指犯罪人员为掩饰或隐瞒犯罪收益的真实性质与来源，利用各种方法和手段进行清洗使其在形式上合法的行为，通过“清洗”使脏钱、黑钱等犯罪收入合法化。

最早受到关注的洗钱犯罪是毒品收益。随着经济社会的发展，除贩毒外，贪污、贿赂、走私、诈骗、黑社会性质组织犯罪等普遍存在洗钱行为。特别是20世纪中期以后，犯罪人员将巨额犯罪收益采用越来越专业化的复杂手法进行清洗，洗钱的跨国犯罪特征越来越明显，洗钱从分散的掩饰隐瞒犯罪收益行为逐步演化成专业性犯罪活动，成为独立犯罪类型。随着“9·11恐怖事件”的发生，国际社会和许多国家将打击洗钱的重心转变到恐怖融资。目前，国际洗钱活动呈现出异常活跃的趋势，洗钱的规模和程度也日益加剧，已经被国际社会视为最严峻的问题之一。

在《布莱克法律词典》中，“Money-Laundering”被阐释为“通过合法的人员或者账户转移非法获取的资金，以掩盖其真实来源之行为”。[①] 根据当今全球最具权威的反洗钱国际组织——金融行动特别工作组（Financial Action Task Force，以下简称FATF）在1990年所作的工作定义（Working Definition），是指明知财产来自于犯罪，为了隐藏、掩饰财产的非法来源，或者帮助涉及此种犯罪的人逃避其行为的法律后果，改变或转移财产；明知财产来自于犯罪，隐藏、掩饰财产的真实性质、来源、场所、处置、活动、相关的权利和所有权；取得、占有或使用那些在获得时就已经知道是非法的

---

① Bryan A. Garner，eds，Black’s Law Dictionary，Eighth Edition，Thomson West，2004，p.1027.

财产，简言之，洗钱即为“处置犯罪收益以掩饰其非法来源的过程”。[①] 根据国际货币基金组织（International Money Fund，以下简称 IMF）规定，“洗钱是转移、隐藏得自于或产生于犯罪活动的资产以模糊其犯罪关联的过程。”[②]

我国对洗钱的定义主要体现在刑法和反洗钱法中。我国刑法第 191 条规定，为掩饰、隐瞒毒品犯罪、黑社会性质的组织犯罪、恐怖活动犯罪、走私犯罪、贪污贿赂犯罪、破坏金融管理秩序犯罪、金融诈骗犯罪的所得及其产生的收益的来源和性质，提供资金帐户，将财产转换为现金、金融票据、有价证券，通过转帐或者其他支付结算方式转移资金的，跨境转移资产的或以其他方法掩饰、隐瞒犯罪所得及其收益的来源和性质的，构成洗钱罪。而反洗钱，是指为了预防通过各种方式掩饰、隐瞒毒品犯罪、黑社会性质的组织犯罪、恐怖活动犯罪、走私犯罪、贪污贿赂犯罪、破坏金融管理秩序犯罪、金融诈骗犯罪等犯罪所得及其收益的来源和性质的洗钱活动，依照反洗钱法规定采取相关措施的行为。[③]

由于法律传统、政治体制不同，各个国家、地区及有关国际组织对洗钱的定义不同，但其内容主要体现在以下几个方面：（1）洗钱是在实施犯罪并获取赃款的前提下所从事的违法行为；（2）洗钱者明知是犯罪所获得的赃款而进行清洗；（3）转移或者转换犯罪所得的赃款，由获得犯罪赃款的本人也可由获得犯罪赃款的犯罪分子委托他人或单位进行；（4）通过金融机构或其他方式转移或转换犯罪所获得的赃款；（5）企业掩盖犯罪行为并使犯罪所得的赃款表面上合法。[④]

## 二、洗钱的主要环节

对洗钱犯罪行为的理解和把握，需要植根于洗钱罪所保护的法益。洗钱是隐藏（Conceal）相关收入存在、非法来源和非法用途的行为，以及对收入

---

① See Financial Action Task Force on Money Laundering，1989–1990 Report on Money Laundering Typologies，February 1990；转引自何萍：《中国洗钱犯罪的立法和司法——兼与欧盟反洗钱制度比较研究》，上海人民出版社 2005 年版，第 6 页。

② See the IMF and the Fight Against Money Laundering and the Financing of Terrorism，accessed from www.imf.org/extemal/np/exr/facts/aml.htm，2020 年 10 月 16 日最后访问。

③ 《中华人民共和国反洗钱法》第 2 条。

④ 冯怡：《金融机构可疑交易监测与洗钱犯罪类型分析》，中国商业出版社 2020 年版，第 5 页。

进行伪装（Disguise）使其表面合法化的过程。

在实践中，洗钱行为一般通过以下三个步骤将违法犯罪行为转换（Converting）为表面合法收入：

1. 放置阶段（Placement），主要是将源于犯罪所得的黑钱放入合法的企业或者其他机构中。实践中，黑钱所投入的清洗系统，除了作为洗钱主渠道的金融系统外，还包括现金密集型行业、非金融产品等。

2. 培植（Layering）阶段，主要是通过各种方式，将黑钱进行培植或压植，以模糊其犯罪所得的来源、性质以及与犯罪者的关联。在此阶段中，洗钱行为人利用银行和其他金融机构提供的保密服务，通过在不同主体的账户甚至境内外账户之间反复进出、掩人耳目，使犯罪收益蒙上了层层面纱，对其识别和追踪更加困难。

3. 融合阶段（Integration）：经过清洗的资金转化为合法的金融工具形式，包括银行票据、贷款、信用证或者其他合法化的金融工具。[①]

上述洗钱过程的三个阶段划分是理论归纳，实践中三个阶段有时区分明显，有时发生重叠、交叉，难以截然清晰地分开，需要特别关注。

## 三、洗钱的发展态势

从全球范围来看，洗钱犯罪从出现至今，其手法、方法向多样化、专业化方向发展，规模也日益扩大，已经由初期分散、无组织的隐蔽犯罪行为逐步演变为当今具有专门分工、有组织的犯罪行为。一些犯罪集团还可能雇用一些具有专门知识和技能的人员为其服务，这些专业人员利用专业知识为犯罪者提供服务，使得洗钱犯罪更具复杂性，加大了洗钱难度。我国洗钱及其上游犯罪呈现出以下新特点和新动向：

一是洗钱主体涵盖个体化洗钱和职业化的洗钱团伙。毒品和贪贿犯罪中，上游犯罪人员多数通过身边的亲戚、朋友提供资金账户、转账、购买金融产品和代持房产等方法洗钱，既降低了洗钱成本，也使上游违法犯罪的查清、追缴更加困难。另外，职业化从事洗钱、非法资金汇兑的“通道”行为愈演愈烈。地下钱庄等犯罪团伙往往通过大量个人账户、空壳公司对公账户

---

① See President’s Commission on Organized Crime，Interim Report to the President and Attorney General，The Cash Connection：Organized Crime，Financial Institution，and Money Laundering 7（1984）.

等，在收到上游违法犯罪资金后迅速拆分打散，构建起层层嵌套的资金通道，以此逃避打击追查。

二是洗钱手段方式日趋科技化、智能化，监管和侦查取证困难。一方面，案件反映出不法人员已经熟练使用信用卡、网上银行的现代金融工具和渠道洗钱，传统现金业务的洗钱风险亦需要高度重视。利用现金交易痕迹少、流向难以追踪等特点，通过藏匿、投资、跨境运输等方式转移、清洗资金。另一方面，混用多种手法的“升级”版本频现。此类洗钱的犯罪嫌疑人往往具有极强的反侦查能力和灵活的技术手段，运用依托第三方支付搭建非法支付平台，以跑分平台、虚假电商、充值卡错配等方式分拆和隔离资金走向，并利用虚拟货币、混币、游戏代币等实施资金清洗和跨境资金转移，多领域、多手法、多层级的清洗行为使得资金流向出现“断裂”，资金链条的查证和复原更加困难。

三是洗钱犯罪行为涉及领域涵盖金融、非金融机构和信息网络平台等不同领域。洗钱违法犯罪行为既有通过银行、期货等传统金融行业进行的，又有通过贸易活动、贵金属、房产特定非金融行业进行的，亦有利用虚拟货币、游戏代币、网络直播等信息网络手段和载体进行资金转移和清洗的。投资逐渐成为洗钱的重要方式，投资领域涵盖房地产、金融产品乃至实业，实践中还发现不法人员通过投拍影视剧进行洗钱犯罪活动。

四是跨市场、跨行业交叉性洗钱加剧。当前，一些结构复杂的金融创新产品与互联网金融渠道叠加，形成了跨市场、跨行业的业务运行模式，由此产生出更多的资金通道和嵌套环节，使得资金的来源和去向难以被追踪和查证。不法人员在利用监管薄弱领域拓展洗钱渠道的同时，借助不同行业间的信息壁垒，跨市场、跨行业、跨机构清洗资金，人为复杂化资金流转链条，并将风险交叉传递。

五是跨境洗钱风险高发。首先，不法人员利用跨境金融业务和产品洗钱，如利用银联卡跨境取现功能，通过“境内办卡、境外取现”的方式，化整为零，实现对非法资金的跨境转移，利用个人购汇额度，从异地、跨行转入资金进行购汇，然后转至境外固定账户，以分拆购汇、跨境转移资金；利用境外居民在境内开立的银行卡账户或境外机构和个人在取得离岸银行业务经营资格的境内银行开立的账户转移资金。其次，出现反向洗钱的新动向。以往的洗钱案件犯罪中往往是境内犯罪人员将赃款转移至境外，但也发现洗钱的新动向，即不法人员将境外上游犯罪所得转移到境内清洗。地下钱庄不仅经营非法买卖外汇、跨境汇款，而且在境内操作巨额资金的跨省转移，帮助不法企业偷逃税款，协助境外赌场在境内结算赌资等多种非法经营方式。[①]

## 第二节　国际社会对洗钱犯罪的规制进程

### 一、国际公约的治理目标和保障机制

反洗钱（Anti-money Laundering，AML）是当今世界面临的全球性问题之一。洗钱活动对国际安全和世界金融体系都造成了冲击，引起各国的关注和重视。有学者总结出，国际社会反洗钱工作可以归纳为两大推进路径，一是通过国际公约明确反洗钱的全球治理目标，二是通过 FATF 的“经济制裁”保障反洗钱建议和指引的实践和执行。[②]

#### （一）反洗钱公约的全球治理目标

1.《维也纳公约》：起点时期

1988 年《联合国禁止非法贩运麻醉药品和精神药物公约》（以下简称《禁毒公约》）对涉毒洗钱罪首次规定，即对毒品犯罪所得进行洗钱行为构成犯罪。《禁毒公约》第 3 条第 1 款指出，“各缔约国应采取可能必要的措施将下列故意行为确定为其国内法中的刑事犯罪的（b）目之下”，公约中有关洗钱刑事定罪的定义是如此规定的：“（一）明知财产得自按本款（a）项确定的任何犯罪或参与此种犯罪的行为，为了隐瞒或掩饰该财产的非法来源，或为了协助任何涉及此种犯罪的人逃避其行为的法律后果而转换或转让该财产；（二）明知财产得自按本款（a）项确定的犯罪或参与此种犯罪的行为，隐瞒或掩饰该财产的真实性质、来源、所在地、处置、转移、相关的权利或所

---

① 冯怡：《金融机构可疑交易监测与洗钱犯罪类型分析》，中国商业出版社 2020 年版，第 15 页。

② 周锦依、何进平：《全球犯罪协同治理下我国洗钱罪立法的基本立场》，载《江西社会科学》2016 年第 2 期。

有权。”[①]

联合国《禁毒公约》在国际反洗钱公约法律体系中的地位非常突出，因为洗钱行为的法律定性需要国际社会达成共识，只有如此在反洗钱行动中才能够取得国际合作的协调一致，而《禁毒公约》正是世界上第一部将洗钱行为定位为犯罪的国际公约。[②]截至目前，该公约所确立的一些重要概念、犯罪构成、法律原则及行动规范被国际社会广泛认可，并被各公约签署国作为建立本国反洗钱规制体系的法律样本。更为重要的是，标志着洗钱犯罪开始被正式纳入了全球犯罪协同治理体制（the regime of global governance of crime）。[③]该体制以跨国犯罪为主要打击对象，以国际条约和区域条约为打击依据，并以国际组织的相关举措为打击保障。全球犯罪治理体制所秉持的基本理念即是：“唯有进行国际合作才能实现对跨国犯罪的有效打击。”[④]

---

① 《联合国禁止非法贩运麻醉药品和精神药物公约》第 3 条规定：

（a）（一）违反《1961 年公约》、经修正的《1961 年公约》或《1971 年公约》的各项规定，生产、制造、提炼、配制、提供、兜售、分销、出售、以任何条件交付、经纪、发送、过境发送、运输、进口或出口任何麻醉药品或精神药物；（二）违反《1961 年公约》和经修正的《1961 年公约》的各项规定，为生产麻醉药品而种植罂粟、古柯或大麻植物；（三）为了进行上述（一）目所列的任何活动，占有或购买任何麻醉药品或精神药物；（四）明知其用途或目的是非法种植、生产或制造麻醉药品或精神药物而制造、运输或分销设备、材料或表一和表二所列物质；（五）组织、管理或资助上述（一）、（二）、（三）或（四）目所列的任何犯罪；

（b）（一）明知财产得自按本款（a）项确定的任何犯罪或参与此种犯罪的行为，为了隐瞒或掩饰该财产的非法来源，或为了协助任何涉及此种犯罪的人逃避其行为的法律后果而转换或转让该财产；（二）明知财产得自按本款（a）项确定的犯罪或参与此种犯罪的行为，隐瞒或掩饰该财产的真实性质、来源、所在地、处置、转移、相关的权利或所有权；

（c）在不违背其宪法原则及其法律制度基本概念的前提下，（一）在收取财产时明知财产得自按本款（a）项确定的犯罪或参与此种犯罪的行为而获取、占有或使用该财产；（二）明知其被用于或将用于非法种植、生产或制造麻醉药品或精神药物而占有设备、材料或表一和表二所列物质；（三）以任何手段公开鼓动或引诱他人去犯按照本条确定的任何罪行或非法使用麻醉药品或精神药物；（四）参与进行，合伙或共谋进行，进行未遂，以及帮助、教唆、便利和参谋进行按本条确定的任何犯罪。

文本来源于联合国官网，https：//www.un.org/zh/node/182023，2023 年 9 月 30 日最后访问。

② 赵永林、刘建刚等：《反洗钱：法律机制问题研究》，法律出版社 2015 年版，第 18 页。

③ See Valsamis Mitsilegas，Peter Alldridge and Leonidas Cheliotis，Globalisation，Criminal Law and Criminal Justice，Hart Publishing，2015，p.153.

④ Neil Boister，An Introduction to Transnational Criminal Law，Oxford University Press，2012，p.8.

2.《巴勒莫公约》和《联合国反腐败公约》：扩展时期

除了 1988 年的《禁毒公约》，联合国在反洗钱方面还通过了以下公约：1995 年《联合国反洗钱示范法》、1995 年《联合国禁毒总署关于洗钱和没收与贩毒有关财产的示范法》、2000 年《联合国打击跨国有组织犯罪公约》、1999 年《联合国禁止向恐怖主义提供资助的国际公约》、2005 年《联合国反腐败公约》等，从而构建了反洗钱领域的全球犯罪治理体制。

其中，2000 年《联合国打击跨国有组织犯罪公约》又称为《巴勒莫公约》，其第 6 条进一步明确了洗钱行为的刑事定罪，第 7 条从四个方面提出打击洗钱活动的措施。①

《联合国反腐败公约》是在第 58 届联合国代表大会上表决通过的，是唯一一份具有法律约束力的国际性反腐败法律文件。公约中的方法意义深远，

---

① 《联合国打击跨国有组织犯罪公约》第 6 条“洗钱行为的刑事定罪”规定：

1. 各缔约国均应依照其本国法律基本原则采取必要的立法及其他措施，将下列故意行为规定为刑事犯罪：

（a）明知财产为犯罪所得，为隐瞒或掩饰该财产的非法来源，或为协助任何参与实施上游犯罪者逃避其行为的法律后果而转换或转让财产；

明知财产为犯罪所得而隐瞒或掩饰该财产的真实性质、来源、所在地、处置、转移、所有权或有关的权利；

（b）在符合其本国法律制度基本概念的情况下：

在得到财产时，明知其为犯罪所得而仍获取、占有或使用；

参与、合伙或共谋实施，实施未遂，以及协助、教唆、便利和参谋实施本条所确立的任何犯罪。

2. 为实施或适用本条第 1 款：

（a）各缔约国均应寻求将本条第 1 款适用于范围最为广泛的上游犯罪；

（b）各缔约国均应将本公约第 2 条所界定的所有严重犯罪和根据本公约第 5 条、第 8 条和第 23 条确立的犯罪列为上游犯罪。缔约国立法中如果明确列出上游犯罪清单，则至少应在这类清单中列出与有组织犯罪集团有关的范围广泛的各种犯罪；

（c）就（b）项而言，上游犯罪应包括在有关缔约国刑事管辖权范围之内和之外发生的犯罪。但是，如果犯罪发生在一缔约国刑事管辖权范围以外，则只有该行为根据其发生时所在国本国法律为刑事犯罪，而且若发生在实施或适用本条的缔约国时根据该国法律也构成刑事犯罪时才构成上游犯罪；

（d）各缔约国均应向联合国秘书长提供其实施本条的法律以及这类法律随后的任何修改的副本或说明；

（e）如果缔约国本国法律基本原则要求，则可以规定本条第 1 款所列犯罪不适用于实施上游犯罪的人；

（f）本条第 1 款所规定的作为犯罪要素的明知、故意或目的可根据客观实际情况推定。

其中许多条款具有强制性，为全面解决全球反腐败问题提供了独特的蓝本。公约主要涵盖五个方面：预防措施、定罪和执法、国际合作、资产的追回，以及技术援助和信息交流。其中，第14条规定了预防洗钱的措施，[①]第23条

---

① 《联合国反腐败公约》第14条“预防洗钱的措施”规定：

一、各缔约国均应当：

（一）在其权限范围内，对银行和非银行金融机构，包括对办理资金或者价值转移正规或非正规业务的自然人或者法人，并在适当情况下对特别易于涉及洗钱的其他机构，建立全面的国内管理和监督制度，以便遏制并监测各种形式的洗钱，这种制度应当着重就验证客户身份和视情况验证实际受益人身份、保持记录和报告可疑交易作出规定；

（二）在不影响本公约第四十六条的情况下，确保行政、管理、执法和专门打击洗钱的其他机关（在本国法律许可时可以包括司法机关）能够根据本国法律规定的条件，在国家和国际一级开展合作和交换信息，并应当为此目的考虑建立金融情报机构，作为国家中心收集、分析和传递关于潜在洗钱活动的信息。

二、缔约国应当考虑实施可行的措施，监测和跟踪现金和有关流通票据跨境转移的情况，但必须有保障措施，以确保信息的正当使用而且不致以任何方式妨碍合法资本的移动。这类措施可以包括要求个人和企业报告大额现金和有关流通票据的跨境转移。

三、缔约国应当考虑实施适当而可行的措施，要求包括汇款业务机构在内的金融机构：

（一）在电子资金划拨单和相关电文中列入关于发端人的准确而有用的信息；

（二）在整个支付过程中保留这种信息；

（三）对发端人信息不完整的资金转移加强审查。

四、吁请缔约国在建立本条所规定的国内管理和监督制度时，在不影响本公约其他任何条款的情况下将区域、区域间和多边组织的有关反洗钱举措作为指南。

五、缔约国应当努力为打击洗钱而在司法机关、执法机关和金融监管机关之间开展和促进全球、区域、分区域及双边合作。

文本来源于联合国官网，https：//www.un.org/zh/issues/anti-corruption/uncac_text.shtml，2023年9月30日最后访问。

和第24条区分了洗钱和窝赃行为。[①]

两大公约与国际洗钱刑事定罪的进展关系主要可以从两方面进行分析：

（1）直接的刑事定义

《维也纳公约》将与毒品犯罪相关的后续资金行为定义为“罪行”，但是从律法条文和文字定义上，并未针对毒品非法收入的“隐瞒”和“掩饰”行为，用“洗钱”这样明确的刑事律法文字将罪行正式定义下来。《巴勒莫公

① 《联合国反腐败公约》第23条“对犯罪所得的洗钱行为”规定：

一、各缔约国均应当根据本国法律的基本原则采取必要的立法和其他措施，将下列故意实施的行为规定为犯罪：

（一） 1. 明知财产为犯罪所得，为隐瞒或者掩饰该财产的非法来源，或者为协助任何参与实施上游犯罪者逃避其行为的法律后果而转换或者转移该财产；

2. 明知财产为犯罪所得而隐瞒或者掩饰该财产的真实性质、来源、所在地、处分、转移、所有权或者有关的权利；

（二） 在符合本国法律制度基本概念的情况下：

1. 在得到财产时，明知其为犯罪所得而仍获取、占有或者使用；

2. 对本条所确立的任何犯罪的参与、协同或者共谋实施、实施未遂以及协助、教唆、便利和参谋实施；

二、为实施或者适用本条第一款：

（一）各缔约国均应当寻求将本条第一款适用于范围最为广泛的上游犯罪；

（二）各缔约国均应当至少将其根据本公约确立的各类犯罪列为上游犯罪；

（三）就上文第（二）项而言，上游犯罪应当包括在有关缔约国管辖范围之内和之外实施的犯罪。但是，如果犯罪发生在一缔约国管辖权范围之外，则只有当该行为根据其发生地所在国法律为犯罪，而且根据实施或者适用本条的缔约国的法律该行为若发生在该国也为犯罪时，才构成上游犯罪；

（四）各缔约国均应当向联合国秘书长提供其实施本条的法律以及这类法律随后的任何修改的副本或说明；

（五）在缔约国本国法律基本原则要求的情况下，可以规定本条第一款所列犯罪不适用于实施上游犯罪的人。

《联合国反腐败公约》第24条“窝赃”规定：

在不影响本公约第二十三条的规定的情况下，各缔约国均应当考虑采取必要的立法和其他措施，将下述故意实施的行为规定为犯罪：行为所涉及的人员虽未参与根据本公约确立的任何犯罪，但在这些犯罪实施后，明知财产是根据本公约确立的任何犯罪的结果而窝藏或者继续保留这种财产。

文本来源于联合国官网，https：//www.un.org/zh/issues/anti-corruption/uncac_text.shtml，2023年9月30日最后访问。

约》和《联合国反腐败公约》作为继《维也纳公约》之后的两个重要后续公约，其在《维也纳公约》基础上的最重大递进与深化关系之一，就是直接在律法条文上，正式或明确以“洗钱”律法文字表述指定非法所得的“隐瞒”和“藏匿”行为为犯罪行为。从立法递进与深化的意义上分析，文本的这一改变至少在两个方面具有重要意义：一是首次在律法条文定义上正式确立了“洗钱”犯罪，二是使新的洗钱刑事制裁公约，摆脱了《维也纳公约》将洗钱罪的刑事定义紧紧与相对固定的上游犯罪关联在一起的局限性。

①定义替代

《巴勒莫公约》第 6 条和《联合国反腐败公约》第 23 条，均分别在洗钱刑事定罪的条款中，不再使用“掩饰和隐瞒犯罪所得”这样比较初始的用语，而是直接以“洗钱”这样的律法文字来定义“掩饰和隐瞒犯罪所得”的刑事犯罪行为。

②解除限定

相较于《维也纳公约》，两个后续公约均摆脱或取消了洗钱上游犯罪的范围限定，与《维也纳公约》相关表述相同，《巴勒莫公约》和《联合国反腐败公约》均在相关条款的第“1”款“(a)”目之下，针对洗钱形式定罪问题表述了两个“明知……”但明显有所区别的是，后续两个公约不再将洗钱刑事定罪与上游犯罪进行限定性关连，而是直接表述为：明知财产为犯罪所得[①]，为隐瞒或者掩饰该财产的非法来源，或者为协助任何参与实施上游犯罪者逃避其行为的法律后果而转换或者转移该财产；明知财产为犯罪所得[②]而隐瞒或者掩饰该财产的真实性质、来源、所在地、处分、转移、所有权或者有关的权利。

(2) 上游犯罪形式划分

洗钱上游犯罪限定解除后，国际公约关于洗钱刑事犯罪的定义也随之变化，这种改变直接导致各缔约国根据《维也纳公约》确定的相同立法定义，与由联合国新近发布的国际权威律法定义之间出现了差异。联合国考虑到各国立法调整需要一个过程，以及立法环境客观上会存在差异，为使新的两个公约能够体现缓冲和弥合差异，给各缔约国根据自身立法情况和洗钱犯罪治理需要给使用洗钱犯罪刑事定罪定义留下必要的调整空间，《巴勒莫公约》

① 划线部分为本书作者所加，以表示强调。

② 划线部分为本书作者所加，以表示强调。

和《联合国反腐败公约》在洗钱相应的条款中规定的两个层次的上游犯罪范围，有学者将其区分为“基本层次”和“泛化层次”。[①]

①基本层次和泛化层次

《巴勒莫公约》第6条第2款规定：“(a)各缔约国均应寻求将本条第1款适用于范围最为广泛的上游犯罪；(b)各缔约国均应将本公约第2条所界定的所有严重犯罪和根据本公约第5条、第8条和第23条确立的犯罪列为上游犯罪。缔约国立法中如果明确列出上游犯罪清单，则至少应在这类清单中列出与有组织犯罪集团有关的范围广泛的各种犯罪。”

《联合国反腐败公约》第23条第2款规定：“(一)各缔约国均应当寻求将本条第一款适用于范围最为广泛的上游犯罪；(二)各缔约国均应当至少将其根据本公约确立的各类犯罪列为上游犯罪。”

②信号释放

联合国继《维也纳公约》后公布的两个公约实际已经完全解禁了洗钱上游犯罪的范围限制，对洗钱犯罪实施刑法规制的目标也是非常清楚的。

首先，上游犯罪范围的“泛化层次”定义，超出于具体公约界定，其目标在于满足国际长期或长远洗钱刑事定罪立法需要。

其次，上游犯罪范围的“基本层次”定义，是出于洗钱刑法规制的基本标准，要求所有缔约的国家，应遵循和满足最低洗钱刑事定罪的立法要求，其目标在于确保各缔约国在签署公约后能够确保公约的严肃性。

要实现对某类犯罪的全球性治理，借助国际公约而将相应罪名推行至世界各国是应有之义。反洗钱全球犯罪治理体制对各国的影响是多方面的，一方面，无疑为各国间开展广泛的司法互助提供了有利条件，从而得以联合全球力量打击“共同敌人”；另一方面，全球犯罪治理体制亦使得各国对相应犯罪的惩治自主权不可避免地受到了来自国际社会的影响与制约。

---

① 侯合心：《国际国内洗钱刑事定罪立法与监管比较研究》，中国金融出版社2015年版，第30页。

### （二）反洗钱公约的独特保障机制：FATF 的反洗钱建议和“互评估”机制

1. FATF 和“40+9”项建议

反洗钱金融行动特别工作组（FATF）于 1989 年在巴黎成立，是西方七国为研究洗钱的危害、预防洗钱并协调反洗钱国际行动而成立的政府间国际组织，也是目前全球反洗钱和反恐融资领域最具权威性的国际组织之一。FATF 的任务主要包括三方面：制定和推广反洗钱和反恐融资领域的标准建议，促进全球性反洗钱网络的建立；监督该组织成员对反洗钱和反恐融资建议的执行情况；研究总结洗钱和恐怖融资的趋势、方法和技术以及相应的打击措施。

FATF 以《维也纳公约》与《关于防止犯罪分子利用银行系统洗钱的声明》（以下简称《巴塞尔声明》）为基础创设的《40 条建议》，在颁布之初就被誉为了“各国打击洗钱犯罪的最低要求”。在某种意义上，FATF 的《40 条建议》是在整合公约规定基础之上对国际反洗钱要求的细化。根据反洗钱形势和内涵的变化，FATF 的反洗钱标准经过了多次修改。2012 年，FATF 修订并发布了新版《打击洗钱、恐怖融资和扩散融资的国际标准：FATF 建议》（即“新 40 条建议”），并以此为依据，从 2014 年至 2022 年对所有成员开展互评估，旨在考察成员反洗钱工作的合规性和有效性。① 在经过数次修订后，《40 条建议》已然成为当今衡量各国反洗钱水准的重要标尺。

---

① 在这一过程中，FATF 从技术性合规（technical compliance）和有效性（effectiveness）合规两个方面对各国落实《40 条建议》的情况展开评估，并将评估结果分为 5 类，由高到低分别为：合规（C）、大部分合规（LC）、部分合规（PC）、不合规（NC）、不适用（N/A）。[ 技术合规性评估的合格标准则为：“部分合规”与“不合规”的指标数量之和不得超过 8 个，且核心指标（即《40 条建议》中的建议 3、建议 5、建议 10、建议 11 和建议 20）的评估结果不能出现“部分合规”或者“不合规”。有效性评估的合格标准为：被评为“中等水平”与“低效”的指标不超过 7 个，且被评为“无效”的指标不能超过 4 个。同时，FATF 将反洗钱和反恐怖融资措施应实现的最终目标分为 11 个直接指标（immediate outcome），每项指标所对应的评估结果则分为 4 个等级，由高到低分别为：高水平（HE）、较高水平（SE）、中等水平（ME）、低效（LE）]。

表1　FATF的40条建议的演进时间和主要内容[①]

| 时间 | 主要内容 |
| --- | --- |
| 1990年 | FATF公布了成立以来第一版“40条建议”，旨在打击通过金融系统清洗毒品资金 |
| 1996年 | FATF根据洗钱范围扩大的现状对建议进行了修订，扩大了打击洗钱的范围 |
| 2001年 | 受“9·11”恐怖事件影响，FATF在原有“40条建议”的基础上针对打击恐怖融资提出了8条特别建议 |
| 2004年 | 通过了关于打击通过现钞运送进行洗钱等一项特别建议。与原有40条建议合称“40+9项建议”。该文件是国际反洗钱和反恐怖融资领域中最著名的指导性文件，目前已经得到140多个国家和地区及国际货币基金组织、世界银行等国际组织认可 |

2. FATF组织的互评估

如前所述，FATF指定的相关准则已成为目前国际公认的反洗钱合规标准。FATF对成员国的反洗钱和反恐怖融资的互评估是推进洗钱犯罪国际治理的另一大路径。在经过阶段性互评估之后，FATF会持续跟进被评估国的整改情况。如若FATF认为问题依旧没有得到任何改善，便会进一步缩短报告周期以敦促该国加大完善力度。[②]

在反复敦促未果的情况下，被评估国可能被FATF列入黑名单或者灰名单之中。如2023年10月，FATF组织的黑名单和灰名单包括23个国家。

更有甚者，FATF会对其施以“经济制裁”。该“经济制裁”通过公布不合作国家和地区名单的形式提请各成员国及观察员国慎重处理，甚至限制、拒绝处理与不合作国家的交易往来，以实现对该国经贸的约束与孤立。[③]

① 邱牧远：《国际反洗钱监管最新趋势及中资银行应对建议》，载《金融论坛》2020年第5期。

② See Financial Action Task Force on Money Laundering: Annual Report 1999-2000, Paris, p.20.

③ 周锦依、何进平：《全球犯罪协同治理下我国洗钱罪立法的基本立场》，载《江西社会科学》2016年第2期。

以1995—1996年间发生于某国的“自评、互评”事件为例，当时该国因未将洗钱入罪等一系列问题被FATF列为严重不符合《40条建议》标准的国家。在先后两次敦促其落实反洗钱举措未果后，FATF最终于1996年9月19日向其他各国发布声明以限制与该国的经济往来。在强大的经济制约下，该国“迅速”于同年11月制定并颁布了《洗钱犯罪预防法》。不难发现，由于对《40条建议》要求的服从程度直接与该国在世界经济体系中的地位与声誉相关联，FATF的“经济制裁”不仅极大地弥补了《40条建议》本身不具有法律约束力的缺陷，更在无形中成了确保国际公约贯彻落实的有力后盾。

## 二、国际立法的基本原则和重要制度[①]

从1988年联合国《禁毒公约》开始，国际社会在制定预防与打击洗钱及相关犯罪的国际法律规范方面不断取得突破性进展，有力地推动了各国的反洗钱国内立法和实践。根据相关研究，国际反洗钱立法的基本原则和精神主要有以下几点：

### （一）确定洗钱为刑事犯罪并使其上游犯罪范围最大化

1998年联合国《禁毒公约》第3条规定：“各缔约国应采取可能必要的措施将下列故意行为确定为其国内法中的刑事犯罪。”这些故意行为包括：明知财产得自该公约所确定的任何犯罪或参与此类犯罪的行为，为隐瞒或掩饰该财产的非法来源，或为协助任何涉及此类犯罪的人逃避其行为的法律后果而转移或转让财产；明知财产为犯罪所得，仍隐瞒或掩饰该财产的真实性质、来源、所在地，处置、转移相关的权利或所有权。这是第一个将“洗钱”规定为刑事犯罪的国际公约。

《联合国打击跨国有组织犯罪公约》和《联合国反腐败公约》也有类似的规定。由此，作为全球反洗钱工作标准的《40条建议》明确要求：各国应根据上述公约，“将洗钱行为规定为刑事犯罪”。这表明国际社会对洗钱的社会危害性、刑事违法性和应受刑法惩罚性已有了充分的认识。

### （二）制定金融机构和特定非金融行业及职业反洗钱措施

《联合国打击跨国有组织犯罪公约》第7条规定：各缔约国均应“建立对银行、非银行金融机构及适当情况下对其他特别易被用于洗钱的机构的综合

① 此部分内容主要参考欧阳卫民：《国际反洗钱立法的基本原则和精神》，载《中国金融》2006年第12期。

性国内管理和监督制度，以控制和监测各种形式的洗钱。这种制度应强调验证客户身份、保持记录和报告可疑的交易等项规定”。

《联合国反腐败公约》第 14 条也规定：各缔约国均应当“对银行和非银行金融机构——包括对办理资金或价值转移的正规和非正规业务的自然人或法人，并在适当情况下对特别易于涉及洗钱的其他机构——建立全面的国内管理和监督制度，以便遏止并监测各种形式的洗钱，这种制度应当着重就验证客户身份和验证实际受益人身份、保持记录和报告可疑交易进行规定”。第 52 条还规定：各缔约国均应当“根据本国法律采取必要的措施，以要求其管辖范围内的金融机构核实客户身份，采取合理步骤确定在账户中存入大额资金的实际受益人身份，并对正在或者曾经担任重要公职的个人及其家庭成员和与其关系密切的人或者这些人的代理人所要求开立或者保持的账户进行强化审查”。

《联合国制止向恐怖主义提供资助的国际公约》（1999 年）第 18 条规定：缔约国必须要求“金融机构和从事金融交易的其他行业使用现行效率最高的措施，查证其经常客户、临时客户以及通过代理人开立账户的客户之身份，并特别关注异常或可疑的交易情况，报告被怀疑与犯罪活动有关的交易”。

归纳起来，以可疑交易报告制度为核心的金融机构和特定非金融行业及职业反洗钱措施，包括了解你的客户（也称“尽职调查”“合理审慎”）、保存记录、报告可疑的交易、建立反洗钱内控制度等内容。

**（三）建立金融情报机构并赋予其权力**

金融情报机构（FIU）作为一项重要的制度创新，在国际反洗钱立法中受到特别的重视。《联合国反腐败公约》《联合国打击跨国有组织犯罪公约》对此作出明确规定，[①]FATF《40 条建议》第 26 条规定：“各国应该建立一个金融情报机构，作为收集（若经允许，也可索取）、分析和移送可疑交易报告

① 《联合国反腐败公约》第 14 条规定：各缔约国均应当“确保行政、管理、执法和专门打击洗钱的其他机关（在本国法律许可时可以包括司法机关）能够根据本国法律规定的条件，在国家和国际一级开展合作和交换信息，并应当为此目的考虑建立金融情报机构，作为国家中心收集、分析和移送有关涉嫌洗钱活动的信息”。第 58 条规定：“缔约国应当相互合作，以预防和打击根据本公约确立的犯罪而产生的所得转移，并推广追回这类所得的方式方法。为此，缔约国应当考虑设立金融情报机构，由其负责接收、分析和向主管机关移送可疑金融交易报告。”

和其他涉嫌洗钱和恐怖融资活动信息的国家中心。”归纳上述国际公约并结合其他重要文献，FIU 具有如下基本特征：

首先，其核心职能是收集可疑交易报告，分析可疑交易报告，移送经分析被初步判定为涉嫌犯罪的线索。维护核心职能的完整性，是为金融情报机构立法时应当坚持的原则。考察各国金融情报机构，大致可分为行政型、执法型和混合型等不同类型，但其核心职能是相同的。欧盟理事会《关于协调各成员国金融情报机构在交换情报方面合作的决定》（2001 年，以下简称《欧盟金融情报合作决定》）第 3 条规定：“成员国应保证本决定下的 FIU 的功能应不受它们的内部状况影响，无论它们是行政部门、执法部门或者司法部门。”

其次，FIU 是国家层面的、具有相对独立性和开放性的法定机构。上述联合国公约已清楚表明，FIU 是缔约国为确保该国反洗钱相关部门能够“在国家和国际一级开展合作和交换信息”而建立的国家层面的机构。此外，《欧盟金融情报合作决定》第 2 条规定：“FIU 应当是一个独立机构并符合如下定义：以打击洗钱为目的的一个负责收集（经允许可索取）、分析有关可疑犯罪收益或国家法律要求报告的金融情报线索，并向权力部门移送情报的中央国家机构。”联合国《与犯罪收益有关的洗钱、没收和国际合作示范法》（1999 年）规定：“FIU 的组成、职能、保障和加强独立性的措施以及报告的内容和递交方式应由法律做出规定。”FIU 要在跨部门的国家反洗钱工作中发挥应有的枢纽和桥梁作用，必须具备四个条件：一是成为国家层面的机构；二是具有相对独立性；三是具有开放性；四是成为国家法定机构。

**（四）加强反洗钱协调与合作**

洗钱活动涉及领域的广泛性和黑钱流动的跨国（境）性特点，要求预防和打击洗钱的有关当局必须在国内和国际两个层面加强协调与合作以有效应对挑战。

首先，加强国内协调与合作。《40 条建议》第 31 条规定：“各国应确保政策制定者、金融情报机构、执法部门和监管者之间具有有效的、适当的合作机制，以使其在发展、执行反洗钱和反恐融资的国内政策时相互协调。”要实现这一要求，在设计国内反洗钱机制时，应当通过立法体现如下原则：一是职责清楚，分工明确。既要避免出现上述核心机构间角色定位交叉混乱，又要防止职能缺失的状况出现；二是最大限度地组织和利用现有的及潜在的反洗钱资源；三是运转高效，反应灵敏，尽可能减少合作机制内的运行环节和层次；四是最大限度地降低反洗钱工作的成本。

其次，加强国际协调与合作。根据《40条建议》的规定，在双边司法协助方面的基本要求是：各国应尽最大可能，迅速、积极、有效地提供关于洗钱和恐怖融资调查、起诉及相关程序的双边司法协助；无论涉及的犯罪是不是双重犯罪，各国均应尽最大可能提供双边司法协助；各国主管部门应迅速采取行动，执行外国提供的识别、冻结、查封、没收被清洗资产、洗钱或者其上游犯罪的犯罪收益、用于或者企图用于实施犯罪的工具、同等价值的财产等请求；各国应该将洗钱视为可引渡罪行。

# 第二章 我国反洗钱制度的探索与演进

自 2007 年反洗钱法实施以来，我国反洗钱制度体系建设取得重要进展，工作成效明显。一方面，国内的反洗钱法律体系、工作协调机制不断健全，反洗钱预防体系基本建成，另一方面，积极参加反洗钱国际合作。但同时也要看到，相关领域仍然存在一些突出矛盾和问题，主要是法律制度尚不够完善、协调合作机制仍不够顺畅、打击洗钱犯罪尚不够有力、反洗钱义务机构履职能力不足等，需要不断加强反洗钱制度体系建设，推进我国反洗钱事业向纵深发展。

## 第一节 我国反洗钱法律体系构建

多年来，我国反洗钱法律体系不断健全。2007 年实施的反洗钱法明确了反洗钱的概念、部门职责、反洗钱义务、反洗钱调查和国际合作等内容，基本建立起了反洗钱制度框架。2015 年颁布反恐怖主义法，规定反恐怖融资监管职责、涉恐资产冻结义务、反恐怖融资国际合作等内容。1997 年修订刑法时增加了洗钱罪，履行了我国加入一系列国际公约的义务。此后根据打击洗钱和恐怖主义犯罪工作需要，先后 5 次修订洗钱和资助恐怖活动犯罪的有关条款，逐步完善洗钱和恐怖融资犯罪适用范围。

当前，我国反洗钱领域的法律制度主要可分成两大类，一是涵盖针对洗钱和恐怖融资的专项立法，主要包括反洗钱法和刑法，前者设定了反洗钱的义务主体，后者主要是针对洗钱犯罪的刑事法律责任。二是针对特定领域的违法犯罪活动的立法，其中强调了反洗钱义务机构在该领域履行反洗钱义务的主要内容和相应的法律责任，对反洗钱而言属于非专项立法，主要包括反恐怖主义法、反有组织犯罪法、反电信网络诈骗法等法律中也有涉及特定领域的资产查控等反洗钱规则的条款。

## 一、反洗钱法律制度的构架和组成

从立法模式来看，反洗钱法和刑法分别设置了对洗钱违法犯罪行为的行政监管和刑事处罚的法律责任体系。近年来，随着反洗钱工作形势不断变化，反洗钱监管从规则为本过渡到风险为本，反洗钱的义务内容已经由反洗钱扩展到反恐怖主义融资、防扩散融资，但是现行反洗钱法相关规定存在的空白和不足，包括洗钱上游犯罪类型范围狭窄、监管处罚规定粗略、缺乏对单位和个人的反洗钱要求、受益所有人制度空白、特定非金融行业反洗钱制度不完善等，制约了反洗钱工作的有效开展。为了进一步推进国家治理体系和治理能力现代化、防控金融风险、扩大金融业双向开放、深度参与全球治理，全国人大常委会将反洗钱法的修改工作列入 2021 年度立法工作计划。中国人民银行组织起草了反洗钱法修订草案（公开征求意见稿），并于 2021 年 6 月 1 日向社会公开征求意见。

刑法主要是针对洗钱犯罪作出了规定。2020 年 12 月通过的《刑法修正案（十一）》对刑法第 191 条洗钱罪作出重要修改，将自洗钱行为纳入洗钱罪的规制范围，引起了理论界和实务界的高度关注。另外，从我国刑法设置结构看，刑法中有 3 个法条涉及洗钱类犯罪，即第 191 条洗钱罪，第 312 条掩饰、隐瞒犯罪所得、犯罪所得收益罪，第 349 条包庇毒品犯罪分子罪和窝藏、转移、隐瞒毒品、毒赃罪。其中第 191 条被称为狭义洗钱罪，也是 FATF 组织在互评估中重点关注的罪名。

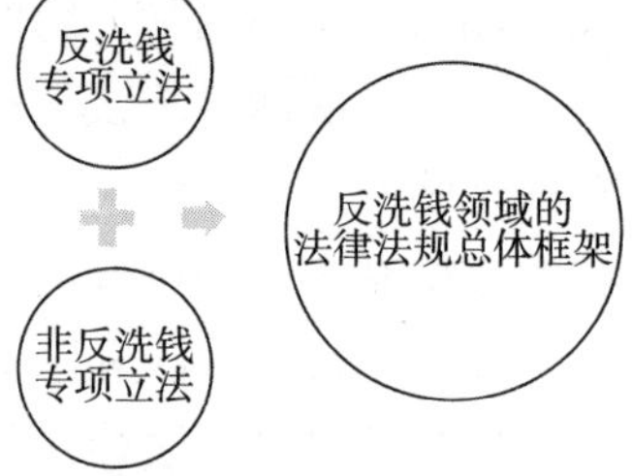


**图 1　我国反洗钱法律的基本架构**

另外，反恐怖主义法、反有组织犯罪法、反电信网络诈骗法主要是针对具体领域的专门性立法，以反电信网络诈骗法为例，该法主要是针对分布于电信、金融、互联网领域的涉诈黑灰产业，该法重点针对电信、金融、互联网领域的经营企业，要求履行相应的犯罪控制义务。其中，银行业金融机构、非银行支付机构、互联网服务提供者等设定为“反诈看门人”，致力于实现前端防范、综合治理、源头治理。聚焦于反洗钱业务，反电信网络诈骗法已经突破了现行反洗钱法的调整范围，因为，电信网络诈骗犯罪主要涉及刑法第266条规定的诈骗罪，不属于现行反洗钱法所明确列举的毒品犯罪、黑社会性质的组织犯罪、恐怖活动犯罪、走私犯罪、贪污贿赂犯罪、破坏金融管理秩序犯罪、金融诈骗犯罪七类上游犯罪，但因反洗钱法在法条表述中有“等”字，因此存在法律解释的空间。从刑法角度，电信网络诈骗犯罪不属于刑法第191条洗钱罪所规定的七类上游犯罪，为掩饰、隐瞒电信网络诈骗犯罪所得的行为一般以刑法第312条规定的掩饰、隐瞒犯罪所得、犯罪所得收益罪予以刑事处罚。

**表2　我国反洗钱法律的主要规定**[①]

| 法律 | 义务主体 | 义务内容 | 法律责任设置 |
|---|---|---|---|
| 反洗钱法 | 金融机构和按照规定应当履行反洗钱义务的特定非金融机构 | 应当依法采取预防、监控措施，建立健全客户身份识别制度、客户身份资料和交易记录保存制度、大额交易和可疑交易报告制度，履行反洗钱义务。 | 金融机构有下列行为之一的，由国务院反洗钱行政主管部门或者其授权的设区的市一级以上派出机构责令限期改正；情节严重的，建议有关金融监督管理机构依法责令金融机构对直接负责的董事、高级管理人员和其他直接责任人员给予纪律处分：（一）未按照规定建立反洗钱内部控制制度的；（二）未按照规定设立反洗钱专门机构或者指定内设机构负责反洗钱工作的；（三）未按照规定对职工进行反洗钱培训的。<br>金融机构有下列行为之一的，由国务院反洗钱行政主管部门或者其授权的设区的市一级以上派出机构责令限期改正；情节严重的，处二十万元以上五十万元以下罚款，并对直接负责的董事、高级管理人员和其他直接责任人员，处一万元以上五万元以下罚款：（一）未按照规定履行客户身份识别义务的；（二）未按照规定保存客户身份资料和交易记录的；（三）未按照规定报送大额交易报告或者可疑交易报告的；（四）与身份不明的客户进行交易或者为客户开立匿名账户、假名账户的；（五）违反保密规定，泄露有关信息的；（六）拒绝、阻碍 |

① 根据法律规定整理。

续表

| 法律 | 义务主体 | 义务内容 | 法律责任设置 |
| --- | --- | --- | --- |
| | | | 反洗钱检查、调查的;(七)拒绝提供调查材料或者故意提供虚假材料的。金融机构有前款行为，致使洗钱后果发生的，处五十万元以上五百万元以下罚款，并对直接负责的董事、高级管理人员和其他直接责任人员处五万元以上五十万元以下罚款；情节特别严重的，反洗钱行政主管部门可以建议有关金融监督管理机构责令停业整顿或者吊销其经营许可证。对有前两款规定情形的金融机构直接负责的董事、高级管理人员和其他直接责任人员，反洗钱行政主管部门可以建议有关金融监督管理机构依法责令金融机构给予纪律处分，或者建议依法取消其任职资格、禁止其从事有关金融行业工作。<br>违反本法规定，构成犯罪的，依法追究刑事责任。 |
| 刑法 | 单位和个人 | 防范洗钱犯罪 | 为掩饰、隐瞒毒品犯罪、黑社会性质的组织犯罪、恐怖活动犯罪、走私犯罪、贪污贿赂犯罪、破坏金融管理秩序犯罪、金融诈骗犯罪的所得及其产生的收益的来源和性质，有下列行为之一的，没收实施以上犯罪的所得及其产生的收益，处五年以下有期徒刑或者拘役，并处或者单处罚金；情节严重的，处五年以上十年以下有期徒刑，并处罚金:(一)提供资金帐户的;(二)将财产转换为现金、金融票据、有价证券的;(三)通过转帐或者其他支付结算方式转移资金的;(四)跨境转移资产的;(五)以其他方法掩饰、隐瞒犯罪所得及其收益的来源和性质的。<br>单位犯前款罪的，对单位判处罚金，并对其直接负责的主管人员和其他直接责任人员，依照前款的规定处罚。 |
| 反恐怖主义法(2018年修正) | 金融机构和特定非金融机构 | 对国家反恐怖主义工作领导机构的办事机构公告的恐怖活动组织和人员的资金或者其他资产，应当立即予以冻结，并按照规定及时向国务院公安部门、国家安全部门和反洗钱行政主管部门报告。 | 金融机构和特定非金融机构对国家反恐怖主义工作领导机构的办事机构公告的恐怖活动组织及恐怖活动人员的资金或者其他资产，未立即予以冻结的，由公安机关处二十万元以上五十万元以下罚款，并对直接负责的董事、高级管理人员和其他直接责任人员处十万元以下罚款；情节严重的，处五十万元以上罚款，并对直接负责的董事、高级管理人员和其他直接责任人员，处十万元以上五十万元以下罚款，可以并处五日以上十五日以下拘留。 |

续表

| 法律 | 义务主体 | 义务内容 | 法律责任设置 |
|---|---|---|---|
| 反有组织犯罪法 | 金融机构和特定非金融机构 | 国务院反洗钱行政主管部门、国务院其他有关部门、机构应当督促金融机构和特定非金融机构履行反洗钱义务。发现与有组织犯罪有关的可疑交易活动的，有关主管部门可以依法进行调查，经调查不能排除洗钱嫌疑的，应当及时向公安机关报案。 | 金融机构等相关单位未依照本法第二十七条规定协助公安机关采取紧急止付、临时冻结措施的，由公安机关责令改正；拒不改正的，由公安机关处五万元以上二十万元以下罚款，并对直接负责的主管人员和其他直接责任人员处五万元以下罚款；情节严重的，公安机关可以建议有关主管部门对直接负责的主管人员和其他直接责任人员依法给予处分。 |
| 反电信网络诈骗法 | 银行业金融机构、非银行支付机构 | 为客户开立银行账户、支付账户及提供支付结算服务，和与客户业务关系存续期间，应当建立客户尽职调查制度，依法识别受益所有人，采取相应风险管理措施，防范银行账户、支付账户等被用于电信网络诈骗活动。 | 银行业金融机构、非银行支付机构违反本法规定，有下列情形之一的，由有关主管部门责令改正，情节较轻的，给予警告、通报批评，或者处五万元以上五十万元以下罚款；情节严重的，处五十万元以上五百万元以下罚款，并可以由有关主管部门责令停止新增业务、缩减业务类型或者业务范围、暂停相关业务、停业整顿、吊销相关业务许可证或者吊销营业执照，对其直接负责的主管人员和其他直接责任人员，处一万元以上二十万元以下罚款：（一）未落实国家有关规定确定的反电信网络诈骗内部控制机制的；（二）未履行尽职调查义务和有关风险管理措施的；（三）未履行对异常账户、可疑交易的风险监测和相关处置义务的；（四）未按照规定完整、准确传输有关交易信息的。 |

## 二、反洗钱法律制度的创新和衔接

当前，反洗钱法、刑法、反恐怖主义法、反有组织犯罪法、反电信网络诈骗法等法律共同构成了我国反洗钱领域全专结合、行政刑事法律密切衔接的基本法律构架，为治理洗钱违法犯罪提供了顶层设计。①

2022 年 9 月，十三届全国人大常委会第三十六次会议表决通过了反电信网络诈骗法，自 2022 年 12 月 1 日起施行。反电信网络诈骗法弥补或解决了当前反洗钱工作中的部分制度性、机制性和操作性难题，为银行业金融机构、非银行支付机构深入开展客户尽职调查、监测报告和风险管理等反洗钱

① 李雪航：《建议关注〈反电信网络诈骗法〉对反洗钱工作的影响》，载《中国反洗钱实务》2023 年第 2 期。

工作提供了更为充分的法律支持，主要表现在以下几个方面：

1. 明确了反洗钱义务机构加强核查和拒绝开户权利。反电信网络诈骗法第 16 条第 2 款规定，“对经识别存在异常开户情形的，银行业金融机构、非银行支付机构有权加强核查或者拒绝开户”，授予反洗钱义务机构面对异常开户情形加强核查或拒绝开户的权利，有利于反洗钱义务机构强化客户准入关口，提升客户透明度，及时堵截不法客户进入金融系统。

2. 为银行卡 / 账户数量和风险信息跨机构查询提供支持。反电信网络诈骗法第 16 条第 3 款规定，“中国人民银行、国务院银行业监督管理机构组织有关清算机构建立跨机构开户数量核验机制和风险信息共享机制，并为客户提供查询名下银行账户、支付账户的便捷渠道。银行业金融机构、非银行支付机构应当按照国家有关规定提供开户情况和有关风险信息。相关信息不得用于反电信网络诈骗以外的其他用途”。此项规定明确了建立跨机构开户数量核查和风险信息共享机制，为反洗钱义务机构风险信息共享提供了法律支持，有效解决了其防范异常开户风险的迫切需求。

3. 为企业客户实名核验和受益所有人识别提供支持。反电信网络诈骗法第 17 条第 1 款特别明确了反洗钱义务机构应“建立开立企业账户异常情形的风险防控机制。金融、电信、市场监管、税务等有关部门建立开立企业账户相关信息共享查询系统，提供联网核查服务”，有助于防范非法开立企业账户风险。

4. 进一步提升对银行卡 / 账户相关违法犯罪活动的惩戒力度。反电信网络诈骗法明确了买卖、出租、出借以及假冒他人身份或者虚构代理关系开立银行卡和账户、账号的非法性，并确定了“记入信用记录”“采取限制其有关卡、账户、账号等功能和停止非柜面业务、暂停新业务、限制入网等措施”，惩戒的力度和广度大为提升。[①]

---

① 《中华人民共和国反电信网络诈骗法》第 31 条规定：任何单位和个人不得非法买卖、出租、出借电话卡、物联网卡、电信线路、短信端口、银行账户、支付账户、互联网账号等，不得提供实名核验帮助；不得假冒他人身份或者虚构代理关系开立上述卡、账户、账号等。

对经设区的市级以上公安机关认定的实施前款行为的单位、个人和相关组织者，以及因从事电信网络诈骗活动或者关联犯罪受过刑事处罚的人员，可以按照国家有关规定记入信用记录，采取限制其有关卡、账户、账号等功能和停止非柜面业务、暂停新业务、限制入网等措施。对上述认定和措施有异议的，可以提出申诉，有关部门应当建立健全申诉渠道、信用修复和救济制度。具体办法由国务院公安部门会同有关主管部门规定。

5. 明确了反洗钱义务机构相关风险管理举措，反电信网络诈骗法第 18 条明确要求反洗钱义务机构针对“监测识别的异常账户和可疑交易”，“应当根据风险情况，采取核实交易情况、重新核验身份、延迟支付结算、限制或者中止有关业务等必要的防范措施”。其中，“延迟支付结算”是既往制度未全面涉及的新举措。①

当前，我国反洗钱领域不同法律在实施过程中还存在一定的法律衔接制度难点，需要进一步的完善。一是反电信网络诈骗法确立的跨机构开户数量核验机制和风险信息共享机制，对于有效打击银行卡 / 账户相关违法犯罪活动有着重大积极作用。但反电信网络诈骗法同时规定，该机制下“相关信息不得用于反电信网络诈骗以外的其他用途”②。即跨机构开户数量核验机制和风险信息共享机制以电信网络诈骗犯罪为前置条件，能否为打击其他利用非法银行卡 / 账户所实施的地下钱庄、网络赌博、非法传销、非法集资以及洗钱等违法犯罪活动提供支持？二是反电信网络诈骗法授予反洗钱义务机构在“开展异常账户和可疑交易监测时，可以收集异常客户互联网协议地址、网卡地址、支付受理终端信息等必要的交易信息、设备位置信息。上述

---

① “延迟支付结算”是法律层面的新举措。在 2016 年《中国人民银行关于加强支付结算管理防范电信网络新型违法犯罪有关事项的通知》（银发〔2016〕261 号）中规定，“除向本人同行账户转账外，个人通过自助柜员机（含其他具有存取款功能的自助设备，下同）转账的，发卡行在受理 24 小时后办理资金转账。在发卡行受理后 24 小时内，个人可以向发卡行申请撤销转账。受理行应当在受理结果界面对转账业务办理时间和可撤销规定作出明确提示”。

② 《中华人民共和国反电信网络诈骗法》第 16 条规定：开立银行账户、支付账户不得超出国家有关规定限制的数量。

对经识别存在异常开户情形的，银行业金融机构、非银行支付机构有权加强核查或者拒绝开户。

中国人民银行、国务院银行业监督管理机构组织有关清算机构建立跨机构开户数量核验机制和风险信息共享机制，并为客户提供查询名下银行账户、支付账户的便捷渠道。银行业金融机构、非银行支付机构应当按照国家有关规定提供开户情况和有关风险信息。相关信息不得用于反电信网络诈骗以外的其他用途。

信息未经客户授权，不得用于反电信网络诈骗以外的其他用途”。[①]异常交易客户交易信息和设备位置信息，本质上属于客户身份资料和交易记录，对其进行收集、保存和运用，是反洗钱领域的基本工作要求，是否会造成反电信网络诈骗法与反洗钱基本工作原则一定程度上的不一致？三是内设部门监管职责分工和执行操作也存在问题。从人民银行内部职能分工来看，电信网络诈骗工作职能部门为人民银行支付结算部门，反洗钱工作职能部门为人民银行反洗钱部门，反电信网络诈骗法所规定的义务机构相关要求应当由支付结算部门负责监管，但其第 40 条罚则[②]所涉及情形与反洗钱法第 32

---

① 《中华人民共和国反电信网络诈骗法》第 18 条规定：银行业金融机构、非银行支付机构应当对银行账户、支付账户及支付结算服务加强监测，建立完善符合电信网络诈骗活动特征的异常账户和可疑交易监测机制。

中国人民银行统筹建立跨银行业金融机构、非银行支付机构的反洗钱统一监测系统，会同国务院公安部门完善与电信网络诈骗犯罪资金流转特点相适应的反洗钱可疑交易报告制度。

对监测识别的异常账户和可疑交易，银行业金融机构、非银行支付机构应当根据风险情况，采取核实交易情况、重新核验身份、延迟支付结算、限制或者中止有关业务等必要的防范措施。

银行业金融机构、非银行支付机构依照第一款规定开展异常账户和可疑交易监测时，可以收集异常客户互联网协议地址、网卡地址、支付受理终端信息等必要的交易信息、设备位置信息。上述信息未经客户授权，不得用于反电信网络诈骗以外的其他用途。

② 《中华人民共和国反电信网络诈骗法》第 40 条规定：“银行业金融机构、非银行支付机构违反本法规定，有下列情形之一的，由有关主管部门责令改正，情节较轻的，给予警告、通报批评，或者处五万元以上五十万元以下罚款；情节严重的，处五十万元以上五百万元以下罚款，并可以由有关主管部门责令停止新增业务、缩减业务类型或者业务范围、暂停相关业务、停业整顿、吊销相关业务许可证或者吊销营业执照，对其直接负责的主管人员和其他直接责任人员，处一万元以上二十万元以下罚款：（一）未落实国家有关规定确定的反电信网络诈骗内部控制机制的；（二）未履行尽职调查义务和有关风险管理措施的；（三）未履行对异常账户、可疑交易的风险监测和相关处置义务的；（四）未按照规定完整、准确传输有关交易信息的。”

条[①]所规定的情形具有较多重合，但两法规定的处罚幅度有较大差距，实践执行过程中是否会造成检查内容重复、罚款幅度不一等问题？[②]这些疑问待后续解决。

## 第二节　我国反洗钱的国际参与及其进展

相对于国际反洗钱进展而言，我国反洗钱监管实践及其国际参与的历史是相对延后和短暂的，但呈现出“历史短、进展迅速”的特点，而进展迅速是与我国自21世纪初以来，在积极参与国际反洗钱体系方面所做的努力有关。[③]

我国在推进国内反洗钱制度建设的同时，高度重视深化反洗钱国际合作。2019年7月，中国正式担任国际反洗钱组织——金融行动特别工作组（FATF）主席，此前先后担任亚太反洗钱组织（APG）联合主席、欧亚反洗

① 《中华人民共和国反洗钱法》第32条规定：“金融机构有下列行为之一的，由国务院反洗钱行政主管部门或者其授权的设区的市一级以上派出机构责令限期改正；情节严重的，处二十万元以上五十万元以下罚款，并对直接负责的董事、高级管理人员和其他直接责任人员，处一万元以上五万元以下罚款：（一）未按照规定履行客户身份识别义务的；（二）未按照规定保存客户身份资料和交易记录的；（三）未按照规定报送大额交易报告或者可疑交易报告的；（四）与身份不明的客户进行交易或者为客户开立匿名账户、假名账户的；（五）违反保密规定，泄露有关信息的；（六）拒绝、阻碍反洗钱检查、调查的；（七）拒绝提供调查材料或者故意提供虚假材料的。

金融机构有前款行为，致使洗钱后果发生的，处五十万元以上五百万元以下罚款，并对直接负责的董事、高级管理人员和其他直接责任人员处五万元以上五十万元以下罚款；情节特别严重的，反洗钱行政主管部门可以建议有关金融监督管理机构责令停业整顿或者吊销其经营许可证。

对有前两款规定情形的金融机构直接负责的董事、高级管理人员和其他直接责任人员，反洗钱行政主管部门可以建议有关金融监督管理机构依法责令金融机构给予纪律处分，或者建议依法取消其任职资格、禁止其从事有关金融行业工作。”

② 李雪航：《建议关注〈反电信网络诈骗法〉对反洗钱工作的影响》，载《中国反洗钱实务》2023年第2期。

③ 侯合心：《国际国内洗钱刑事定罪立法与监管比较研究》，中国金融出版社2015年版，第313页。

钱和反恐怖融资组织（EAG）主席，积极选派代表出任反洗钱国际组织多个重要岗位职务，积极参与国际反洗钱治理。中国先后派员参与对俄罗斯、韩国、丹麦、巴基斯坦等10个国家的反洗钱国际评估工作，成为国际反洗钱组织的重要支持力量。中国不断加强反洗钱双边合作，与阿根廷、俄罗斯、澳大利亚等多个国家和地区建立反洗钱监管合作机制，与56个国家和地区签署金融情报交流合作备忘录，反洗钱“朋友圈”不断扩大。

2018年，FATF对我国反洗钱制度及执行有效性进行了全面评估，中国人民银行会同各部门共同努力，面对极端严峻的国际形势，攻坚克难，最终成功通过反洗钱国际评估。这次全面的“外部体检”从专业角度认可了近年来中国在反洗钱工作方面取得的积极进展，认为中国的反洗钱体系具备良好基础，同时也指出存在一些问题需要改进。①

由于FATF在反洗钱领域的特殊地位和作用，本书主要以加入FATF组织的进程以及后续进展，来研究我国反洗钱监管在国际领域中的全球性参与的进展与深化。

如前所述，FATF是西方七国为专门研究洗钱的危害、预防洗钱并协调反洗钱国际行动的政府间国际组织，自FATF成为常设性国际反洗钱监管指导机构以来，其特定的多个反洗钱监管标准已为国际社会所普遍采用。这种情况下，洗钱领域的国内治理与国际配合需要迅速上升。对于我国而言，与国际反洗钱监管体系之间的合作，不仅仅是一个单纯的国际需要，也是我国自身的一种需要，因而申请成为FATF的正式成员国，就成为我国反洗钱监管工作整体进展的重要一环。

## 一、我国加入FATF历程回顾

2003年，国务院决定由中国人民银行负责协调组织国家反洗钱工作。其后我国加入FATF历时数年，主要大事件可以梳理如下：

---

① 刘宏华：《全力推动反洗钱工作向纵深发展》，载《中国金融》2020年第10期。

**表 3　我国申请加入 FATF 的时间历程**[①]

| 时间 | 进展阶段 | 相关工作内容 |
|---|---|---|
| 2003 年末 | 接触阶段 | 我国在维护国家主权的前提下，与反洗钱金融行动特别工作组（FATF）等国际组织进行接触，积极要求加入反洗钱国际组织 |
| 2004 年 2 月 | 申请阶段 | 中国人民银行代表国家正式向 FATF 提交申请 |
| 2004 年 10 月 | 承诺阶段 | 中国人民银行行长代表中国政府向 FATF 递交了政治承诺函，承诺执行 FAFT 的《40+9 条建议》，并欢迎 FATF 对中国的反洗钱立法与监管工作进行评估 |
| 2004 年 12 月 | 考察阶段 | 由 FATF 主席率领的 7 国专家组成的 FATF 高级代表团到达中国对我国实施 FATF 反洗钱和反恐融资标准的政治意愿及反洗钱工作的开展情况进行考察 |
| 2005 年 1 月 | 观察员 | FATF 采取电子投票表决方式，33 个成员一致同意接纳中国为 FATF 观察员 |
| 2007 年 6 月 | 成员国 | 由于未能满足 6 个核心建议条款的大部分条款和 10 条重要建议中的部分条款，中国虽被接纳为正式成员，但需要遵守一个增强型后续评估程序（随访报告程序） |

根据表 3 显示，从 2004 年 2 月中国政府正式向 FATF 递交申请，一直到 2007 年 6 月中国被接纳为 FATF 的正式成员国，在这 3 年多时间内，中国为了加快成为 FATF 的正式成员国的进程做了大量的工作，尤其体现在推动加快国内反洗钱监管立法和加快国内反洗钱战略制定，以及适应 FATF 互评估机制方面。2007 年，我国正式成为 FATF 成员之后的五年中，不断完善反洗钱与反恐怖融资体系和机制。

值得关注的是，加入 FATF 组织不仅使我国政治上获得了主动，在反洗钱和反恐怖融资领域提升了我国的政治形象，有利于我国在该领域树立负责任大国形象，同时也应看到，加入 FATF 组织符合中国的国家利益，符合打击腐败、洗钱等严重犯罪活动的工作需要，符合在打击洗钱犯罪领域开展国际合作的需要。如针对跨境洗钱这一查处难题，如何利用反洗钱和反恐怖融资这个武器打击违法犯罪资金跨境转移，有效追缴外逃资金，FATF 提供很好的平台：一是了解犯罪分子跨境洗钱的方式和主要渠道，弄清资金汇兑领

① 资料来源：《2004 年中国反洗钱报告》《2008 年中国反洗钱报告》。

域最易被犯罪分子利用进行洗钱活动的薄弱环节，从而采取相应的预防和监测措施；二是分享各成员打击洗钱和恐怖融资活动以及有效追缴外逃资金的经验，提高反洗钱和反恐怖融资机制的效率；三是将我国在打击跨境洗钱和追缴外逃资金中遇到的问题摆到国际组织的层面上进行讨论。

因此，中国加入 FATF 的正式成员具有重要意义，[①] 当时时任中国人民银行反洗钱局副局长王燕之专门撰文，将我国成为 FATF 的正式成员的重要意义归纳为四个方面：有利于我国在反洗钱和反恐怖融资领域树立负责任大国形象；有利于推动反洗钱和反恐怖融资工作的国际合作；有利于中国的反洗钱和反恐怖融资体制进一步与国际标准接轨；有利于促进金融机构加强风险内控。

## 二、FATF 对我国的反洗钱互评估

接受 FATF 互评估是中国在相关国际公约和多边安排方面的重要组成部分。反洗钱和反恐怖融资互评估结论是《联合国反腐败公约》履约审议的重要参考依据之一，也是国际货币基金组织金融部门评估规划的构成部分，是衡量一国金融稳定程度的主要指标之一。在联合国安理会制裁决议执行、全球税收透明度论坛同行评议等方面，互评估结论也发挥着重要作用。取得互评估的良好结果能为中国参与全球政治经济合作和治理提供有力支持，有利于树立良好的国际政治形象和经济地位，有助于向外界展示中国的稳健金融体系和良好法治环境，在外交、国际经济金融领域掌握主动权。

互评估是根据《FATF 建议技术合规性评估方法与反洗钱和反恐怖融资体系有效性评估方法》由各国（地区）推选专家进行相互评估的方法，以确保其符合 FATF 所要求达到的反洗钱反恐怖融资工作的质量水准。

2018 年，FATF 对我国进行了第四轮互评估，此次评估标准较以往将更为严格，主要内容为技术合规性以及有效性。其中，技术合规性所关注的领域主要是考察被评估对象是否建立有足够的法律、法规、政策以及这些制度是否足以支撑健全的反洗钱反恐怖融资管理架构；而有效性则是要评估反洗钱反恐怖融资体系是否平稳运行，是否达到及多大程度地达到相关国家或地区在这一领域的管控目标，这是本次互评估新增内容，也是此次互评估所面

① 王燕之：《中国反洗钱国际合作进入了一个新的历史发展时期》，载《中国金融》2007 年第 15 期。

临的难点。

2019 年 4 月 17 日发布的《FATF 对中国反洗钱和反恐怖融资第四轮互评估报告》，对我国特定非金融机构反洗钱工作评价为不合规。根据 FATF 组织的评价，我国金融行业和特定非金融行业的反洗钱工作水平存在一定差距。从行业来看，我国的金融业反洗钱措施相对完善，其中银行业的反洗钱工作优于其他金融行业；而在特定非金融行业，如房地产、律师、会计师等行业，反洗钱监管缺失，这些特定非金融机构普遍没有采取任何反洗钱措施，它们对可疑交易的报告“几乎是不存在”。

**表 4　FATF 对我国第四轮互评估报告中的合规性评估**[①]

| | | | |
|---|---|---|---|
| 建议 1 评估风险与运用风险文本的方法 | 基本合规 | 建议 2 国家层面的合作与协调 | 合规 |
| 建议 3 洗钱犯罪 | 部分合规 | 建议 4 没收和临时措施 | 合规 |
| 建议 5 恐怖融资犯罪 | 基本合规 | 建议 6 与恐怖主义和恐怖融资相关的定向金融制裁 | 部分合规 |
| 建议 7 与扩散相关的定向金融制裁 | 不合规 | 建议 8 非营利组织 | 部分合规 |
| 建议 9 金融机构保密法 | 合规 | 建议 10 客户尽职调查 | 基本合规 |
| 建议 11 交易记录保存 | 合规 | 建议 12 政治公众人物 | 部分合规 |
| 建议 13 代理行 | 基本合规 | 建议 14 资金或价值转移服务 | 基本合规 |
| 建议 15 新技术 | 部分合规 | 建议 16 电汇 | 部分合规 |
| 建议 17 依托第三方的尽职调查 | 基本合规 | 建议 18 内部控制、境外分支机构和附属机构 | 部分合规 |
| 建议 19 高风险国家 | 合规 | 建议 20 可疑交易报告 | 基本合规 |
| 建议 21 泄密与保密 | 基本合规 | 建议 22 特定非金融机构：客户尽职调查 | 不合规 |
| 建议 23 特定非金融机构：其他措施 | 不合规 | 建议 24 透明性和法人的受益所有权 | 不合规 |

① 根据金融行动特别工作组报告《中国反洗钱和反恐怖融资互评估报告》整理。FATF Publishes Mutual Evaluation Report on Anti–Money Laundering and Counter–Terrorist Financing Measures of the People’s Republic of China.

续表

| | | | |
|---|---|---|---|
| 建议 25 透明性和法律安排的受益所有权 | 不合规 | 建议 26 金融机构监管 | 基本合规 |
| 建议 27 监管机构的权力 | 基本合规 | 建议 28 对特定非金融机构的监管 | 不合规 |
| 建议 29 金融情报中心 | 部分合规 | 建议 30 执法机关和调查部门的职责 | 合规 |
| 建议 31 执法机关和调查部门的权力 | 合规 | 建议 32 现金跨境运送 | 基本合规 |
| 建议 33 数据统计 | 基本合规 | 建议 34 指引和反馈 | 部分合规 |
| 建议 35 处罚 | 部分合规 | 建议 36 国际公约 | 基本合规 |
| 建议 37 双边司法协助 | 基本合规 | 建议 38 双边司法协助：冻结和没收 | 部分合规 |
| 建议 39 引渡 | 基本合规 | 建议 40 其他形式和国际合作 | 基本合规 |

# 第三章　反洗钱与维护国家安全

2017 年国务院办公厅《关于完善反洗钱、反恐怖融资、反逃税监管体制机制的意见》开宗明义：反洗钱、反恐怖融资、反逃税监管体制机制是建设中国特色社会主义法治体系和现代金融监管体系的重要内容，是推进国家治理体系和治理能力现代化、维护经济社会安全稳定的重要保障，是参与全球治理、扩大金融业双向开放的重要手段。北京大学王新教授提出："反洗钱恰如一个'八爪鱼'式的连接点，将经济安全、金融安全、社会安全、国际合作、打击恐怖主义等许多非传统性的国家安全问题联系在一起，其中诸多内容恰恰是总体国家安全的有机组成部分，反洗钱由此贯穿于实现总体国家安全的多个层面和进程始终，成为践行和落实总体国家安全观的重要环节和抓手。"①

## 第一节　总体国家安全观与金融安全

### 一、总体国家安全观的基本论述

党的十八大以来，党中央高度重视国家安全在全局工作中的重要地位和作用。党的十八届三中全会提出"设立国家安全委员会，完善国家安全体制和国家安全战略，确保国家安全"。②

2014 年 4 月 15 日，习近平总书记主持召开中央国家安全委员会第一次会议，提出"总体国家安全观"，并强调"当前我国国家安全内涵和外延比历史上任何时候都要丰富，时空领域比历史上任何时候都要宽广，内外因素比历史上任何时候都要复杂，必须坚持总体国家安全观，以人民安全为宗

---

① 王新：《总体国家安全观下我国反洗钱的刑事法律规制》，载《法学家》2021 年第 3 期。

② 参见《中共十八届三中全会在京举行习近平作重要讲话》，载《人民日报》2013 年 11 月 13 日，第 1 版。

旨，以政治安全为根本，以经济安全为基础，以军事、文化、社会安全为保障，以促进国际安全为依托，走出一条中国特色国家安全道路”，[①] 实现了对于新时代国家安全事业的规律认识深化和重大理论创新，成为中国共产党“历史上第一个被确立为国家安全工作指导思想的重大战略思想”。[②] 总体国家安全观通过领导论、地位论、总体论、宗旨论、道路论、体系论、防范论、科技论、法治论和共同论等内涵要义，[③] 首次系统揭示和阐释了包括金融安全在内的国家安全工作的政治性、总体性、人民性、特色性、体系性、法治性和共同性等重要特点，为新时代金融安全法律规范体系构建，提供了重要的指导思想。

在 2015 年 7 月 1 日，我国颁布的国家安全法，将总体国家安全的理念落实到法律层面。其中第 2 条将国家安全定义为：“国家政权、主权、统一和领土完整、人民福祉、经济社会可持续发展和国家其他重大利益相对处于没有危险和不受内外威胁的状态，以及保障持续安全状态的能力。”同时，在第二章“维护国家安全的任务”中，进一步拓展了国家安全的内涵和外延，将国家安全的组成元素细分为国体政体、国土主权、军事、经济、金融、资源能源、粮食、文化、科技、信息网络、民族、宗教、反恐怖主义和极端主义、社会、生态环境、核技术、外层空间、海外利益等多种类型。

## 二、国家金融安全的概念与要素

金融是国民经济的血脉，金融安全是国家安全体系的重要构成部分和基石。金融通过资金融通的有力支持、金融数据的提前预警和反制手段的主动出击，成为新时代国家安全的实现手段和重要支撑，是践行总体国家安全观的核心路径。[④] 正是鉴于金融安全直接关系到我国的总体国家安全，国家安全法第 20 条将金融安全从原先隶属于经济安全的体系下独立出来，单列为国家安全的一个要素：“国家健全金融宏观审慎管理和金融风险防范、处置机制，加强金融基础设施和基础能力建设，防范和化解系统性、区域性金融风

---

① 《坚持总体国家安全观走中国特色国家安全道路》，载《人民日报》2014 年 4 月 16 日，第 1 版。

② 陈文清：《牢固树立总体国家安全观在新时代国家安全工作中的指导地位》，载《求是》2019 年第 8 期。

③ 李建伟：《总体国家安全观的理论要义阐释》，载《政治与法律》2021 年第 10 期。

④ 张红力：《金融与国家安全》，载《金融论坛》2015 年第 5 期。

险，防范和抵御外部金融风险的冲击。”

从学术研究来看，通过文献分析，国内外学者对金融安全这一非传统国家安全的概念尚未形成统一的共识，尤其是总体国家安全观视域下的金融安全及其立法研究还比较缺乏。[①] 在外文文献中，“金融安全”并非以专有名词出现，通常将其作为国家安全及其子概念经济安全的组成部分，置于上位系统中探讨。有观点认为，新时代总体国家安全观下的金融安全具有主权性、总体性和发展性的主要特点，从总体国家安全观角度出发，将现代金融安全界定为：金融全球化背景下，一国金融主权和金融体系的稳定运行、可持续发展及其他重大利益，处于不受侵害的状态。基本概念界定是理论体系建构的基础，在总体国家安全观指导下，应立足于现代金融安全的主权性、总体性和发展性等本质属性和特点，推进我国现代金融安全概念理论体系与法律规范体系的科学构建，以法治方式建立健全现代金融安全的制度体系与长效机制。[②]

## 第二节　反洗钱与提升国家治理能力

### 一、反洗钱与维护国家整体安全

反洗钱除了与金融安全具有直接而紧密的联结外，与国家安全的其他组成要素也存在密切相关性。

#### （一）反洗钱与政治安全

2014 年，习近平总书记在十八届中央纪委三次全会上发表重要讲话，[③] 强调坚决反对腐败，防止党在长期执政条件下腐化变质，是我们必须抓好的重大政治任务。反腐败高压态势必须继续保持，坚持以零容忍态度惩治腐败。

2003 年 10 月，第 58 届联大通过《联合国反腐败公约》，使人们认识到

---

① 在中国知网以“总体国家安全观”和“金融”作为关键词文献检索，截至 2022 年 5 月 31 日，相关文献仅 1 篇，即张红力：《金融与军事：支撑大国崛起的两大重器》，载《中国延安干部学院学报》2018 年第 11 期。

② 张建伟：《总体国家安全观视域下金融安全法律规范体系的构建》，载《法学》2022 年第 8 期。

③ 《习近平在十八届中央纪委三次全会上发表重要讲话》，载中央政府网，https：//www.gov.cn/ldhd/2014-01/14/content_2566862.htm，2023 年 10 月 31 日最后访问。

反洗钱对于反腐败的重要意义。2012年2月，FATF在其《反洗钱和反恐融资国际标准》中，将腐败作为优先应对问题，要求强化对金融机构识别政治公众人物的要求，不仅应实施强化尽职调查措施，还应将范围从外国政治公众人物扩展到国内及国际组织政治公众人物，以及政治公众人物的家庭成员和与其关系密切的人。

洗钱治理与腐败治理具有紧密性，腐败分子在高压政策下贪腐的概率，往往与能否将腐败资产“洗干净”的信心呈正相关。[①] 加强反洗钱工作无疑是反腐败的重要利器，反洗钱阻断非法资金合法化的渠道，强化不敢腐的震慑、扎牢不能腐的笼子、增强不想腐的自觉，可以对遏制腐败等洗钱的上游犯罪行为起到釜底抽薪、“四两拨千斤”的作用。[②]

**（二）反洗钱与社会安全**

在和平与发展成为世界两大主题的国际背景下，恐怖主义是危害当代世界和平、破坏世界发展的社会公害，恐怖主义与反恐斗争对当今国际战略格局演变、大国关系调整具有重要影响。2001年美国的“9·11”恐怖事件引发世界许多国家对恐怖主义严重危害性的新认识，认识到恐怖主义是危害一国乃至国际社会安全最重要的非传统安全因素之一。恐怖融资作为恐怖主义的一部分，虽然不直接参与恐怖暴力破坏活动，却为恐怖活动提供资金支持，推动恐怖势力在世界范围内扩张。早在2003年，FATF就将反恐怖融资作为反洗钱的核心任务。在国内，以“东突”为代表的民族分裂主义、宗教极端主义、国际恐怖主义“三股势力”近年来策划并组织实施多起恐怖暴力事件，对我国人民生命财产安全造成极大破坏和威胁，严重影响了我国社会安全稳定。因此，反恐怖融资成为我国维护社会安全的首要任务。

**（三）反洗钱与军事安全**

由于国家利益和国际安全之间的失衡，核扩散在冷战后接连发生，全球防止核扩散等大规模杀伤性武器扩散行动成为国际安全的一个核心问题。大规模杀伤性武器包括核武器、生化武器和化学武器三类，与此相关的国际公约有《核不扩散条约》《禁止化学武器公约》《禁止生物武器公约》。2012年2月，FATF在《反洗钱和反恐融资国际标准》中将防止大规模杀伤性武器作

---

① 廖明、贺维元：《基于反洗钱情报的腐败资产追缴》，载《云南师范大学学报》2023年第5期。

② 邓苗苗：《反洗钱与反腐败如何融合推进》，载《廉政瞭望》2023年第10期。

为与反洗钱和反恐怖融资并列的第三个主题，专门制定了与扩散融资相关的金融制裁，要求各国遵守联合国安理会有关协议，一旦发现与决议指定的个人或组织有关的资金和其他资产，应立即予以冻结，并保证不向其直接或间接地提供任何资产或其他资产。

在反扩散成为全球军事战略主题的今天，反洗钱也与多数国家的军事安全产生了密切的联系。例如，2012 年美国国务院依据《防止向伊朗、朝鲜和叙利亚扩散法》，发布对某国企业和个人实施制裁的声明，指责这些被列入《防止向伊朗、朝鲜和叙利亚扩散法》制裁的企业向伊朗、朝鲜和叙利亚输送或购买了多边出口管理条例中的设备和技术，或是未被列入该条例但相当于大规模杀伤性武器和巡航、弹道导弹的武器。①

上述三个方面只是对反洗钱与国家安全各个组成要素联结的不完全列举。当前反洗钱与国家安全特别是非传统安全有着密切的联系。从国际上看，2001 年美国“9·11”恐怖事件后，西方发达国家不断调整国家反洗钱战略，将反洗钱提高到维护国家经济安全和国际政治稳定的战略高度。从国内看，我国国家安全和社会安定面临的威胁和挑战增多，特别是各种威胁和挑战联动效应明显，面对新形势、新任务，我们要强化风险防范的底线思维，以维护国家安全为核心，准确定位反洗钱工作，借助国际反恐怖融资体系，打击恐怖势力，加强对反洗钱国际规则和实务的研究，防范洗钱和恐怖融资风险，维护我国国家安全。

## 二、反洗钱与防范化解金融风险

### （一）加强数据监测和防范化解金融风险

与此相对应，在巩固金融安全和防范化解重大金融风险方面，反洗钱能够发挥独特的功能，成为落实总体国家安全观的重要组成部分。具体而言，反洗钱通过要求义务主体开展有效的客户尽职调查、发现与监测大额交易和可疑交易，可从资金流动中发现异常和可疑资金，增进经济金融交易的规范化和透明度。② 同时，反洗钱围绕风险的事先预警、事中监测和事后追踪，

---

① 李建文：《基于国家安全视角的我国反洗钱工作研究》，载《金融发展研究》2014 年第 6 期。

② 刘国强：《维护国家金融安全 全面推进反洗钱事业》，载《人民日报》2019 年 7 月 15 日。

也有利于及时发现经济犯罪的线索，在防控跨境资金流动风险方面发挥重要的作用。

**（二）保障金融体系肌体健康和市场公平秩序**

一国的金融体系主要包括三个方面：一是金融机构。包括银行、证券、基金、保险等。二是监管和政府机构。包括制定货币政策的央行，制定财政政策的政府，以及国际上的金融稳定委员会等机构。三是金融基础设施。包括支付体系、清算体系、结算体系和股票期货、黄金、衍生品等交易所系统。反洗钱工作可以有效阻遏“黑钱”进入金融体系，对保证金融机构的肌体健康、金融体系的稳健运行，维护社会公正和市场竞争具有重要作用。

从违法犯罪角度，不法人员对各种违法犯罪获取的非法收入往往需要进行“清洗”，以合法的形式保存或进入合法的行业。由犯罪组织所控制的企业往往具有使用非法方式的内在倾向，使用超经济手段击败竞争对手，获得近似于垄断的地位，损害合法经济体的正当权益，破坏市场微观竞争环境，损害市场机制的有效运作和公平竞争。做好反洗钱工作可以从资金流动上监测异常和可疑资金流动，为追缴违法资金提供有价值的案件线索，为控制非法所得转移和藏匿赢得时机，从而有效打击经济犯罪活动，维护国家经济安全。①

**（三）保证国家经济统计真实**

统计是经济社会发展的重要综合性基础性工作，统计数据是国家宏观调控和决策管理的重要依据。② 要充分发挥统计在了解国情国力、服务经济社会发展中的重要作用，适应新形势新任务对统计工作的要求，前提是国民经济统计数据的真实性。根据国际货币基金组织的统计，全球每年洗钱的数额约占世界各国 GDP 的 5%，达 1.8 万亿美元，并且每年以 1000 亿美元递增 。③ 换言之，如果一国的洗钱违法犯罪形势严峻，国民经济统计数据必然失真，也会导致宏观调控和决策管理偏离。

---

① 李建文：《基于国家安全视角的我国反洗钱工作研究》，载《金融发展研究》2014 年第 6 期。

② 宁吉喆：《坚持依法统计依法治统 确保统计数据真实准确》，载《人民日报》2016 年 12 月 8 日，第 12 版。

③ 中海基金反洗钱课题研究小组：《美、日、德的反洗钱监管体系及机制对中国的借鉴与启示》，载新浪财经网，http：//finance.sina.com.cn/money/fund/jjzl/2022-02-10/doc-ikyakumy5200420.shtml，2023 年 10 月 31 日最后访问。

# 第三节　反洗钱与参与国际社会治理

## 一、反洗钱与参与国际标准制定

实现总体国家安全观的路径中，“以促进国际安全为依托”是重要支点。在当今国际社会，参与国际规则和标准的制定，是各国维护其自身利益的重要环节，也是世界有影响力大国推行其政治经济和安全理念、在协调国际事务中主导话语权和占有主动权的重要手段。①

基于对洗钱危害性的认识，反洗钱是当今国际合作的重点领域之一，联合国以及国际货币基金组织、世界银行、巴塞尔银监会、沃尔夫斯堡金融机构集团等重要国际金融组织，颁行了一系列公约、指令、声明、指南和建议等反洗钱的规范文件，国际合作是其中不可少的核心内容。作为全球反洗钱和反恐怖融资的最具权威性的文件，金融行动特别工作组制定的《40 条建议》将“加强国际合作”列为独立的章节，要求反洗钱和反恐怖融资有关的行政部门和执法部门之间开展广泛的国际合作。

我国为了使反洗钱融入国际合作框架，积极寻求加入 FATF，在 2007 年 6 月 28 日成为正式成员国。成为 FATF 的正式成员，不仅为我国在反洗钱和反恐怖融资领域树立负责大国提供了重要基础，而且也标志着我国从此可以参与制定国际反洗钱和反恐怖融资的规则，而不再是规则的单纯接受者。我国应积极参加 FATF 等国际反洗钱和反恐怖机构有关会议，参与国际反洗钱标准的制订工作，将国家利益转化为国际标准，从而有效地维护国家利益。

## 二、反洗钱与应对域外金融风险

由于洗钱犯罪的跨国性质，反洗钱具有明显的国际化特征。世界各国都将反洗钱义务的有效履行作为设立金融机构和合规运营的必要条件。近几年发生在世界各地的事件表明，一旦一个国家的金融机构涉嫌洗钱或被犯罪

① 王燕之：《中国反洗钱国际合作进入了一个新的历史发展时期》，载《中国金融》2007 年第 15 期。

分子利用洗钱，或者国家被列入反洗钱和反恐怖融资不合作名单，其金融机构就会被各国监管机构关注，在业务交往中被作为高风险机构而受到强化审查，受牵连金融机构的名誉和业务都将受到很大影响，有些事件还引发了金融市场动荡，①国家利益和金融安全受到损害。

随着中国对外开放步伐的提速，中资银行海外分支机构却屡遭反洗钱制裁，成为中资银行海外合规经营的重要挑战。②所发生的中资银行境外机构遭遇反洗钱制裁事件分散于不同国家，表明反洗钱监管已经成为各国金融监管的重要内容，此外，受到反洗钱制裁的原因不仅仅是商业银行涉及洗钱行为，还包括商业银行的反洗钱合规体系不符合要求。③

当前，我国处于对外开放的新时代，处于国际化经营发展阶段的中国金融机构的境外盈利能力和管理水平相较于国内还不稳定，若收到境外反洗钱制裁的高额罚单，将直接影响境外经营绩效，进而影响境外经营的稳定性，因此反洗钱合规经营是金融机构海外经营过程中必须直面的挑战，不但是金融机构走出国门、参与国际市场交易、利用国际国内两个金融市场实现金融资源优化配置的重要保障，也是防止有效应对涉外金融风险跨境传递的应有之义。

---

① 王燕之：《中国反洗钱国际合作进入了一个新的历史发展时期》，载《中国金融》2007 年第 15 期。

② 合规是指商业银行为了规避可能受到的法律制裁、监管处罚、重大损失风险，使其经营活动与法律、规则和准则相吻合，在其经营管理活动中严格遵循所适用的各项法律法规、各种自律性组织的行业准则、行为准则和员工职业行为操守。邱牧远：《国际反洗钱监管最新趋势及中资银行应对建议》，载《金融论坛》2020 年第 5 期。

③ 陶士贵、徐静依：《中资银行境外反洗钱制裁风险：事实、成因与应对》，载《创新》2023 年第 1 期。

# 第四节 反洗钱涉外法律制度研究与构建[1]

## 一、反洗钱涉外法治建设的意义

党的十八大作出了全面推进依法治国的战略部署。党的十八届四中全会通过的《中共中央关于全面推进依法治国若干重大问题的决定》提出法治中国建设要“加强涉外法律工作”。党的十九届四中全会在通过的《中共中央关于坚持和完善中国特色社会主义制度推进国家治理体系和治理能力现代化若干重大问题的决定》中明确提出：“加强涉外法治工作，建立涉外工作法务制度，加强国际法研究和运用，提高涉外工作法治化水平。”党的十九届五中全会通过的《中共中央关于制定国民经济和社会发展第十四个五年规划和2035年远景目标的建议》进一步强调“加强涉外法治体系建设，加强国际法运用”。2020年11月召开的中央全面依法治国工作会议正式确立了习近平法治思想，将习近平法治思想明确为全面依法治国的指导思想。会议提出，要坚持统筹推进国内法治和涉外法治。具体来说，要求加快涉外法治工作战略布局，协调推进国内治理和国际治理，更好维护国家主权、安全、发展利益；要强化法治思维，运用法治方式，有效应对挑战、防范风险，综合利用立法、执法、司法等手段开展斗争，坚决维护国家主权、尊严和核心利益；要推动全球治理变革，推动构建人类命运共同体。党的二十大报告首次单独把法治建设作为专章论述、专门部署，充分体现了党中央对全面依法治国的高度重视。报告明确强调统筹推进国内法治和涉外法治。

前述中资银行屡遭反洗钱制裁成为中资银行海外合规经营的重要挑战，其原因当然包括中资银行内部反洗钱合规机制和能力不足，[2]但同时不可否认，国际地位的提高加大了中资银行反洗钱合规的压力。在近年来欧美发达

---

① 王新：《总体国家安全观下我国反洗钱的刑事法律规制》，载《法学家》2021年第3期。

② 包括其管理层合规意识不强，反洗钱合规工作流于形式；信息系统建设滞后是境外机构反洗钱能力提升的短板；制度缺失或凸显预防能力不足；人才不足制约反洗钱合规能力提升等内部原因。

国家反洗钱合规处罚的银行类金融机构中，以全球系统重要性银行居多。随着中资银行全球地位的提升，其合规工作也逐渐成为各国监管机构关注的重点，[①]加之作为“一带一路”倡议和人民币国际化的“排头兵”，中资银行及其境外机构的跨境国际结算业务正在呈现迅速增长态势，无疑加剧了境外机构的反洗钱合规管理压力。

同时也应该看到保护主义和单边主义加大反洗钱合规管理难度。尽管欧美国家普遍对金融市场准入采取了开放态度，但随着近年来保护主义的盛行，包括反洗钱监管等在内的一系列监管正在成为限制市场准入潜在的制度性壁垒。特别是近年来，美欧主要国家绕开联合国框架，单方面对伊朗、朝鲜等国采取经济和金融制裁措施，使得中资银行的海外分支机构在涉及相关交易时面临的反洗钱合规压力更加严峻。其中，最突出的是美国的“长臂管辖”制度。[②]

“中国走向世界，以负责任大国参与国际事务，必须善于运用法治。”习近平总书记曾这样阐明涉外法治建设的重要意义。2023 年 11 月 27 日下午，习近平总书记在中共中央政治局就加强涉外法制建设进行第十次集体学习时进一步指出，“涉外法治作为中国特色社会主义法治体系的重要组成部分，事关全面依法治国，事关我国对外开放和外交工作大局”，“对外开放向前推进一步，涉外法治建设就要跟进一步”。当前，世界百年未有之大变局加速演变，国际环境不稳定性不确定性明显上升，法治作为国家核心竞争力的重要性更加凸显，运用法治和规则维护自身合法权益的需求更为迫切。与此同时，我国日益走近世界舞台中央，在全球治理中发挥越来越重要的作用，对国内法治与涉外法治的衔接提出更高要求。在强国建设、民族复兴新征程上，必须坚持正确政治方向，坚定不移走中国特色社会主义法治道路，同时要以更加积极的历史担当和创造精神，加快建设同我国高质量发展、高水平开放要求相适应的涉外法治体系和能力，以法治的确定性应对前进道路上的

---

① 海外机构的反洗钱合规根据金融稳定理事会（FSB）公布名单，2011 年时，中国仅有中国银行一家进入前 28 家全球系统重要性银行（G-SIBs）名单，但在 2013-2015 年间，中国工商银行、中国农业银行和中国建设银行先后进入 G-SIBs 名单；2016-2017 年间，中国工商银行、中国银行和中国建设银行分别被提升至 G-SIBs 名单的第 2 档次。

② 邱牧远：《国际反洗钱监管最新趋势及中资银行应对建议》，载《金融论坛》2020 年第 5 期。

各种不确定性，为中国式现代化行稳致远营造有利法治条件和外部环境。[①]

## 二、反洗钱法修订与涉外法治建设

加强涉外法治研究，不仅包括对各国反洗钱法律和监管体系强化研究，更需要加强我国涉外法律制度构建。以我国反洗钱的基本法律制度——反洗钱法修改为例，2021 年《中华人民共和国反洗钱法（征求意见稿）》（以下简称《反洗钱法修订稿》）体现了这一制度构建统筹国内法治和涉外法治这一基本要义和理念。学者研究表明，以反洗钱法为代表的中国特色的反洗钱跨境监管制度应“崇尚国际法治”以守护国际利益，[②]“追求攻防兼备”以捍卫国家利益。这是我国制度构建的两大原则，也符合《反洗钱法修订稿》既有的立法思路。

具体而言，在“崇尚国际法治”的基础上，我国反洗钱跨境监管制度还应“追求攻防兼备”，以保障国家利益。《反洗钱法修订稿》中设定有相关条款，明确我国反洗钱法的监管范围及跨境监管的场景、条件和法律效果，其

---

① 《求是网评论员：加快推进我国涉外法治体系和能力建设》，载中华人民共和国司法部官网，http://www.moj.gov.cn/pub/sfbgw/zwgkztzl/xxxcgcxjpfzsx/fzsxpljj/202312/t20231201_490742.html，2023 年 12 月 1 日最后访问。

② 具体而言，“崇尚国际法治”是一国在国际“法律战”中应用国内法的基本原则。该项原则贯穿《反洗钱法修订稿》始终，表现在五个方面：其一，以和平方式维护国家和公民的合法利益，履行国际法职责。这不仅表现在我国忠实履行反洗钱国际公约义务、积极回应 FATF 互评估报告的建议，还体现在《反洗钱法修订稿》扩张监管范围的目的（第 9 条）和反洗钱特别预防措施针对的主体（第 38 条）等方面。其二，谨守国际法上的对等原则，实现对外交往中的平等价值交换。《反洗钱法修订稿》第五章集中规定了反洗钱的国际合作，强调“条约必守”和“平等互惠”原则，具体规定涉及司法（第 47 条）和执法（第 48 条和第 49 条）。其三，借鉴联合国安理会的“聪明制裁”，精准打击、避免泛化。《反洗钱法修订稿》要求依法开展“名单管理”（第 33 条和第 38 条），有的放矢，防止滥伤无辜。其四，《反洗钱法修订稿》要求反洗钱跨境监管的依据和程序公正透明，且明确规定了被监管对象和善意第三人的申诉和救济机制（第 38 条）。其五，我国反洗钱跨境监管制度足以降低其他国家挑起“法律战”的预期收益，进而对其产生有效威慑。未来，我国反洗钱领域跨境监管制度和条款的完善，应始终以联合国为核心，致力于维护以《联合国宪章》及国际法（包括国际条约、国际习惯法、国际法原则）为基础的国际秩序，以彰显我国一贯反对单边主义、霸权主义和强权政治的立场，与破坏国际秩序的国家及其行径划清界限。

中第 9 条、第 24 条、第 25 条、第 33 条、第 38 条和第 56 条均属于“进攻性条款”。

《反洗钱法修订稿》第 49 条的“防御性条款”，则集中了应对其他国家对我国主体实施不当跨境监管的措施。[①] 具体实施中，应依据第 49 条之规定，将原本法人或自然人与其他国家之间的公私关系，转化为国家之间的公法关系进行处理。这既可以避免法人或自然人陷入两难境地，也可以引导和促进国家间的友好谈判。第 49 条还考虑到反洗钱跨境监管与我国商务部 2021 年发布的《阻断外国法律与措施不当域外适用办法》的衔接。此外，《反洗钱法修订稿》第五章关于反洗钱跨境监管国家合作的规定（第 45 至 48 条）也有“防御”的效果。因为当我国以立法形式明确规定跨境反洗钱监管和执法的协作方式和程序后，其他国家更无理由以单边主义或霸权主义方式行事。

## 三、反洗钱涉外法治建设的联动

涉外法治工作是一项涉及面广、联动性强的系统工程，需要高瞻远瞩的谋划和精准有力的举措。2023 年 11 月 27 日下午，习近平总书记在中共中央政治局就加强涉外法制建设进行第十次集体学习时指出，“涉外法治工作是一项涉及面广、联动性强的系统工程，必须统筹国内和国际，统筹发展和安全，坚持前瞻性思考、全局性谋划、战略性布局、整体性推进，加强顶层设计，一体推进涉外立法、执法、司法、守法和法律服务，形成涉外法治工作

---

① 《中华人民共和国反洗钱法（征求意见稿）》第 49 条规定，外国当局未按照对等原则，也未与中国协商一致，直接要求中国境内金融机构提交中国境内信息或者扣押、冻结、划转中国境内财产的，或者基于不当域外适用法律要求中国境内金融机构作出其他行动的，金融机构不得服从。如果金融机构认为有必要服从的，应当及时提请国务院有关金融监督管理机构批准并告知外国当局与国务院有关金融监督管理机构进行协商。

外国当局基于合理监管的需要，要求中国境内金融机构提交概要性合规信息、经营信息或者提出其他合理要求的，中国境内金融机构可以按照要求采取适当行动，但应当事先向国务院有关金融监督管理机构报告，对于可能影响中国国家主权、安全和利益或者公民、法人或其他组织利益的，应当事先获得国务院有关金融监督管理机构批准。

国家对阻断外国法律与措施不当域外适用另有规定的，从其规定。

大协同格局”。①

秉持系统性思维推进我国反洗钱涉外法律制度建设，需要基于我国的国情和利益诉求，设置有别于西方国家且具有中国特色的监管模式，具体可从立法、执法、司法三个方面优化我国反洗钱领域的跨境监管制度。

立法上，应逐步细化“进攻性条款”，妥善衔接“防御性条款”。对于前者，《反洗钱法修订稿》第 9 条规定，对中华人民共和国境内应当履行反洗钱义务的单位和个人的监督管理适用本法。中华人民共和国境外发生的洗钱和恐怖主义融资活动危害中国国家安全和主权，或者侵犯中国公民、法人和其他组织合法权益，或者扰乱中国金融管理秩序的，可以依照本法有关规定对有关单位和个人进行处理并追究责任。此条款采取了类似于证券法第 2 条的立法模式，将“效果原则”作为反洗钱跨境管辖的依据。该条虽然保障了灵活度和裁量权，但可能导致实践中的不确定性。因此，立法应当明确依托反洗钱法进行跨境监管的条件和范围。这方面可以考虑的监管门槛包括：交易类型、涉案金额、主要交易环节发生地等。《反洗钱法修订稿》第 25 条赋予了我国反洗钱行政主管部门认定“洗钱高风险国家或地区”的权力，但实践中的认定标准有待细化。这方面可以借鉴 FATF 官方“高风险和其他受监管地区”的认定方法，即基于特定国家或地区对待 FATF 互评估的态度、互评估结果等指标综合认定。对于“防御性条款”，《反洗钱法修订稿》第 49 条只提到“国家对阻断外国法律与措施不当域外适用另有规定”，而忽略了与反制裁规则的衔接问题，尤其是上文已指出，美国反洗钱跨境监管可能作

① 习近平总书记指出，涉外法治工作是一项涉及面广、联动性强的系统工程，必须统筹国内和国际，统筹发展和安全，坚持前瞻性思考、全局性谋划、战略性布局、整体性推进，加强顶层设计，一体推进涉外立法、执法、司法、守法和法律服务，形成涉外法治工作大协同格局。要坚持立法先行、立改废释并举，形成系统完备的涉外法律法规体系。要建设协同高效的涉外法治实施体系，提升涉外执法司法效能，推进涉外司法审判体制机制改革，提高涉外司法公信力。要积极发展涉外法律服务，培育一批国际一流的仲裁机构、律师事务所。要深化执法司法国际合作，加强领事保护与协助，加强保护我国海外利益的法治安全链。要强化合规意识，引导我国公民、企业在“走出去”过程中自觉遵守当地法律法规和风俗习惯，运用法治和规则维护自身合法权益。《习近平在中共中央政治局第十次集体学习时强调：加强涉外法制建设 营造有利法治条件和外部环境 》，载中央政府网，https://www.gov.cn/govweb/yaowen/liebiao/202311/content_6917473.htm，2023 年 11 月 30 日最后访问。

为金融制裁的一部分。因此，建议在第49条中增加“国家对反外国制裁另有规定的，从其规定”相关的表述。

执法上，应严守国际法底线，区分执法对象所处的地域范围，合理选择监管措施。在反洗钱跨境监管的执法环节，建议我国监管部门对潜在执法对象进行“两分”处理。对于我国境内的执法对象（如设立于我国境内的外国金融机构分支），可综合运用不同的执法手段进行监管；而对于我国境外的执法对象，则需要考虑通过国际合作等方式避免管辖冲突。值得指出的是，美国的实践说明，以单边方式实施的洗钱跨境监管对国家自身、国际关系和国际社会都有负面影响。因此，虽然我国反洗钱跨境监管制度在构造时兼顾了“进攻”和“防御”两个方面，但对于单边性的“进攻性条款”应树立“有备无患”观念，将其作为中国特色涉外法治工具箱中的防御工具。鉴于我国法律上明确规定可以产生法律威慑，形成谈判筹码，也可以构成与别国“长臂管辖”的权力制衡，因而对于“进攻性条款”即便“备而不用”，也依然具有“防御”功能。

司法上，应尊重法院“被动性”的定位，提升反洗钱跨境司法合作的效率。在跨境洗钱活动的监管中，法院行使管辖权必须尊重立法机关的态度，且法院应当尊重行政执法机关在实施监管时作出的解释和决定。在此基础上，法院应探索借助“管辖联结点”“先诉法院优先原则”“不方便法院原则”和“国际礼让原则”等法律工具，从正、反两方面灵活认定管辖权，形成司法解释，助力我国反洗钱跨境监管。除司法审判工作之外，我国还应进一步提升包括双边司法互助和引渡程序在内的国际司法合作的效率。[①]

① 本段论述主要参考包康赟：《反洗钱跨境监管的美国模式、反噬危机与中国方案》，载《金融监管研究》2023年第4期。

# 中篇

# 新型洗钱犯罪手法与风险应对

# 第四章　利用金融机构洗钱风险及司法案例

金融机构是反洗钱和反恐怖融资工作的核心。客户身份识别制度、客户身份资料和交易记录保存制度、大额交易和可疑交易报告制度是反洗钱国际标准和各国反洗钱立法认定洗钱预防措施的三项制度，对于金融机构而言，也是其实施有效反洗钱内控制度的“三大基石”。建立这三项反洗钱制度有利于发挥反洗钱义务主体“第一道防线”的基础作用，有利于反洗钱义务主体防控洗钱和恐怖融资风险以及相关的法律风险，有利于反洗钱义务主体加强风险管理、开展审慎经营、梳理商业诚信、限制不正当竞争行为。

## 第一节　金融机构反洗钱预防体系

### 一、金融机构反洗钱制度的“三大基石”

#### （一）完善客户身份识别制度

客户身份识别制度，也称“了解你的客户”（Know Your Customers，KYC）或“客户尽职调查”（Customers-Due Diligence，CDD）。客户身份识别制度一般是指反洗钱义务主体在与客户建立业务关系或者与其交易时，应当根据真实有效的身份证件或者其他身份证明文件，核实和记录客户的身份，并在业务关系存续期间及时更新客户的身份信息资料。客户身份识别是三项基本制度的前提条件，没有有效的客户身份识别制度，后面两项无从谈起。

履行“了解你的客户”义务，金融机构应当按照规定建立客户身份识别制度。在与客户建立业务关系或者为客户提供规定金额以上的现金汇款、现钞兑换、票据兑付等一次性金融服务时，应当要求客户出示真实有效的身份证件或者其他身份证明文件，进行核对并登记。客户由他人代理办理业务的，金融机构应当同时对代理人和被代理人的身份证件或者其他身份证明文件进行核对并登记。与客户建立人身保险、信托等业务关系，合同的受益人不是客户本人的，金融机构还应当对受益人的身份证件或者其他身份证明文件进行核对并登记。此外，金融机构还具有对客户的持续识别义务，当对先前获得的客户身份资料的真实性、有效性或者完整性有疑问的，金融机构应当重新识别客户身份。其次，要不断完善技术手段，提高客户识别的有效性。只有不断提高反洗钱技术，完善客户身份审查程序和手段，才能有效提高客户识别效果。

在实践中，客户身份识别制度流程包括识别、登记、核对、留存四个方面。识别，即反洗钱义务主体需要在与客户建立业务关系前或与其进行交易期间，识别出客户的身份是否真实有效，有效身份证件是否过期，不得为身份不明的客户提供服务。登记，即登记客户身份的基本信息。核对，即反洗钱义务主体通过现场或非现场的方式，对客户本人及其提交的信息，以人工或合法第三方信息渠道进行核对，确保不开立匿名或者假名的账户。留存，即将客户的身份信息，以及对客户进行身份识别的工作记录，至少保存5年以上。当前，世界反洗钱立法普遍将客户身份识别作为金融机构防范和控制包括洗钱风险在内的各类风险的一个必要手段。在我国，客户身份识别是反洗钱法律制度的强制性要求，是金融机构及其工作人员必须履行的法律义务。我国反洗钱法对金融机构建立客户身份识别制度进行了规定，并明确禁止金融机构为身份不明的客户提供服务或者与其进行交易，禁止金融机构为客户开立匿名账户或者假名账户。[①]2017年，中国人民银行要求，为落实风险为本

---

① 《中华人民共和国反洗钱法》第16条规定：金融机构应当按照规定建立客户身份识别制度。

金融机构在与客户建立业务关系或者为客户提供规定金额以上的现金汇款、现钞兑换、票据兑付等一次性金融服务时，应当要求客户出示真实有效的身份证件或者其他身份证明文件，进行核对并登记。

客户由他人代理办理业务的，金融机构应当同时对代理人和被代理人的身份证件或者其他身份证明文件进行核对并登记。

与客户建立人身保险、信托等业务关系，合同的受益人不是客户本人的，金融机构还应当对受益人的身份证件或者其他身份证明文件进行核对并登记。

金融机构不得为身份不明的客户提供服务或者与其进行交易，不得为客户开立匿名账户或者假名账户。

金融机构对先前获得的客户身份资料的真实性、有效性或者完整性有疑问的，应当重新识别客户身份。

任何单位和个人在与金融机构建立业务关系或者要求金融机构为其提供一次性金融服务时，都应当提供真实有效的身份证件或者其他身份证明文件。

工作方法，指导反洗钱义务机构从加强对非自然人客户的身份识别、加强对特定自然人客户的身份识别、加强特定业务关系中客户的身份识别措施等方面，加强反洗钱客户身份识别。[1]

**（二）完善大额交易和可疑交易报告制度**

非法资金流动一般具有数额巨大、交易异常等特点，因此法律规定了大额交易和可疑交易报告制度，要求金融机构、特定非金融机构对数额达到一定标准、缺乏明显经济和合法目的的异常交易，应当及时向反洗钱行政主管部门报告，以作为发现和追查违法犯罪行为的线索。

金融机构大额交易和可疑交易报告是国家反洗钱信息中心收集金融信息的主要途径。大额交易和可疑交易牵涉到大量数据的分析、统计，尤其需要对可疑交易行为进行分析和认定，工作量比较大，是反洗钱工作中的一个难点。中国人民银行颁布的《金融机构大额交易和可疑交易报告管理办法》对该项工作的开展、数据的分析、报告都有详细的规定。

大额交易报告制度简单来说，就是交易金额只要达到一定数额，一般就需要在规定的时限内进行上报，对于大额交易什么情况下该报告，该《金融机构大额交易和可疑交易报告管理办法》第5条规定了金额标准："金融机构应当报告下列大额交易：（一）当日单笔或者累计交易人民币5万元以上（含5万元）、外币等值1万美元以上（含1万美元）的现金缴存、现金支取、现金结售汇、现钞兑换、现金汇款、现金票据解付及其他形式的现金收支。（二）非自然人客户银行账户与其他的银行账户发生当日单笔或者累计交易人民币200万元以上（含200万元）、外币等值20万美元以上（含20万美元）的款项划转。（三）自然人客户银行账户与其他的银行账户发生当日单笔或者累计交易人民币50万元以上（含50万元）、外币等值10万美元以上（含10万美元）的境内款项划转。（四）自然人客户银行账户与其他的银行账户发生当日单笔或者累计交易人民币20万元以上（含20万元）、外币等值1万美元以上（含1万美元）的跨境款项划转。累计交易金额以客户为单位，按资金收入或者支出单边累计计算并报告。中国人民银行另有规定的除外。中国人民银行根据需要可以调整本条第一款规定的大额交易报告标准。"作为例外，该《金融机构大额交易和可疑交易报告管理办法》第7

① 参见中国人民银行《关于加强反洗钱客户身份识别有关工作的通知》（银发〔2017〕235号）。

条规定了10种未发现交易或行为可疑的，金融机构可以不报告的大额交易类型。①

可疑交易报告制度，相较于大额交易报告制度而言，则需要反洗钱义务主体更加发挥主观能动性，将系统监测出的可疑交易进行人工分析、审核和判断，因为“可疑”本身就不是一个确定的词语，可疑交易只是在没有确定之前对交易行为的一个推断。如何认定可疑交易是反洗钱工作中的一个难点，要求反洗钱工作人员具备一定的业务素质和主观分析判断能力。②具体而言，反洗钱义务机构需要结合客户身份信息和交易背景，对客户行为或者交易进行识别和分析。《金融机构大额交易和可疑交易报告管理办法》对如何设置金融机构的监测标准提出了一些指引，“包括并不限于客户的身份、

① 《金融机构大额交易和可疑交易报告管理办法》（中国人民银行令〔2016〕第3号）第7条规定：“对符合下列条件之一的大额交易，如未发现交易或行为可疑的，金融机构可以不报告：（一）定期存款到期后，不直接提取或者划转，而是本金或者本金加全部或者部分利息续存入在同一金融机构开立的同一户名下的另一账户。活期存款的本金或者本金加全部或者部分利息转为在同一金融机构开立的同一户名下的另一账户内的定期存款。定期存款的本金或者本金加全部或者部分利息转为在同一金融机构开立的同一户名下的另一账户内的活期存款。（二）自然人实盘外汇买卖交易过程中不同外币币种间的转换。（三）交易一方为各级党的机关、国家权力机关、行政机关、司法机关、军事机关、人民政协机关和人民解放军、武警部队，但不包含其下属的各类企事业单位。（四）金融机构同业拆借、在银行间债券市场进行的债券交易。（五）金融机构在黄金交易所进行的黄金交易。（六）金融机构内部调拨资金。（七）国际金融组织和外国政府贷款转贷业务项下的交易。（八）国际金融组织和外国政府贷款项下的债务掉期交易。（九）政策性银行、商业银行、农村合作银行、农村信用社、村镇银行办理的税收、错账冲正、利息支付。（十）中国人民银行确定的其他情形。”

② 任香芬：《金融机构履行反洗钱法律义务中的问题及建议》，载《金融理论与实践》2007年第12期。

行为，交易的资金来源、金额、频率、流向、性质等存在异常的情形”，并设定了一些参考因素参考，主要包括中国人民银行及其分支机构发布的反洗钱、反恐怖融资规定及指引、风险提示、洗钱类型分析报告和风险评估报告；公安机关、司法机关发布的犯罪形势分析、风险提示、犯罪类型报告和工作报告；本机构的资产规模、地域分布、业务特点、客户群体、交易特征，洗钱和恐怖融资风险评估结论；中国人民银行及其分支机构出具的反洗钱监管意见以及中国人民银行要求关注的其他因素。

### （三）完善客户身份资料和交易记录保存制度

客户身份资料和交易记录保存制度，是指金融机构依法采取必要措施将客户身份资料和交易信息保存一定期限。主要包括两个方面，一是客户身份资料保存制度，是指反洗钱义务机构应妥善保存好与客户建立业务关系的各阶段，收集到的记载客户身份信息的资料、辅助证明客户身份的资料和反映支付机构开展客户身份识别工作情况的资料。二是客户交易记录保存制度，即反洗钱义务机构应将客户在本机构产生的各类交易的电子数据、业务凭证、账簿和其他资料妥善保存，以保证完整准确重现每笔交易的来龙去脉。

我国反洗钱法第 19 条规定，金融机构应当按照规定建立客户身份资料和交易记录保存制度。在业务关系存续期间，客户身份资料发生变更的，应当及时更新客户身份资料。客户身份资料在业务关系结束后、客户交易信息在交易结束后，应当至少保存五年。金融机构破产和解散时，应当将客户身份资料和客户交易信息移交国务院有关部门指定的机构。在实践中，金融机构对于所要保存的交易记录的实质性内容应当能够直接再现资金最初来源和最终去向，确保能够重现最初的交易情况。

## 二、金融机构反洗钱义务的法律责任

我国现行反洗钱法通过对反洗钱义务主体设定反洗钱义务的方式预防和控制洗钱犯罪。由于反洗钱法是一部行政管理法，所以责任形式主要是行政责任，若反洗钱义务主体违反相关规定，反洗钱法有对应的行政罚款、处分、停业整顿、吊销经营许可证以及取消任职资格等行政处罚予以处理。①

反洗钱义务主体如果未依法履行反洗钱义务，除了可能承担相应的行政责任外，还可能承担相应的民事和刑事责任。对于严重的反洗钱失职行为，反洗钱法第 33 条规定："违反本法规定，构成犯罪的，依法追究刑事责任。"

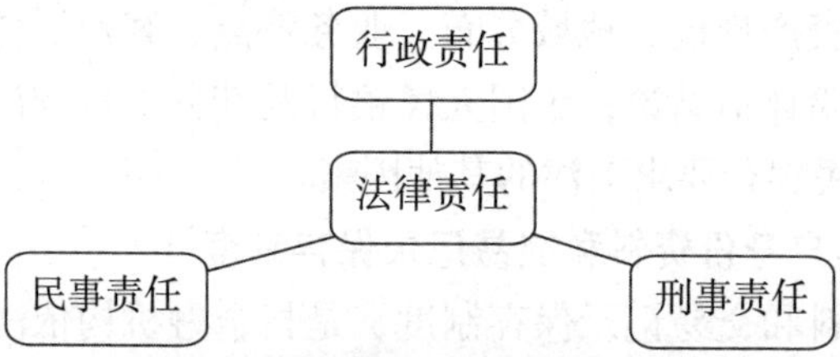


**图 2　洗钱违法犯罪的法律责任**

---

① 《中华人民共和国反洗钱法》第 30 条规定："反洗钱行政主管部门和其他依法负有反洗钱监督管理职责的部门、机构从事反洗钱工作的人员有下列行为之一的，依法给予行政处分：（一）违反规定进行检查、调查或者采取临时冻结措施的；（二）泄露因反洗钱知悉的国家秘密、商业秘密或者个人隐私的；（三）违反规定对有关机构和人员实施行政处罚的；（四）其他不依法履行职责的行为。"

第 31 条规定："金融机构有下列行为之一的，由国务院反洗钱行政主管部门或者其授权的设区的市一级以上派出机构责令限期改正；情节严重的，建议有关金融监督管理机构依法责令金融机构对直接负责的董事、高级管理人员和其他直接责任人员给予纪律处分：（一）未按照规定建立反洗钱内部控制制度的；（二）未按照规定设立反洗钱专门机构或者指定内设机构负责反洗钱工作的；（三）未按照规定对职工进行反洗钱培训的。"

第 32 条规定："金融机构有下列行为之一的，由国务院反洗钱行政主管部门或者其授权的设区的市一级以上派出机构责令限期改正；情节严重的，处二十万元以上五十万元以下罚款，并对直接负责的董事、高级管理人员和其他直接责任人员，处一万元以上五万元以下罚款：（一）未按照规定履行客户身份识别义务的；（二）未按照规定保存客户身份资料和交易记录的；（三）未按照规定报送大额交易报告或者可疑交易报告的；（四）与身份不明的客户进行交易或者为客户开立匿名账户、假名账户的；（五）违反保密规定，泄露有关信息的；（六）拒绝、阻碍反洗钱检查、调查的；（七）拒绝提供调查材料或者故意提供虚假材料的。

金融机构有前款行为，致使洗钱后果发生的，处五十万元以上五百万元以下罚款，并对直接负责的董事、高级管理人员和其他直接责任人员处五万元以上五十万元以下罚款；情节特别严重的，反洗钱行政主管部门可以建议有关金融监督管理机构责令停业整顿或者吊销其经营许可证。

对有前两款规定情形的金融机构直接负责的董事、高级管理人员和其他直接责任人员，反洗钱行政主管部门可以建议有关金融监督管理机构依法责令金融机构给予纪律处分，或者建议依法取消其任职资格、禁止其从事有关金融行业工作。"

关于民事责任，金融机构未履行反洗钱义务给客户造成损失的，客户可以起诉金融机构承担过错责任。

如在龙某诉中国某银行股份有限公司张掖分行储蓄存款合同纠纷案中，[①] 原告于2011年10月11日在被告处开办龙卡通银行卡，并由春光种业公司往银行卡内转账40万元，被告应负有原告银行卡内存款的安全义务。但是，2011年10月11日在被告所属的东郊支行、东大街支行发生三笔40万元的大额交易行为，没有引起被告的高度重视，尤其是被告所属的东大街支行2011年10月11日同一柜台同一营业员办理业务中，发生两笔40万元取存款凭条联号的取存款业务，没有办理取款代理人身份证明核对登记和大额交易、可疑交易备案登记、报告的手续，导致原告银行卡内的40万元存款被他人支取的事实。

中国人民银行关于《金融机构大额交易和可疑交易报告管理办法》第11条规定："商业银行、城市信用合作社、农村信用合作社、邮政储蓄机构、政策性银行、信托投资公司应当将下列交易或者行为，作为可疑交易进行报告"，第2项规定："短期内相同收付款人之间频繁发生资金收付，且交易金额接近大额交易标准"。[②] 反洗钱法第3条规定："在中华人民共和国境内设立的金融机构和按照规定应当履行反洗钱义务的特定非金融机构，应当依法采取预防、监控措施，建立健全客户身份识别制度、客户身份资料和交易记录保存制度、大额交易和可疑交易报告制度，履行反洗钱义务。"第16条第3款规定："客户由他人代理办理业务的，金融机构应当同时对代理人和被代理人的身份证件或者其他身份证明文件进行核对并登记。"第16条第5款规定："金融机构不得为身份不明的客户提供服务或者与其进行交易，不得为客户开立匿名账户或者假名账户。"被告作为专业金融机构不履行上述规定，导致原告银行卡内的40万元存款被他人支取，违反相关规定。

因此，被告应对此承担赔偿原告40万元存款及偿付利息以及鉴定费2364元的责任。被告辩称的办理该项业务时原告在场并对原告的身份证进行了联网核查确认，之后根据其持有的身份证原件、银行卡及密码办理了取款业务，被告并未违反中国人民银行现金管理的相关规定的理由不能成立，法院不予支持。被告辩称原告在场的事实因被告不能举证，法院不予采信。原

---

① 参见甘肃省张掖市甘州区人民法院民事判决书（2013）甘民重字第27号。

② 该法条内容现已失效。

告虽对银行卡及银行卡密码不尽保管和保密责任，但并不影响被告按照相关规定办理业务的责任。因此，对原告主张要求被告赔偿 40 万元存款及偿付存款利息的理由成立，法院予以支持，但 40 万元存款利息应按龙卡通的利率计息。综上，原、被告之间的储蓄存款合同法律关系成立，原告的储蓄存款安全受法律保护。被告不尽相关责任导致原告银行卡内的 40 万元存款被他人支取，被告应承担赔偿责任。据此，依照合同法[①]第 60 条第 1 款、第 107 条之规定，判决如下：　被告中国某银行股份有限公司张掖分行赔偿原告龙某龙卡通银行卡内存款 40 万元，并偿付利息（2011 年 10 月 11 日起计息），利随本清，于判决生效后 3 日内付清。如果未按本判决指定的期间履行给付金钱义务，应当按照民事诉讼法第 253 条之规定，加倍支付迟延履行期间的债务利息。案件受理费 7679 元，原告龙某申请鉴定的鉴定费用 2364 元，合计 10043 元，由被告中国某银行股份有限公司张掖分行负担。

由上述判决书可知，法院判决被告承担赔偿责任的原因是"被告不尽相关责任"。

同时，金融机构履行反洗钱义务时也要注意"合理""必要"，如果因为履行反洗钱义务而对客户业务办理造成不必要影响，客户同样可以起诉金融机构承担责任。参考北京金融法院（2021）京 74 民终 489 号案，二审法官在判决书中强调了金融机构在履行反洗钱义务时应做到四点：一是银行基于履行反洗钱义务采取的方式需要符合法律规定或与客户达成事先约定；二是银行采取管控措施的种类、强度应当符合比例原则；三是银行采取强制性管控措施应当保持在合理期间内；四是银行采取管控措施应当具备规范流程。

此外，对于金融机构的工作人员而言，结合中国人民银行因反洗钱对金融机构的行政处罚可以看到，处罚原因主要集中在"客户身份识别""客户身份资料和交易记录保存""可疑交易报告报送""与身份不明的客户进行交易"，而这些行为不少都需要具体工作人员去落实，而无法简单通过系统等方式实现。从机构内部人力资源的角度，当金融机构受到处罚后，具体工作人员可能也会根据金融机构的内部管理制度受到合规问责。

## 三、金融机构反洗钱制度的防控功能

金融机构等反洗钱义务主体履行反洗钱义务是防控洗钱违法犯罪风险的

① 合同法现已被民法典废止。

“第一道防线”，对整个社会的反洗钱工作体系意义重大。如果反洗钱义务机构怠于履职，则可能被不法人员利用，进行洗钱违法犯罪活动。下面以案释义。

**案例：雷某、李某洗钱案**[①]

被告人雷某、李某，均系杭州瑞某商务咨询有限公司（以下简称瑞某公司）员工。

2013年至2018年6月，朱某（另案处理）为杭州腾某投资管理咨询有限公司（以下简称腾某公司）实际控制人，未经国家有关部门依法批准，以高额利息为诱饵，通过口口相传、参展推广等方式向社会公开宣传ACH外汇交易平台，以腾某公司名义向1899名集资参与人非法集资14.49亿余元。截至案发，造成1279名集资参与人损失共计8.46亿余元。2020年3月31日，杭州市人民检察院以集资诈骗罪对朱某提起公诉。2020年12月29日，杭州市中级人民法院作出判决，认定朱某犯集资诈骗罪，判处无期徒刑，剥夺政治权利终身，并处没收个人全部财产。宣判后，朱某提出上诉。

2016年底，朱某出资成立瑞某公司，聘用雷某、李某为该公司员工，并让李某挂名担任法定代表人，为其他公司提供商业背景调查服务。2017年2月至2018年1月，雷某、李某除从事瑞某公司自身业务外，应朱某要求，明知腾某公司以外汇理财业务为名进行非法集资，仍向朱某提供多张本人银行卡，接收朱某实际控制的多个账户转入的非法集资款。之后，雷某、李某配合腾某公司财务人员罗某（另案处理）等人，通过银行大额取现、大额转账、同柜存取等方式将上述非法集资款转移给朱某。其中，大额取现2404万余元，交给朱某及其保镖；大额转账940万余元，转入朱某实际控制的多个账户及房地产公司账户用于买房；银行柜台先取后存6299万余元，存入朱某本人账户及其实际控制的多个账户。其中，雷某转移资金共计6362万余元，李某转移资金共计3281万余元。二人除工资收入外，自2017年6月起收取每月1万元的好处费。

2019年7月16日，杭州市公安局拱墅分局以雷某、李某涉嫌洗钱罪将案件移送起诉。2019年8月29日，拱墅区人民检察院以洗钱罪对雷某、李

---

① 《最高人民检察院、中国人民银行惩治洗钱犯罪典型案例》，载最高人民检察院官网，https://www.spp.gov.cn/spp/xwfbh/wsfbt/202103/t20210319_513155.shtml#2，2023年7月28日最后访问。

某提起公诉。2019年11月19日，拱墅区人民法院作出判决，认定雷某、李某犯洗钱罪，分别判处雷某有期徒刑3年6个月，并处罚金360万元，没收违法所得；李某有期徒刑3年，并处罚金170万元，没收违法所得。宣判后，雷某提出上诉，李某未上诉。2020年6月11日，杭州市中级人民法院裁定驳回上诉，维持原判。

案发后，中国人民银行杭州中心支行启动对经办银行的行政调查程序，认定经办银行重业绩轻合规，银行柜台网点未按规定对客户的身份信息进行调查了解与核实验证；银行柜台网点对客户交易行为明显异常且多次触发反洗钱系统预警等情况，均未向内部反洗钱岗位或上级行对应的管理部门报告；银行可疑交易分析人员对显而易见的疑点不深究、不追查，并以不合理理由排除疑点，未按规定报送可疑交易报告。经办银行在反洗钱履职环节的上述违法行为，导致本案被告人长期利用该行渠道实施犯罪。依据反洗钱法第32条的规定，对经办银行罚款400万元。

最高人民检察院在论述本案的典型意义时指出："洗钱犯罪手段多样，变化频繁，本质都是通过隐匿资金流转关系，掩饰、隐瞒犯罪所得及收益的来源和性质。本案被告人为隐匿资金真实去向，大额取现或者将大额赃款在多个账户间进行频繁划转；为避免直接转账留下痕迹，将转账拆分为先取现后存款，人为割裂交易链条，利用银行支付结算业务采取了多种手段实施洗钱犯罪。实践中除上述方式外，还有利用汇兑、托收承付、委托收款或者开立票据、信用证以及利用第三方支付、第四方支付等互联网支付业务实施的洗钱犯罪，资金转移方式更专业，洗钱手段更隐蔽。检察机关在办案中要透过资金往来表象，认识行为本质，准确识别各类洗钱手段。"

正是因为利用金融机构洗钱的手法更趋多样化，因此应充分发挥金融机构、行政监管和刑事司法反洗钱工作合力，共同落实反洗钱义务和责任。金融机构应当建立并严格执行反洗钱内部控制制度，履行客户尽职调查义务、大额交易和可疑交易报告义务，充分发挥反洗钱"第一道防线"的作用。人民银行要加强监管，对涉嫌洗钱的可疑交易活动进行反洗钱调查，对金融机构反洗钱履职不力的违法行为作出行政处罚，涉嫌犯罪的，应当及时移送公安机关立案侦查。人民检察院要充分发挥法律监督职能作用和刑事诉讼中指控证明犯罪的主导责任，准确追诉犯罪，发现金融机构涉嫌行政违法的，及时移送人民银行调查处理，促进行业治理。

# 第二节　利用支付结算业务洗钱风险及司法案例

## 一、利用他人金融机构账户洗钱风险及司法案例

### （一）支付结算账户“实名不实人”

1. 支付结算账户“实名不实人”概述

根据相关研究，所谓“实名不实人”是指不法分子向他人购买经银行实名认证的账户，造成账户真正使用人非账户实名制下的本人，因此“实名不实人”的账户很容易变成不法分子洗钱的工具。[①]

2020 年，国务院打击治理电信网络新型违法犯罪工作部际联席会议决定在全国范围内开展“断卡”行动。在 2020 年 10 月 10 日全国“断卡”行动部署会上，公安部领导强调，非法开办贩卖电话卡、银行卡是电信网络诈骗案件持续高发的重要根源，危害十分严重。要切实增强开展“断卡”行动的使命感责任感紧迫感，进一步提高政治站位，采取坚决果断措施，严厉打击整治非法开办贩卖电话卡、银行卡违法犯罪，坚决遏制电信网络诈骗犯罪高发态势，切实维护社会治安大局稳定。[②]“实名不实人”的银行账户违法现象，不法分子往往先找人充当人头，注册空壳公司后取得营业执照、个人身份信息、手机卡、银行账户、U 盾等，形成所谓的五件套甚至八件套后出售谋利；也有先通过公转私交易，再利用“实名不实人”个人账户，将企业营收转至个人账户名下，达到掩饰企业逃税目的，这也是为什么黑市上有居民身份证复印件、手机卡、银行卡和网银 U 盾所谓四件套出售的原因之一。

2. 金融机构对账户的管控义务

金融机构在与客户建立业务管理或交易过程中，具有识别客户身份、保存客户身份资料和交易记录等重要义务，其中就包含对客户账户的管控。以银行为例，作为银行账户开立的管理机构，对“实名不实人”银行账户管控

---

① 陈敏婧：《“实名不实人”洗钱风险管控分析》，载《第一财经日报》2020 年 12 月 30 日，第 7 版。

② 《国务院打击治理电信网络新型违法犯罪工作部际联席会议决定在全国范围内开展“断卡”行动》，载中华人民共和国中央人民政府官网，https：//www.gov.cn/xinwen/2020-10/11/content_5550326.htm，2023 年 6 月 30 日最后访问。

负有不可推卸的责任，应该在开户、资金交易、客户用卡承诺三个环节上管控洗钱风险。

首先，在开户环节上，银行应严审开户意愿真实性，因为这是预防产生“实名不实人”账户的首要环节。中国人民银行在《金融机构客户身份识别和客户身份资料及交易记录保存管理办法》中，已对银行账户开立资料的收集和尽职调查都有明确要求，如该《金融机构客户身份识别和客户身份资料及交易记录保存管理办法》第7条规定，政策性银行、商业银行、农村合作银行、城市信用合作社、农村信用合作社等金融机构和从事汇兑业务的机构，在以开立账户等方式与客户建立业务关系，为不在本机构开立账户的客户提供现金汇款、现钞兑换、票据兑付等一次性金融服务且交易金额单笔人民币1万元以上或者外币等值1000美元以上的，应当识别客户身份，了解实际控制客户的自然人和交易的实际受益人，核对客户的有效身份证件或者其他身份证明文件，登记客户身份基本信息，并留存有效身份证件或者其他身份证明文件的复印件或者影印件。如客户为外国政要，金融机构为其开立账户应当经高级管理层的批准。

而在中国人民银行《关于加强支付结算管理防范电信网络新型违法犯罪有关事项的通知》（银发〔2016〕261号）文中，人民银行强调要从全面推进个人账户分类管理、暂停涉案账户开户人名下所有账户的业务、建立对买卖银行账户和支付账户、冒名开户的惩戒机制、加强对冒名开户的惩戒力度、建立单位开户审慎核实机制、授予银行和支付机构对异常开户对象拒绝开户权力、严格联系电话号码与身份证件号码的对应关系等七个方面加强账户实名制管理。其中，对企业开户提出了进一步的要求，对于被全国企业信用信息公示系统列入“严重违法失信企业名单”，以及经银行和支付机构核实单位注册地址不存在或者虚构经营场所的单位，银行和支付机构不得为其开户。银行和支付机构应当至少每季度排查企业是否属于严重违法企业，情况属实的，应当在3个月内暂停其业务，逐步清理。

在2019年中国人民银行《关于进一步加强支付结算管理防范电信网络新型违法犯罪有关事项的通知》中，人民银行对单位支付账户开户审核作出进一步要求：“支付机构为单位开立支付账户应当严格审核单位开户证明文件的真实性、完整性和合规性，开户申请人与开户证明文件所属人的一致性，并向单位法定代表人或负责人核实开户意愿，留存相关工作记录。支付机构可采取面对面、视频等方式向单位法定代表人或负责人核实开户意愿，具体方式由支付机构根据客户风险评级情况确定。单位存在异常开户情形的，支付机构应当按照反洗钱法等规定采取延长开户审核期限、强化客户尽职调查等措施，必要时应当拒绝开户。”此外，支付机构还需要健全单位客户风险评级管理制度，根据客户风险评级，合理设置并动态调整同一单位所有支付账户余额付款总限额。如果“发现单位支付账户存在可疑交易特征的，应当采取面对面、视频等方式重新核实客户身份，甄别可疑交易行为，确属可疑的，应当按照反洗钱有关规定采取相关措施，无法核实的，应当中止该支付账户所有业务；对公安机关移送涉案账户的开户单位法定代表人或负责人、经办人员开立的其他单位支付账户，应当重点核实”。①

值得关注的是，在2019年7月22日取消企业银行账户许可后，银行须独立承担企业与个人的账户管理责任，并通过以下三项工作在开户环节防范“实名不实人”的现象。一是对开户证明文件真实性、完整性和合规性进行审核；二是对企业开户意愿进行真实性审核，银行应根据客户风险程度采取面对面、视频等方式，向法人代表或公司负责人核实企业开户意愿；三是对企业账户经营地址逐一现场核实，防止以虚假地址进行开户。

如果开户银行未履行责任导致匿名、假名账户开立，除依照反洗钱法予以处罚外，万一造成客户资金损失，银行还须承担赔偿责任，所以银行必须及时发现结伴开户、开户地与身份证上户籍地不一致、开户地无固定住所等不合理现象。当发现开户的用途可疑，或开户人在填单时直接照抄某个手机号码或密码，连自己基本信息都不清楚的情况下，银行要特别小心是不是“实名不实人”的典型。

银行在开户环节防范“实名不实人”洗钱风险，最有效手段是直接提升该开户客户风险等级，并强化尽职调查措施，延长开户审核期限，甚至直接限制交易，必要时可以直接拒绝开户。

其次，在资金交易环节也要防范“实名不实人”洗钱风险。当开户完成后，银行须定期或不定期对账户资金往来进行监测，并对某些重点账户加强分析、筛查，比对异地客户有没有高频率或大金额资金交易，还要关注交易IP和MAC地址信息与登记的常用地址比对。

最后，银行为防范“实名不实人”洗钱风险，还可以要求客户针对账户

---

① 中国人民银行《关于进一步加强支付结算管理防范电信网络新型违法犯罪有关事项的通知》（银发〔2019〕85号）。

做出承诺，并对买卖银行账户和支付账户、冒名开户等行为加强惩戒。

在2016年中国人民银行《关于加强支付结算管理防范电信网络新型违法犯罪有关事项的通知》中，人民银行强调要建立对买卖银行账户和支付账户、冒名开户的惩戒机制，规定“自2017年1月1日起，银行和支付机构对经设区的市级及以上公安机关认定的出租、出借、出售、购买银行账户（含银行卡，下同）或者支付账户的单位和个人及相关组织者，假冒他人身份或者虚构代理关系开立银行账户或者支付账户的单位和个人，5年内暂停其银行账户非柜面业务、支付账户所有业务，3年内不得为其新开立账户。人民银行将上述单位和个人信息移送金融信用信息基础数据库并向社会公布”。此外，“银行在办理开户业务时，发现个人冒用他人身份开立账户的，应当及时向公安机关报案并将被冒用的身份证件移交公安机关”。

在中国人民银行《关于进一步加强支付结算管理防范电信网络新型违法犯罪有关事项的通知》中，对买卖银行卡行为的惩戒力度进一步增强，要求金融机构对买卖银行卡涉事双方主体，在5年内暂停该客户的银行账户非柜面业务、支付账户所有业务，并要求银行不得为该客户新开立账户。

3. 金融机构如何开展异常账户监测

金融机构对账户的异常交易监测是防范“实名不实人”洗钱违法犯罪的重要防线。实践中，“实名不实人”异常资金交易常见以下特征：（1）没有地域或时间限制，且资金往来频繁发生，一般都是非柜面交易。（2）过渡性质明显，常见分散转入集中转出，或是集中转入分散转出，资金呈现快进快出、不留余额的标准过渡账户性质。（3）开户地、身份证户籍地、账户使用地三地不一致，比如使用开户地以外甚至是境外的IP地址等。（4）沉睡账户呈现突然有小额交易测试活动，交易后又立即休眠的特征，而账户活跃期限较短，通常不超过1年时间。

下面这起案件中，正是由于金融机构监测到休眠账户突然启用，交易量巨大而且交易频繁等异常交易情况，将可疑交易报告提供公安机关立案侦查，方破坏了一起跨国赌博洗钱案件。

2012年12月，某金融机构监测到王某某账户在休眠1年后突然启用，且交易活跃，资金交易量巨大，即于2013年1月4日向反洗钱部门报告。反洗钱部门将此线索移送公安机关，1月8日公安机关立案侦查。经查，2010年以来，林某某通过外籍华人获取境外赌博网站、账号，架设国内赌博网站中转服务器，利用“瑞丰国际”“E乐博”等多个赌博网站在互联网招揽中国内地人员参与赌博，涉案资金近20亿元。林某某等在全国20多个省市开立了1500个个人结算账户，除最终归集资金的10个账户使用本人身份证件开立外，其他账户均借用亲戚朋友身份证件，或通过网上购买他人被盗或遗失身份证件开立，隐蔽账户实际控制人员身份。如最初被监测发现的王某某个人银行结算账户即是冒名开立，王某某为贵州籍，本人未到过张家界，其身份证件于该账户开立的1年前遗失。同时，该账户在开户1年后才启用，明显为逃避监管。本案中所有涉案个人银行结算账户均开通了网上银行业务，由林某某安排专人在菲律宾登录网上银行操控境内个人账户，其交易时间集中在下午6时至次日6时之间金融机构非正常营业时间，以规避金融机构的柜面监督和实时监测。另外，操控网上银行业务的人员和设备均在境外。涉案人员在开立的账户间频繁进行跨区域资金划转，通过"一对多、多对一、多对多"的分散、集中和集中分散的划转方式，混淆账户资金来源。如王某某在张家界某银行的账户，2012年11月27日至12月19日频繁收到相邻地市黎某某个人账户的汇款，累计转入资金366笔1123万元，在收款当日或次日便通过网上银行转到与黎某某账户同一地区同一银行的刘某某账户，累计转出资金93笔，共1072万元。涉案人员控制的账户跨区域流转，资金达到数百亿元。林某某将非法所得资金，通过网上银行转至胡某某、夏某某、陈某某等人控制的个人银行结算账户，并授意他们大量购买体彩、大乐透等，将资金漂白，也通过彩票中奖获取更多资金。单次购买彩票经常达几十万元、上百万元，前后共计投入1.3亿元人民币，中奖6000万元至7000万元人民币。同时，林某某还以其弟妹和朋友的名义成立了2家科技公司和1家投资公司（均正常经营），将非法经营赌博活动获取的资金以货款等形式转入上述公司，以掩饰、隐瞒非法所得。

该案由金融机构报告可疑交易线索，公安机关以涉嫌洗钱犯罪立案侦查，抓获主要犯罪嫌疑人林某某、胡某某、夏某某、陈某某等多人，冻结涉案账户500余个，资金2400万余元，暂扣涉案资金4000万元，关闭境外赌博网站及国内数据过滤服务器10多个、赌博账号2万多个。

犯罪分子通过买入他人身份证件在商业银行冒名开户并从事违法犯罪活动，金融机构应严格落实结算账户开立实名制，在开户环节认真核对客户身份证件，通过电话回访等措施，切实履行客户身份识别义务，防止开立假名、匿名账户。金融机构应结合网络赌博犯罪的可疑交易特征，完善可疑交易监测指标，重点加强疑似一人控制多个账户（多个账户网上银行交易IP地址相同)、网上银行交易时间异常、网上银行IP地址在境外等交易的监测,及时监测网络赌博洗钱犯罪活动。[①]

在另一起韩某涉嫌恐怖融资中,韩某于2010年1月23日在沿海城市某商业银行开立个人结算账户,账户主要用于支付宝、财付通及其他第三方支付的小额交易,2010年1月23日至2013年9月26日,累计发生交易122笔,合计交易金额2.6万元。2013年9月26日最后一笔ATM机取现后,账户长期休眠。2018年3月9日,账户忽然再次启用,当日收到高风险地区ATM机无卡无折存现3笔,每笔1万元,合计存入3万元,当日又分3笔,每笔1万元,转存本人支付宝账户;3月19日、3月23日、3月27日,分别收到高风险地区ATM机无卡无折存现3笔,每笔分别1万元、0.7万元、1万元,合计存入2.7万元,并于当日或次日转存本人支付宝账户;4月9日、4月23日,收到未知地点的李某、祖某柜面无卡、无折一次性汇款2笔,单笔金额分别为3.15万元、3.4875万元,合计金额6.6375万元,并于当日拆分成1万元或以下金额转存本人支付宝账户;5月4日,收到未知地点海某ATM机转款3万元,其中0.05万元转入本人支付宝账户,2.25万元转入另一个自然人邓某支付宝账户,0.5万元转入张某支付宝账户,0.2万元转入宋某支付宝账户;6月12日,转存本人支付宝账户50元,账户余额18.86元,此后账户再无交易发生。

异常交易识别在本案的立案侦查过程中发挥了重要作用。上述账户交易存在明显异常:一是存现交易发生地全部集中于恐怖融资敏感地区;二是汇款和转款人为特殊人群;三是交易账户为长期休眠账户,却突然启用;四是账户日常交易不活跃,但在特定时期交易集中,出现频繁存现、汇款、转账,账户保留较少余额,交易集中发生后再次成为休眠户或不动户;五是账户偏好恐怖融资风险较高的现金、ATM机及跨地区交易,大量采用恐怖融资风险较高的ATM机无卡无折存现、无卡、无折柜台现金汇款及ATM机转账;六是大量使用支付宝互联网支付工具转移资金,以规避银行对资金去向监测和追踪;七是账户资金交易过渡性明显,日常不留或留很少余额。该账户因

---

① 王宝运:《金融机构洗钱犯罪类型分析与经典案例评析》,中国出版集团有限公司2023年版,第157页。

其他案情被有关部门调查涉嫌恐怖融资，韩某潜逃国外。[①]

**（二）利用他人账户转移、转化犯罪所得**

在行政执法和司法实践中，最常见的洗钱方式莫过于他洗钱行为人为上游犯罪人员提供资金账户，上游犯罪人员利用他人账户转移、转化犯罪所得及其收益。在既判洗钱犯罪案件中，"提供资金账户"认定为自洗钱或他洗钱犯罪的案例比比皆是。《刑法修正案（十一）》修订后，刑法条文仍将此类行为明确列举为洗钱犯罪手法。

**案例：杨某涉嫌保险诈骗洗钱案**

2022年4月16日，广西壮族自治区南宁市西乡塘区检察院对杨某涉嫌保险诈骗罪一案依法批准逮捕，并对从该案中发现的杨某涉嫌"自洗钱"犯罪线索进行立案监督。

2022年3月，西乡塘区检察院在办理杨某、宋某甲、宋某乙、邓某等人涉嫌保险诈骗罪审查逮捕案时发现，从2017年起，杨某利用保险理赔漏洞，以承诺给付金钱、免费治疗其他疾病等条件，找到宋某甲、宋某乙、邓某等人。在前述人员同意自伤骗保后，杨某便以前述人员的名义购买多份人身意外伤害保险，并将3人的银行卡、电话卡归其控制使用。在杨某的主导下，宋某甲、宋某乙以小刀割破头皮等方式故意造成受伤，邓某编造未曾发生的保险事故住院治疗。出院后，杨某拿走3人住院材料并向多家保险公司理赔，理赔钱款转入杨某实际控制的3人银行卡。杨某的行为造成保险公司损失逾50万元。杨某为掩饰、隐瞒保险诈骗犯罪所得的来源和性质，利用事先已控制在手中的宋某甲、宋某乙、邓某的银行卡及关联电话卡，将骗保所得款项多次进行转移、提现，涉嫌洗钱罪。

本案中，杨某主导参与保险诈骗，同时，为掩饰、隐瞒保险诈骗犯罪所得的来源和性质，利用事先已控制在手中的宋某甲、宋某乙、邓某的银行卡及关联电话卡，将骗保所得款项多次进行转移、提现，涉嫌洗钱罪。西乡塘区检察院迅速启动立案监督程序，及时监督公安机关立案。2022年3月24日，公安机关依法对杨某涉嫌洗钱罪立案侦查，同时检察官积极引导侦查人员根据洗钱罪构成要件调查取证。西乡塘区检察院审查后依法决定对杨某涉嫌保险诈骗罪批准逮捕，对杨某、宋某甲、宋某乙、邓某涉嫌保险诈骗罪以及杨

---

① 王宝运：《金融机构洗钱犯罪类型分析与经典案例评析》，中国出版集团有限公司2023年版，第36页。

某涉嫌洗钱罪一并进行审查起诉。[①]

**（三）利用 POS 机套现洗钱**

近年来，随着信用卡（POS 机）业务的不断发展，POS 机套现犯罪呈上升和蔓延的趋势。这些案件的频发集中反映了异常现金犯罪的新特点，凸显了金融机构对 POS 机业务管理存在风险。以往的 POS 机套现案件主要集中于非法经营，因此，最高人民法院、最高人民检察院《关于办理妨害信用卡管理刑事案件具体应用法律若干问题的解释》对利用 POS 机刷卡套现行为进行了规定，认定其属于“非法从事资金支付结算业务”，[②]其中，利用 POS 机刷本人和亲属的信用卡套现也可能涉及非法经营罪。

近年来，利用POS机刷卡套现行为不仅限于非法经营资金支付结算业务，还可能与非法买卖外汇、洗钱违法犯罪行为发生联结。从洗钱风险来看，利用 POS 机刷卡套现的风险主要体现在以下两大环节：

1. 客户身份识别环节面临的洗钱风险

POS 机业务有三个控制源头，因此主要涉及三个方面的洗钱风险。一是信用卡申请环节的洗钱风险。在建立业务关系阶段，洗钱分子为申领信用卡提供虚假的身份证明、工作证明、收入证明等材料，部分商业银行没有严格进行对洗钱分子的身份识别工作，造成洗钱分子拥有多种信用卡账户。二是特约商户身份识别面临的洗钱风险。申请特约商户阶段，部分商业银行没有严格审核商户提交的营业执照、机构代码证、税务登记证等基本身份信息；发放成功后，没有对特约商户开展持续的客户身份识别，造成特约商户资质参差不齐。三是支付清算中介组织客户身份识别环节存在洗钱风险。由于对支付清算组织的反洗钱监管较薄弱，对于采取自身业务系统与支付组织业务处理系统进行网上对接的客户身份识别工作存在风险漏洞。

---

① 王宝运：《金融机构洗钱犯罪类型分析与经典案例评析》，中国出版集团有限公司 2023 年版，第 197 页。

② 最高人民法院、最高人民检察院《关于办理妨害信用卡管理刑事案件具体应用法律若干问题的解释》（2018 年修正）第 12 条第 1 款规定：“违反国家规定，使用销售点终端机具（POS 机）等方法，以虚构交易、虚开价格、现金退货等方式向信用卡持卡人直接支付现金，情节严重的，应当依据刑法第二百二十五条的规定，以非法经营罪定罪处罚。”

2. 交易环节面临的洗钱风险

一是信用卡交易环节面临的洗钱风险。信用卡交易采取非面对面的形式，造成资金流动和商品流通不同步。洗钱分子利用多张信用卡不同步的特性，在不同账户间反复转账，直到不能发现收入的性质、来源和去向。

二是信用卡交易环节出现的其他洗钱风险。信用卡通过 POS 机发生业务时，无法及时查询资金的来源和去向。同时，由于支付清算组织系统等方面原因，部分商业银行信用卡通过 POS 机交易是不完全显示交易对手信息，所以可疑交易识别会变得很困难。

根据浙江省衢州市公安机关发布的一则新闻报告，[①]2022 年 9 月，衢州市公安局柯城分局打掉一个利用 POS 机洗钱的犯罪团伙，抓获嫌疑人 70 余名，破获全国各地 100 余起电信网络诈骗案件，涉案流水资金达 1.4 亿元。根据 2022 年 6 月 30 日，柯城分局刑事侦查中心接到一条线索称，有一批商户的 POS 机刷卡流水异常。“这些商户的流水金额特别大，一天之内往往高达好几百万元。”民警透露，“同时部分账户曾被外地警方查询冻结过，非常可疑。”柯城分局当即成立专案组开展全面调查。经分析研判，一个利用 POS 机刷卡洗钱的犯罪团伙逐渐浮出水面。

民警发现，该团伙成员大多以个体工商户的名义办理 POS 机，利用将涉诈骗资金转入信用卡、POS 机刷卡将资金转出等方式洗钱。很快，一张涉及全国的犯罪网脉络逐渐明晰。7 月 27 日，柯城分局开展第一次集中抓捕行动，在杭州、衢州等地抓获洪某、郭某等人为首的 35 名犯罪嫌疑人。据洪某交代，他和朋友郭某等人是衢州本地的 POS 机代理商。2022 年初，在销售 POS 机的过程中，无意间发现“商机”——利用注册办理 POS 机并帮助诈骗团伙结算的方式盈利。在利益的驱使下，洪某、郭某等人开始在境外网络上“找活”，并在同行商户间“招兵买马”，短时间内集结了 5 名合伙人一同洗钱。洪某还交代，他们经常在深夜纠集“刷手”，到农家乐、民宿或是在移动车辆内完成 POS 机洗钱交易。

经审讯和前期调查，专案组织开展了多轮集中抓捕行动，在衢州、丽水、苏州等地抓获嫌疑人 30 余名。办案过程中，警方还发现，诸多市民因个人银行卡管理不到位、安全防范意识弱，卷入这场骗局。

---

① 《“百日行动”进行时：山中，这伙人拼命在“洗”这些东西》，载微信公众号“浙江衢州公安”，2022 年 9 月 11 日，2023 年 6 月 30 日最后访问。

根据媒体报道，在2023年4月初，陕西省西安高新分局经侦大队与辖区内多家银行开展“联访解”护企优商精准服务活动时，收集到某银行反映的张某瑞等人存在大额取现异常交易的违法犯罪线索。经侦大队开展初查工作，发现涉案的张某瑞等7人均无固定工作，为低收入人群，在多家银行开设个人银行卡，持续大额取现，人均取现超3000万余元，无法合理解释大额资金来源，交易模式触发银行反洗钱预警，涉嫌提供非法支付结算业务且数额特别巨大。

4月12日高新分局对张某瑞等人涉嫌非法经营立案侦查，专案组对涉案账户资金分析发现，资金均来源于嫌疑人在上海某支付服务股份有限公司注册申请的空壳商户所绑定的POS机。经过两个多月的缜密侦查分析，一个层级清晰的非法支付结算犯罪团伙浮出水面，主要目标锁定、抓捕时机成熟，6月20日专案组出动警力60名，分别奔赴省内多地对该犯罪团伙开展集中收网行动，成功抓获张某（男,25岁）、张某瑞（男,28岁）等犯罪嫌疑人10名，查获手机、POS机、银行卡等一大批涉案物品。经查，2022年1月以来，张某为牟取暴利与卢某、魏某相互勾结，为二人开设的三家地下赌场提供非法资金支付结算业务，张某组织张某瑞、李某琳等人利用POS机收取赃款，虚构交易，直接进行套现结算，从中抽取最低3‰的佣金，该资金支付结算团伙累计结算套现5.03亿元，非法获利200余万元。[①]

**案例：徐某某信用卡诈骗、洗钱案**

在一起案件中，郭某某等人组成的上游团伙于2021年8月至10月期间，通过发送“ETC卡禁用”等诈骗短信，诱骗被害人点击链接登录钓鱼网站后跟随提示输入手机号、银行卡号等个人信息，从而非法获取多名被害人的信用卡资料，并且使用不同品牌手机钱包绑定个人信用卡，生成虚拟信用卡在其激活的POS机上反复试卡交易。被告人徐某某为获取好处费，明知“老廖”（在逃）等人冒用他人信用卡，仍为其提供5台POS机并提供银行账户用于收款。经查，上述5台POS机共被冒用他人信用卡消费37万余元。

被告人徐某某受“老廖”等人指使，明知其提供的银行账户内资金为冒用他人信用卡所得，仍将上游信用卡诈骗犯罪所得的钱款30余万元，指使陈

① 《涉案超5亿！西安警方破获一起特大洗钱案，10人被抓》，载新浪财经网，https：//finance.sina.com.cn/jjxw/2023-08-25/doc-imzikakr5954739.shtml，2023年9月30日最后访问。

某某将陈某某个人账户所收钱款转入王某、王某甲、覃某某等人账户，并让王某、王某甲、覃某某等人提现10万余元，将孙某某账户内钱款转入徐某某账户、将徐某某账户内钱款转入符某某账户以及徐某某其他账户后取现及自行取现共20万余元，并以现金、转账形式交由上家，完成信用卡诈骗资金清洗、财产转移过程。

在此案件中，行为人为上游犯罪团伙提供POS机并绑定银行卡进行收款，系上游犯罪实施过程中的接收、接受资金行为，是上游犯罪既遂的必要条件。信用卡诈骗钱款到账后实施的转账、取现等资金清洗、财产转移行为，系完成上游犯罪并取得或控制犯罪所得后，进一步实施的掩饰、隐瞒犯罪所得及其产生收益的来源和性质的行为，使得资金链条被人为切断，该笔钱款无法和其他正常合法钱款予以区分，符合洗钱罪的构成要件，属于自洗钱行为。判断自洗钱与上游犯罪是否并罚，首先是要划清自洗钱与上游犯罪之间的界限，对具有独立行为、侵犯新的法益的自洗钱犯罪，应当与上游犯罪数罪并罚。在办理自洗钱犯罪案件时，应当充分注意上游犯罪与洗钱犯罪构成要件的符合性，既要避免同一行为在上下游犯罪构成中做重复评价，也要避免出现遗漏评价。

## 二、利用非银行金融支付洗钱风险及司法案例

### （一）非银行支付机构概述

随着网络支付等互联网金融新兴业态的迅速发展，通过非银行支付等网络金融工具手段实施洗钱的违法犯罪活动呈明显上升趋势，[①] 暴露出的洗钱违法犯罪风险值得重视。

所谓非银行支付机构，是指在中华人民共和国境内依法设立并取得支付

① 例如在澳大利亚发生的一起互联网支付服务者和代理人被用于购买非法物品并用于清洗销售这些物品而获得收益的案例中，一些位于澳大利亚的生长荷尔蒙和其他促长非法药品的贩卖者向境外转移价值数十万美元的资金购买这些非法物品。而且，经查，他们每周通过销售这些非法物品获取数千美元的收入，这些买卖者利用虚假名字获取的非法身份，设立多个邮箱以收取这些药品，并利用互联网聊天室和论坛来进行联络和网上订购。私人利用澳大利亚的互联网支付服务提供者和货币汇付服务进行数额大多低于1000澳元的支付。境外供货者也意识到国家禁止向澳大利亚出口此类非法物品，故意对这些货物进行虚假申报以逃避监管。贩卖者委托其朋友和配偶代其支付，选择在不同的分支机构进行支付。在此行动中，澳大利亚执法机构对140余人实施了逮捕。

业务许可证，从事部分或者全部支付业务的有限责任公司或者股份有限公司。根据中国人民银行 2021 年《非银行支付机构条例（征求意见稿）》的规定，非银行支付机构的主要业务包括储值账户运营和支付交易处理。其中，储值账户运营是指通过开立支付账户或者提供预付价值，根据收款人或者付款人提交的电子支付指令，转移货币资金的行为。法人机构发行且仅在其内部使用的预付价值除外。支付交易处理是指在不开立支付账户或者不提供预付价值的情况下，根据收款人或者付款人提交的电子支付指令，转移货币资金的行为。

**（二）非银行支付反洗钱工作难点**

从洗钱违法犯罪识别角度，非银行支付机构有几个方面的难点。

1. 客户识别困难

依托互联网交易使得开户环节难以真正做到“了解你的客户”。“了解你的客户”是反洗钱监管工作的“第一道防线”，但在互联网金融业务中却遭遇瓶颈。较之传统金融业务，互联网金融业务具有虚拟性、便捷性特征，使客户办理网上金融业务无需直接面对服务人员。

当前互联网金融机构对用户开户的审查主要依靠客户自行提交的注册信息和验证资料，部分机构采取绑定银行卡的方式，通过合作银行间接验证客户身份，相关流程多是通过网络以非面对面方式完成。审核过程系统审核多、人工判别少，缺少对客户的直观了解。开户之后的交易更是全程非“面对面”完成，尽管可以通过银行机构间接验证客户身份，但在当前银行卡出租出借、买卖猖獗的情况下，其真实性也难以得到保障。

2. 可疑交易监测困难

客户信息缺失或虚假导致可疑交易分析难度大，交易真实性难以监测，网银支付、第三方支付的隐蔽性导致异常交易监测困难。客户可通过互联网在任何时间、任何地点自主地汇划资金而无需注明交易目的，传统的签名、票据、影像等物理痕迹不复存在，加大了对交易主体和交易行为实施有效监管的难度。具体表现在：

（1）网络数据碎片化。就单笔交易内部而言，由于整个一笔交易流程走下来需要发卡机构、网络转账平台、网络运营商、平台账户甚至外包服务机构都起作用，多主体参与将整个交易流程和资金流转分割成多个阶段，从而导致了资金流通信息以及客户资料的碎片化，从而导致反洗钱义务主体对用户的信息难以汇总分析，而互联网的发展使客户能在机器上随时操作，更增加了信息的碎片化程度，致使完整识别客户身份、保存交易记录、提交可疑交易报告的这些程序的意义被大大减弱。加上洗钱者会选择分散资金的方式来逃避侦查，一般会将资金分成若干份，可以通过不同账户或不同平台进行限额内的洗钱活动，也可以将资金通过不同方向的交易分散开，在达到洗钱目的的同时也能降低被监察机构审查的概率。借助网络支付平台和实体银行间的流通通道将资金在二者之间频繁划转，增加资金流通的节点，节点越多信息碎片化程度越高，即使查到几个节点也很难摸清整个交易流程，更无法从排查可疑资金流转入手侦查洗钱活动。

（2）资金流动电子化，流向模糊流动性高。利用互联网洗钱主要是利用网络进行资金的流转，与最初的实体银行转账操作相比，最主要的区别在于不用实地操作填写纸质的转账凭证，互联网支付平台等机构对转账的记录和存档主要通过数据库进行虚拟数字记录。正因为省去了复杂的票证填写、人工的经办和审查、客户签名等实体流程，资金在网络平台的流转更多的是电子化的过程。面对海量的网络数据，即使开发出计算机数据筛选系统也难以解决数据分散和模糊的基础性问题。此外，利用互联网洗钱不单单是在互联网平台上操作，通常是采取线下与线上结合操作交易，洗钱者为了逃避监管往往将实体银行、电话银行、网上银行、互联网支付平台、ATM 等支付工具交替使用，而支付机构仅仅根据支付密码或手机验证码即可完成客户的转账需求，并不审查资金来源和交易者本人的身份信息，即一次注册即可一直享有服务。而为了有意避开网络资金流转的数据库记录，有效地切断资金流转链条，洗钱者通过现金——网络支付机构——现金的方式循环操作来模糊资金的流向，以此躲避监管和侦查。

3. 洗钱行为呈现低成本和低风险化

传统洗钱方式通常需要大量的人力物力，以地下钱庄为例，地下钱庄主要有三种方式，其中夹带现金，也是最原始的“换汇”方法，但一般对出入境夹带现金都有数额限制，不是通过人海战术多次往返就是通过特殊通道夹带偷运出去，耗费极大的人力。而“账户对敲”是在境内收取人民币并计算汇率和佣金后，通知境外合作者按照汇率将相应数额的外币打入客户境外账户，境内境外是分割的，资金各自循环，此种方式相比于夹带现金出入境更隐蔽，但同时要求由自己承担短期的差额，对资金调集要求很高。还有收费相对更高的方式即利用政策漏洞的方式，此种方式表面上都符合规定，资金直接通过银行账户走，但必须在一定限额内多次操作且必须与银行人员打好交道，否则容易引起反洗钱监测有关部门的注意。综上可见，在传统的洗钱方式中，无论是通过哪种方式洗钱都将面临较高的成本和风险。

相比较而言，在电子时代利用互联网洗钱呈现低成本和低风险的特点，可以利用网上平台，不用支付任何费用即可以普通用户身份进行多账户洗钱的同时逃避严格的审查。利用互联网洗钱主要是通过网络支付平台、网上银行等载体操作，操作繁杂程度相比于传统洗钱手段大大降低，与此同时带来的风险也大大降低。利用互联网快速便捷的特性，去除了复杂的中间程序，可以大大缩短黑钱洗白的时间长度，时间拉得越长越容易被发现，因此也就降低洗钱过程被发觉的概率。

**（三）对非银行支付反洗钱监管规则的发展**

1.FATF 等国际组织对互联网金融的基本监管原则梳理

从规范性文件建设方面，金融行动特别工作组（FATF）的监管重点和规范文件主要包括：2006 年《新支付方式报告》、2008 年《商业网站和互联网支付系统洗钱和恐怖融资脆弱性研究报告》、2010 年《新支付方式洗钱报告》、2012 年对包括互联网金融行业在内的“资金或价值转移服务行业”的工作建议、2013 年《关于以风险为基础的方法指引：预付卡、移动支付与以互联网为基础的支付服务》等。

立足于风险为本的方法视角，FATF 对互联网金融所具有的洗钱风险进行了以下重点提示：①

（1）2006 年《新支付方式报告》确立了 5 个衡量新支付方式洗钱或恐怖融资风险的因素，分别是客户身份识别、注资或交易价值限制、注资或转移价值的方式、发送或接受资金的地理限制以及支付工具的用途限制。

FATF 对此建议从六个方面降低风险：一是要识别账户所有人的身份；二是要保存付款方和接收方的交易记录；三是对交易进行监控并上报可疑活动；四是限制注资方式；五是实施账户封锁；六是限制获取支付服务的范围。

（2）FATF 在 2013 年《关于以风险为基础的方法之指引：预付卡、移动支付与以互联网为基础的支付服务》列出了 5 个衡量新支付方式洗钱风险的因素，主要包括：非面对面关系与匿名性、地理范围、注资方式、获取现金可能性以及服务分割性。

---

① 兰立宏等：《网络视域下网络洗钱犯罪防控策略研究》，中国人民公安大学出版社 2016 年版，第 29 页。

2. 我国现有互联网金融行业洗钱监管的现状梳理

2010年中国人民银行颁布《非金融机构支付服务管理办法》（2020年修正），明确非金融机构提供支付服务，应当取得“支付业务许可证”。2012年3月中国人民银行印发《支付机构反洗钱和反恐怖融资管理办法》，规定了依据《非金融机构支付服务管理办法》已经取得“支付业务许可证”的支付机构应建立反洗钱内控制度，认真履行客户身份识别、客户身份资料和交易记录保存、可疑交易报告、配合反洗钱和反恐怖融资调查等反洗钱、反恐怖融资义务。

从2016年，我国互联网金融行业经过前期的发展和监管探索，在政策、法规、自律和监管执行等方面取得较大进展，互联网金融监管层级日益完善，立体化监管体系逐步建立，全国性行业自律组织中国互联网金融协会宣告成立，为互联网金融健康发展提供了良好的政策环境和法律环境。相关规定及一系列“严监管”措施也陆续出台和完善，推动行业规范发展和优化调整，如《关于促进互联网金融健康发展的指导意见》（2015年7月）、《金融机构大额交易和可疑交易报告管理办法》（2018年7月26日修改）、《互联网金融从业机构反洗钱和反恐怖融资管理办法（试行）》（2019年1月1日实施），以及《关于规范支付创新业务的通知》（2017年12月）等规范性文件，要求开展支付创新业务应事前报告、加强支付业务系统接口管理、强化监督管理等，总体来看，这些规定和政策从内控机制、客户身份识别、大额可疑交易报告及涉恐名单监控等方面对互联网金融从业机构进行了规范，对互联网支付等创新业务的规范和引导在逐步加强，在个人银行账户分类管理、无证经营支付业务整治和规范支付创新专项业务管理等方面加大了力度，更多针对互联网金融行业反洗钱工作。

2021年《非银行支付机构条例（征求意见稿）》第66条对非银行支付机构的反洗钱义务进行了专门规定：非银行支付机构未按规定履行反洗钱和反恐怖融资义务的，由中国人民银行及其分支机构依据国家反洗钱相关法律、行政法规、规章等进行处罚；情节严重的，由中国人民银行吊销其支付业务许可证；构成犯罪的，依法追究刑事责任。

3. 我国对非银行支付机构反洗钱的监管不足

当前我国对非银行支付领域已经形成了较为完善的监管规则体系，但是也存在一定的监管不足，未形成对非银行支付机构的有效激励，洗钱义务履行动力不足。在实践中，非银行支付机构缺乏逐一核查信息真实性的内在动力和外在压力，客户身份真伪存在较大的不确定性。在行业内激烈的竞争压力下，创新机构倾向更重视用户体验削弱反洗钱力度。在与传统金融行业争夺客户资源时，创新机构更看重业务流程极度精简，交易环节极度重视用户的舒适度，支付机构对客户识别、可疑交易和大额交易等关键问题相关执行具体标准不足的问题现实存在，加上互联网金融反洗钱工作检测存在碎片化和割裂化情况，难以形成监管合力，不利于整个行业反洗钱工作的推进和深化。

当前，反洗钱行政监管对非银行支付监管趋强，央行近两年接连开出的罚单中，不少与反洗钱有关。如，2023年2月，付临门支付因违反清算管理规定等，被央行上海分行处以警告，没收违法所得人民币11.948万元，并处以罚款人民币504万元；2023年7月，开店宝河南分公司因违反特约商户管理规定、与身份不明的客户进行交易违法行为，被罚款1984万元；2023年8月，哈尔滨华通支付因未按规定履行客户身份识别义务被罚款21万元。根据《华夏时报》2023年10月的一则报道，[①] 截至10月份，2023年内共有23家第三方支付机构收到罚单，其中，16家第三方支付机构因涉及反洗钱被罚，另有多名风控、合规负责人一并被罚。如易通金服支付有限公司因违反相关规定被警告并罚款，罚单所涉违法行为包括违反清算管理规定、与身份不明的客户进行交易等两项，央行对其给予警告并罚款286万元。与此同时，时任易通金服支付有限公司支付事业部合规风控部部长、合规风控部总监张某某，对上述违法行为负有责任，被警告并罚款9.5万元。对支付机构和风控等负责人的双罚制，是近年来支付行业处罚的常态，[②] 且对相关负责人的处罚进行实名通报。此外，近年来的处罚种类场景范围在增加，并向着支付全流程纵深的合规监管演进，合规要求已经渗透至支付业务的全流程之中。

### （四）利用非银行支付洗钱的司法案例

1. 利用支付平台“跑分”

随着第三方支付的普及，以及各部门不断加大对传统洗钱犯罪的打击力

---

① 付乐、冉学东：《反洗钱监管力度持续加码，年内16家第三方支付被罚》，载百度网，https://baijiahao.baidu.com/s?id=1779542788600739847&wfr=spider&for=pc，2023年10月16日最后访问。

② 如2023年8月，信联支付被开出百万元罚单，因存在违反机构管理规定等7项违法行为而被警告，没收违法所得78621.5元并被罚款264万元。同时，信联支付两名相关责任人被罚。

度，借助第三方支付工具“跑分”洗钱这一新型洗钱方式发展较为迅速。所谓“跑分”，是指为电信网络诈骗、网络赌博等违法犯罪活动提供银行卡、支付账户或收款二维码等并帮助转移非法所得从中赚取佣金的行为，是一种新的洗钱行为。在实践中，通过“跑分”清洗的资金，除了用来为网络赌博充值外，还可作为电信诈骗、偷逃税款、地下钱庄等洗钱上游犯罪清洗资金的管道，以掩盖真实交易的来龙去脉和洗钱的真实意图。

近两年，“跑分”赚钱项目在网络上层出不穷，尤其是微信“跑分”赚佣金项目频频出现于朋友圈。据调查，“跑分”平台通常打着兼职招聘的旗号，主要是依托微信、支付宝等新型支付通道来实施，招揽公众出借自己的银行卡、支付账户或收款二维码等，通过搭建平台网站，以类似网约车“抢单”的模式进行。由于招募者宣称来钱快、回报高，通过“兼职”“赚佣金”等词语，吸引了一些缺乏风险防范意识的社会公众参与，“跑分”平台发展数量逐渐扩大，“跑分”平台的业务量也呈现快速增长。

实践中，网络“跑分”违法犯罪行为呈现出新特点。一是平台化。即不法分子拥有独立的洗钱 APP，部分平台名称与“支付、赚钱”等字样相关，为违法犯罪活动提供资金通道。二是隐蔽性。洗钱团伙常使用外网聊天工具，创建内部工作群聊，并借此发布“洗米、盘口改单”等信息。三是变异性。黑产团伙从传统跑分逐步向 USDT（泰达币，是一种将加密货币与法定货币美元挂钩的虚拟货币）“跑分”发展，由“跑钱”向“跑币”转化，这一变异已成跑分圈主流趋势。2022 年 9 月，湖南衡阳公安发布的消息称，破获“9·15”特大洗钱犯罪集团案，犯罪团伙利用虚拟货币交易进行洗钱，金额高达 400 亿元。四是圈子化。目前通过电信诈骗、钓鱼网站、木马病毒、黑客勒索等形成了黑产圈，伴随黑产圈出现了黑产话术，且较为隐蔽。五是产业化。“跑分”产业链高度成熟，从平台管理者到代理码商，从卡商到跑分者，层级分明，角色清晰。

“跑分”洗钱具有相对完整的操作流程，以电信诈骗与“跑分”平台合作为例，“菜商”窃取公民的个人信息进行售卖，犯罪分子买后由其内部的“话务员”打电话实施诈骗，被骗的一方叫“金主”，而诈骗所得款项进入“卡农”收购的个人银行卡里。为逃避警方追捕，“水房”再把银行卡里的钱通过一级账户分发到无数二级账户，二级账户分发到三级账户，三级账户分发到四级账户，以此类推，最后成为一笔笔小额资金进入犯罪分子账户。

由此可见，“跑分”洗钱基本由俗称“卡农”“菜商”“水房”等多人串联而成，其中“卡农”是指给不法分子提供大量银行卡以供资金流转账户所需；“菜商”则负责盗取个人信息以出售给商家、个人；“水房”则负责将赃款化整为零并“漂白”资金后，达到洗钱的目的。

2019 年以来，国家不断加大对买卖银行卡、银行账户以及对地下钱庄的惩戒、打击和监管力度，传统洗钱方式的风险进一步升高，犯罪分子不得不“另辟蹊径”，利用网络技术进行洗钱的“跑分”平台得到犯罪分子青睐。利用支付平台实施“跑分”洗钱，“跑分”平台吸收了大量一般公众的收款码，涉及人员众多，涉案资金巨大，许多账户交易次数高达几十万次甚至更高，注册空壳公司，使用类似传销层级的方式差额抽成，利用其隐蔽性及便利性，逃避监管打击，危害金融安全。目前“跑分”平台主要帮助上游犯罪分子进行洗钱活动，利用个人二维码进行收款转移资金，属于不易监管的新型地下钱庄式犯罪，极易成为跨境电信诈骗、网络赌博等犯罪的洗钱工具。①

2. 利用支付平台贷款业务洗钱

值得关注的是，利用第三方支付平台洗钱的违法犯罪活动发生了“升级换代”。根据一起案件的公开报道，不法分子利用第三方支付平台的线下还款业务，进行涉电诈资金洗钱。广东茂名公安机关在案件侦查中，发现了一条涉电诈洗钱的黑色产业链。从事电诈活动的不法分子为了“洗白”资金，以高额回报为诱饵，引诱一些贪图收益的网民，利用某第三方支付平台的“某呗”账号贷款出来。然后，不法分子利用诈骗得来的资金，帮网民向“某呗”账号还贷。在此过程中，其给予网民一定的回扣。经过如此“一贷一还”操作，不法分子便将其诈骗的资金成功“洗白”。②

根据公开媒体报道，在一起系列案件中，嫌疑人李某婷（女，30 岁，化州市同庆镇人）扮演了“中间人”的角色。2023 年 4 月初，李某婷在 QQ 群

① 朱沛庆、杨丽娟：《利用支付平台进行“跑分”洗钱危害分析及监管建议》，载网易新闻，https：//c.m.163.com/news/a/HLB99K1805509NOJ.html，2022 年 11 月 31 日最后访问。

② 柯小瑛、黄海樱：《化州警方破获茂名地区首例利用第三方支付平台进行涉电诈资金洗钱系列案件》，载茂名市人民政府官网，http：//www.maoming.gov.cn/zwfw/slh/qxdt/content/post_1193004.html，2023 年 9 月 30 日最后访问。

看到有“提额刷单增信用”的兼职广告。她联系上一个叫“啊东”的人并加了微信好友。为了拿到“啊东”许诺的贷款回报收益，李某婷发展自己的亲戚朋友，多次利用某平台的“某呗”功能贷款，再由“啊东”利用电诈案件赃款进行还款。如此成功操作一笔贷款，“啊东”便通过微信转账回扣给李某婷。从4月初到4月中旬，在半个月的时间里，李某婷获利19000多元，帮助“啊东”洗钱70多万元。

不法人员利用网络支付为网络赌博转移、“清洗”资金的案件较为多见。

**案例：卢某娥等网络赌博洗钱案**

2011年2月1日，淄博市周村区人民法院依照刑法第312条以及最高人民法院《关于审理洗钱等刑事案件具体应用法律若干问题的解释》等规定，认定被告人卢某娥犯掩饰、隐瞒犯罪所得罪，判处有期徒刑5年，并处罚金人民币1800万元；被告人卢某良犯掩饰、隐瞒犯罪所得，判处有期徒刑3年，并处罚金人民币400万元。

网址www.2yurt268.com是一个赌博网站，为卢某浩（在逃）及另一人所经营，曾使用云博国际博彩网等名称，主要提供足球、篮球、网球、赛马、扑克、快乐彩、六合彩、百家乐等赌博服务。该网站通过深圳全动科技有限公司等支付平台收取赌资；充分利用了网上银行、第三方支付平台等非面对面资金结算工具，在实现赌博资金上下流动的同时，使每笔交易更为隐蔽。为掩饰赌博资金交易性质，该赌博网站假冒实体企业，通过第三方支付平台收取赌博资金，并不断更换商家编号和名称，先后使用“可尼服装商城”“利皇服装外贸网”“隆胜服装贸易网”“亿隆服装贸易网”等名称，通过这些皮包公司做幌子，达到掩饰非法交易的目的。自2007年起，卢某浩为转移赌资，开始安排彭某（在逃）、谢某（在逃）等人将部分赌资转移至卢某娥、卢某良提供的多个银行账户上（卢某娥系卢某浩姐姐，卢某良系卢某浩妹夫）。在明知卢某浩进行网络赌博犯罪的情况下，卢某娥、卢某良不但为卢某浩提供账户，而且还通过多种方式，协助卢某浩清洗、转换犯罪资金。2008年2月至2009年11月，卢某娥、卢某良分别通过购买股票、保险、房产、定期存款、投资公司等多种方式掩饰、隐瞒犯罪所得。购买高级轿车1辆，价值39.8万元；购买房产1套，价值150万元；转账100万元作为子女留学费用；购买人寿保险2份，共200万元；将1450万元投资股票；为卢某娥和卢某胜购买理财产品600万元；将130万元存一年定期存款；将8万元作为日常消费；将290万元购买寿险、基金和投资东莞市志成实业投资有限公司。

这是一起典型的网络赌博洗钱案件，洗钱的手法主要是用来投资，其中，购买寿险多份，投资股票数额巨大。除了房产、银行理财产品外，证券保险也是犯罪分子洗钱的重要渠道。[①]

## 第三节　利用金融投资业务洗钱风险及司法案例

### 一、利用保险金融业务洗钱风险及司法案例

保险业是金融业的重要组成部分，从已发生的案例看，不法人员把保险（特别是投资险种）作为赃款的稳定投资和隐藏风险，购买大笔分红保险，这种现象在腐败洗钱犯罪中尤为突出。

实践中，不法人员利用保险金融业务和产品进行洗钱案件出现，“保险产品和保险交易的固有特征（投保自由、退保自愿、缴费方式灵活、可以保单贷款等），为洗钱者提供了可以利用的平台，并且呈现出手段多样化、隐蔽性强的趋势。不法分子将非法所得通过购买保险产品，再通过配套方式，将保险产品‘洗’出合法收入”。洗钱人员通过保险业洗钱的主要方式有购买大额保险、行贿保单、福利保单、保单质押、保单欺诈等，涉及寿险、财险、团险、银保等产品或业务。通过投保，洗钱人员就可以直接将黑钱转化为保单形式，从而实现黑钱形式上的转化。理论上，洗钱人员通过购买保险洗钱的方式主要有以下几种：一是用非法所得投保，然后退保获得保险金。二是洗钱人员 A 用犯罪所得投保，投保时授权 B 领取退保金。三是洗钱人员 A 投保，和保险公司协议让 B 作为第三方用非法所得付费，退保时 A 作为投保人领取退保金。四是洗钱人员 A 用非法所得投保，保单存续期间变更投保人为 B，退保时 B 作为投保人领取退保金等。[②]

① 王宝运：《金融机构洗钱犯罪类型分析与经典案例评析》，中国出版集团有限公司 2023 年版，第 156 页。

② 冯怡：《金融机构可疑交易监测与洗钱犯罪类型分析》，中国商业出版社 2020 年版，第 361-362 页。

**案例：王某保险洗钱案**

2017年7月，某人寿保险公司上报可疑交易报告：王某趸交保费2.65亿元，与其身份不符，资金来源不明，涉嫌洗钱。经国家金融情报中心研判，王某及其多个交易对手均具有大量银证转账记录和证券交易记录，且王某在2017年曾因操纵市场被中国证监会处罚，初步判断王某及其交易对手合谋操纵证券市场，遂向公安机关进行通报。经证监会立案调查，发现王某向刘某出借资金，刘某利用实际控制的基金专户操纵6只股票，违法牟利772.21万元，证监会决定没收其违法所得，并罚款2316.62万元。

王某短期内趸交多份巨额保险，保费来源为操纵证券市场违法所得。资金交易记录显示，王某自2015年12月至2017年6月，在5家保险公司累计投保约3.19亿元，超出正常保障需求，其投保行为的实质是转换违法所得的形式，属于典型的洗钱行为。①

## 二、利用证券期货金融业务洗钱风险及司法案例

随着社会公众投资意识的不断提高，购买证券、期货、理财产品是社会公众日常重要投资渠道，另外，由于证券期货业的获利水平相对较高，证券期货市场的国际化、交易品种的多样化和高度流动习惯，资金的隐蔽性相对较强，不法人员利用证券、期货、理财产品等“清洗”资金，不仅能掩饰、隐瞒上游犯罪所得的来源和性质，甚至可以达到“黑产”增值保值的目标。

当前，利用证券期货业务的洗钱行为主要可分为两大类：一是利用证券期货市场非法牟取利益并进行“清洗”；二是将犯罪所得的黑钱通过证券期货市场交易方式进行“清洗”。

**案例：刘某贪污、受贿、职务侵占、洗钱案**

被告人刘某于2014年1月至2017年8月间，任G公司（证券公司）总裁办公室档案管理总监。其作为公司工作人员，利用负责G档案管理及档案业务结算的职务便利，与他人共同侵吞公司钱款共计人民币248.98万余元。

2017年9月，经G公司党委会批准，被告人刘某被任命为G公司总裁办公室主任助理兼档案管理主管，分管档案管理、招投标管理、集中采购平台

---

① 冯怡：《金融机构可疑交易监测与洗钱犯罪类型分析》，中国商业出版社2020年版，第364页。

建设、商旅平台建设等工作。此后，刘某作为国家工作人员，利用分管及直接负责档案管理及档案业务结算的职务便利，与他人共计贪污钱款 541.69 万余元。

2017 年 9 月至案发，被告人刘某在担任 G 公司总裁办公室主任助理兼档案管理主管期间，利用分管及直接负责档案管理及档案业务结算的职务便利，为北京 ×× 股份有限公司、A 公司谋取利益，共计收受贿赂款 55 万元。

被告人刘某于 2021 年 4 月 6 日、7 日，将其从王某处收取的 20 万元人民币贿赂款，通过 ATM 机存款方式分次存至其本人浦发银行账户，后又将其中 16 万元陆续转入其在 G 期货有限公司的期货交易保证金账户，并用于期货产品的交易。

2021 年 9 月 2 日，上海市 J 区监察委员会约谈被告人刘某，在约谈过程中刘某主动交代了上述尚未被调查机关掌握的职务侵占、贪污、受贿犯罪事实，在审查起诉阶段主动交代洗钱犯罪事实。另被告人刘某在家属的帮助下退赔赃款 20 万元，特定关系人钱某退赔赃款 37.5 万元。上海市 J 区法院以被告人刘某犯职务侵占罪，判处有期徒刑 3 年，并处罚金人民币 6 万元；犯贪污罪，判处有期徒刑 6 年 9 个月，并处罚金人民币 20 万元；犯受贿罪，判处有期徒刑 2 年，并处罚金人民币 10 万元；犯洗钱罪，判处有期徒刑 6 个月，并处罚金人民币 1 万元；决定执行有期徒刑 11 年，并处罚金人民币 37 万元。追缴被告人刘某赃款连同已退缴的钱款发还被害单位；非法所得予以没收。

## 三、利用贷款、保理等金融业务洗钱风险及司法案例

在司法实践中，出现不法人员利用小额贷款公司、商业保理公司合法贷款或者保理业务进行洗钱犯罪的情况，司法机关在办案过程中及时通报行政主管机关，强化地方金融机构的反洗钱内部控制制度，有效防范洗钱风险和金融风险。

**案例：上海 M 金融信息服务有限公司、宋某某集资诈骗、自洗钱案**[①]

2015 年 7 月起，被告人宋某某先后注册成立并实际控制被告单位上海 M 金融信息服务有限公司（以下简称 M 公司）等多家公司，以 M 公司为总部，其关联公司为线上理财平台运营主体等。未经国家有关主管机关批准，开发

① 《2022 年“惩治金融犯罪、防范金融风险”普法宣传案例》，载微信公众号“上海检察”，2023 年 8 月 4 日。

并运营“LM”手机理财软件，通过微信、口口相传等方式公开宣传，按照投资人每日行走步数，承诺4%—12%不等的浮动年化收益率，向不特定公众非法募集资金。2016年10月后，宋某某明知公司连续亏损无力兑付高额本息，仍夸大盈利能力及资金安全性，通过“借新还旧”等方式募集资金，主要用于对外放贷、兑付集资参与人本息、公司经营等。经审计，被告单位及被告人非法募集资金人民币（以下币种同）19亿余元，未兑付金额4100万余元。在此期间，M公司及宋某某为掩饰非法募集资金的来源和性质，通过实际控制的关联公司账户，将非法资金与部分金融机构资金、自融资金等合法资金混同，并以“自有资金”之名义划转至关联保理公司后，通过运营的线上平台发放贷款获取收益。经审计，M公司及宋某某转移至关联公司账户资金638万余元。

2022年10月，P新区检察院以集资诈骗罪、洗钱罪对被告单位M公司、被告人宋某某提起公诉。2023年1月，法院以集资诈骗罪判处被告单位M公司罚金150万元，判处被告人宋某某有期徒刑8年、并处罚金70万元；以洗钱罪判处被告单位M公司罚金50万元，判处被告人宋某某有期徒刑2年、并处罚金20万元；决定对被告单位M公司执行罚金200万元，对被告人宋某某执行有期徒刑9年，并处罚金90万元。

本案中这种“走路也能赚钱”的模式背后隐藏着一条“自融自洗”的产业链。被告人宋某某系金融从业人员，曾在银行等金融机构任职，熟稔各类金融产品交易及相关法律法规，设计出以理财软件集资、以放贷平台盈利，“吸资端”与“放贷端”形式上相互剥离的非法集资模式；后又实施将合法、非法资金混同并划转至关联公司放贷平台的自洗钱行为，这一连串的上下游犯罪因其作案手法极强的隐蔽性意在规避监管，也使得公司经营具有看似“合法性”的外观。

区别于传统的非法集资平台吸资后直接用于放贷的行为模式，如果“放贷端”另成立商业保理公司等合法经营机构，通过为合作商户提供“应收账款融资”或者为金融机构发放贷款提供“坏账担保”业务等，将违法所得提供给商户或者金融机构，之后由借款人分期还款以回笼资金，客观上以形式合法的保理业务将违法所得转换为了合法经营所得，主观上具有掩饰、隐瞒犯罪所得故意，符合洗钱罪主客观构成要件，与上游犯罪侵犯不同法益，且不具有必然的牵连关系，同时具有期待可能性。

## 四、利用金融从业人员优势实施洗钱风险及司法案例

实践中出现了不法人员利用金融从业人员其专业、客户和渠道的资源优势，实施洗钱的违法犯罪案件。

**案例：谭某等走私洗钱案**

2007 年 12 月 7 日，镇江市中级人民法院对谭某等走私及洗钱一案一审宣判，认定被告人谭某犯走私罪和洗钱罪，依法判处有期徒刑 3 年，并处罚金 105 万元。

被告人谭某，江苏镇江人，1967 年出生，大学本科学历，原系某银行镇江分行某支行客户服务部主任。2005 年 12 月至 2007 年 4 月间，谭某与其兄谭某甲（美籍华人）、北京某医疗器械有限公司法人代表陈某某通谋，利用快件渠道采取伪报品名、瞒报价格、分散邮寄中转等手段，从美国将价值人民币 1112.11 余万元的心脏支架等医疗器械以 323 个包裹走私入境，偷逃应缴税款人民币 199.76 万元。其间，谭某在直接参与走私医疗器械犯罪的同时，利用在银行工作的有利条件，采用邮政汇兑、提取现金、借他人银行卡转账、境内外对冲等手段，接收和转移走私资金达 1100.85 万元，直接构成洗钱罪的洗钱数额为 78.62 万元。

本案中谭某等人走私及洗钱的主要手法和过程可以分析如下：（1）物色走私物品的收件人。谭某通过亲友等关系在镇江、上海等地物色包裹收件人，将收件人姓名、地址等信息告知谭某甲。（2）采购、邮寄走私物品。谭某甲及其妻子在美国采购心脏支架等医疗器械，利用小额包裹快递给谭某物色的走私物品收件人。（3）汇集、转移走私物品。谭某获得包裹邮出的消息后，立即通知收件人将包裹快递到镇江，由他收集转递北京某公司陈某某。（4）销售走私物品，分割走私赃款。陈某某收到谭某的包裹后，即对医疗器械进行拼装、销售后根据约定将其中部分走私赃款通过邮政汇兑、银行卡异地转账等方式分散汇给镇江的谭某。（5）归集、隐匿走私赃款。谭某收到陈某某的汇款后，随即从邮政局和银行卡账户上大量提取现金，以为本行吸收存款或代存货款的名义存入借用亲属身份证事先办理的银行卡账户中。（6）寻找境外汇款信息，确定走私赃款的去向。谭某甲及其妻子利用在境外行医之便，在境外华人、华侨、留学生人群中收集需要向国内亲友汇款的信息，约定“先汇人民币，后收取美元”，并向谭某发出汇款指令。（7）利用地下汇款对冲走私赃款。谭某接到谭某甲的指令后，将款项汇给指定的国内收款

人，并告知收款人与境外汇款人核实，同时向谭某甲反馈走私款转移的信息。（8）在境外截留美元。国内人民币收款人将收款信息告知境外汇款人，谭某甲及其妻子按照事先约定向境外汇款人收取美元。事实上，境内外收付款人就在无意间协助谭某等人将走私赃款“转移”到了境外。

由于谭某之前系金融从业人员，洗钱犯罪呈现以下主要特点：（1）主观上属于明知故犯。谭某在任某支行客户服务部主任期间，成为该行反洗钱领导小组成员，并在2006年江苏省某银行组织的反洗钱业务知识考试中得96分，在该行江苏辖区并列第一。他研究反洗钱法律制度，通过一系列操作逃避反洗钱监管，从而归集、隐匿、转移走私赃款。（2）利用工作之便掩饰、隐瞒走私赃款。谭某利用在银行工作之便，先后使用5张银行卡为作案工具，分别用于归集、隐匿、转移走私赃款。（3）逃避反洗钱监测和现金管理。作案期间，由于邮政汇兑系统的居民个人汇款尚未纳入反洗钱监测范围，谭某就主要通过邮政汇兑途径接收来自陈某某的走私赃款。同时，还专门借用亲属之名开设多个银行卡存入现金，并交替使用，尽量避免因频繁交易而被银行发现。此外，由于邮政局的现金支取没有严格的提前预约、登记、报告制度，汇入款项取道邮政汇兑系统支取现金比较方便，借以逃避银行现金管理。（4）具有较强的反侦查意识。谭某很少使用同一张银行卡完成洗钱的全部流程，而是采用跨行开卡、交叉使用、大量提存现金的手段，将完整的洗钱链条切断。同时，为了避免别人的怀疑，他极少使用本名银行卡汇款。此外，在转移走私赃款的洗钱活动中，他一人包办、秘密操作，从不与其他人过多接触。

本案是我国第一起走私洗钱犯罪判例，当时在全国影响很大，也是人民银行总行反洗钱部门参与督办的走私洗钱典型案例。谭某等人走私及洗钱的主要手法和过程与当前频发的汇兑型地下钱庄跨境洗钱的对敲方式雷同，手法相似，反映出谭某具有扎实的金融专业基础和较强的作案能力。

# 第五章　利用特定非金融机构洗钱风险及司法案例

洗钱是获取巨额犯罪收益的贪利性犯罪的衍生犯罪。犯罪分子为掩饰、隐瞒其违法犯罪所得的巨额黑钱的来源、性质和流向，躲避执法部门追查，总会选择资金交易密集、划拨迅速、便于隐匿和监管薄弱的领域和环节“清洗”犯罪收益。金融机构是社会资金融通的主要载体和媒介，其产品和服务的特点被犯罪分子青睐，成为犯罪分子洗钱的主要通道。随着金融系统反洗钱工作的不断强化，对洗钱犯罪分子形成强有力的震慑，洗钱活动逐步向贵金属交易、房地产中介、会计师事务所和律师事务所等特定非金融行业和职业渗透。

## 第一节　特定非金融机构的概念和监管

### 一、特定非金融机构的概念范围

何为特定非金融机构，在我国现行的反洗钱法中对特定非金融机构的定义和范围没有明确规定。

2021 年《反洗钱法修订稿》向社会征求意见，第 61 条规定：本法所称特定非金融机构，是指:（1）提供房屋销售、经纪服务的房地产开发企业或者房地产中介机构;（2）接受委托为客户代管资产或者账户、为企业筹措资金以及代理买卖经营性实体业务的会计师事务所;（3）从事贵金属现货交易的贵金属交易场所、贵金属交易商;（4）其他由国务院反洗钱行政主管部门会同国务院有关部门依据洗钱风险状况确定的需要履行反洗钱义务的机构。

上述特定非金融机构仅在从事法律明确规定的特定业务时应当参照金融机构相关规定履行反洗钱义务，根据风险状况采取相应的反洗钱措施。

针对不同特定非金融机构的监管分工，由国务院反洗钱行政主管部门、有关特定非金融机构主管部门根据具体情况协商确定。

## 二、FATF 对特定非金融机构的反洗钱监管指引

FATF 是国际反洗钱监管领域的权威组织，其制定的反洗钱《40 条建议》是世界各国开展反洗钱工作公认的国际标准。为监督各成员对其提出的《40 条建议》的执行情况以及反洗钱和反恐怖融资的总体效率，FATF 定期对各成员开展评估。从 FATF 发布的对各成员互评估报告来看，特定非金融行业反洗钱工作是 FATF 组织的关注点之一，也是各成员国家合规建设的弱项。

金融行动特别工作组（FATF）是当前世界上最具影响力的反洗钱和反恐怖融资政府间国际性组织，其职能为制定国际反洗钱标准，并推动各国积极执行。FATF 发布的反洗钱和反恐怖融资互评估方法是国际社会公认的关于一国反洗钱和反恐怖融资是否符合国际通行标准、是否实质有效的评价体系。我国坚持对外开放政策，接轨全球主流市场，2007 年 6 月 28 日，中国成为金融行动特别工作组（FATF）正式成员，须接受 FATF 组织的互评估工作，有必要遵守 FATF 的相关规定和要求。

1996 年，FATF 将非金融行业纳入《40 条建议》，但在非金融行业中未单独列出特定非金融行业。

FATF 在 2002—2003 年报中指出，随着打击犯罪手段的更新变化，洗钱违法犯罪活动所运用的手法和利用的技术也在变化。金融业的反洗钱措施导致了替代效应，犯罪分子通过在金融领域之外的其他行业来做文章，以达到规避金融业反洗钱措施的目的。基于此，2003 年，FATF 在其反洗钱《40 条建议》中进一步完善了特定非金融行业规定，并扩大了建议适用范围。

FATF 于 2012 年发布的《40 条建议》修订版中，特定非金融行业作为一个专题单独出现，明确规定应承担的特定非行业包括赌场，不动产中介，贵金属和珠宝交易商，律师、公证人，其他独立法律专业人士及会计师，信托和公司服务提供商五大类职业及行业。此外，《40 条建议》主要从两个维度对特定非金融机构和行业进行阐述。第一个维度从机构的角度明确指出特定非金融机构和行业的范围，第二个维度是从业务出发，阐明上述机构在特定情形下（即从事特定业务时）才作为反洗钱义务主体，履行反洗钱义务。

2019 年 4 月 17 日发布的《FATF 对中国反洗钱和反恐怖融资第四轮互评估报告》，对我国特定非金融机构反洗钱工作评价为不合规。根据 FATF 组织的评价，我国金融行业和特定非金融行业的反洗钱工作水平存在一定差距。从行业来看，我国的金融业反洗钱措施相对完善，其中银行业的反洗

钱工作优于其他金融行业；而在特定非金融行业，如房地产、律师、会计师等行业，反洗钱监管缺失，这些特定非金融机构普遍没有采取任何反洗钱措施，它们对可疑交易的报告“几乎是不存在”。

在第四轮互评估之后，我国持续推进反洗钱工作，出台了对相关特定非金融行业的监管法律文件和反洗钱法律指引，包括网络借贷、房地产、贵金属交易商等。FATF在其互评估补充报告对我国的特定非金融机构的评价有所改善，中国针对互评估中被指出的明显不足作出了相应的改进，但包括律师和公证行业等相关特定非金融领域监管政策仍存在部分“空白”，考虑到律师和公证反洗钱制度在互评估所占比重相对较小，中国在这方面的不足也相对较轻。因此，对中国R34项反洗钱工作的评级修改为基本合规（Largely Compliant）。

通过对当前洗钱犯罪活动现状的研究分析，不难发现一个重要特点，随着金融经济全球化态势的形成与发展，世界各国、各地区对于金融机构处于反洗钱的前沿、将金融机构作为预防和打击洗钱犯罪活动的重要领域早已达成共识，正在通过采取各种有效措施不断强化对本国、本地区金融机构的安全监管力度，以应对洗钱犯罪活动可能给正常金融活动带来的风险，保障金融秩序的稳定与安全。在这种情形下，从事洗钱活动的不法分子意识到如果再单纯地利用银行业、证券业、保险业等传统的社会资金流通主渠道实施洗钱犯罪活动，不仅会使洗钱犯罪的成本逐渐加大，而且极有可能引发的风险也在逐渐增加。为了规避金融机构对发生在金融领域中的洗钱活动的监管和打击，减少洗钱犯罪的风险并降低犯罪成本，将洗钱的触角伸向一些安全监管措施相对薄弱的特定非金融行业、机构，以拓宽对于他们来讲似乎更为安全、便捷、隐秘、有效的洗钱渠道和空间，成为当前洗钱犯罪活动的一个明显发展态势。但与此形成对比的是，我国对特定非金融行业反洗钱监管制度的构建和实践探索尚处于起步阶段。

从我国当前现状来看，借助特定非金融行业、机构的日常经营活动进行洗钱的犯罪活动正在呈现出愈演愈烈的发展趋势，洗钱违法犯罪分子利用了特定非金融行业、机构日常经营活动的特点以及客观上对洗钱活动疏于防范的弱点，洗钱渠道不断拓展，手段不断创新，显现出新的动态。

## 三、我国对特定非金融机构的反洗钱监管规范

我国对特定非金融机构反洗钱监管的法律规则制定，主要可以以2018年中国人民银行办公厅发布《关于加强特定非金融机构反洗钱和反恐怖融资监

管工作的通知》为分界点，分成3个发展阶段。

**（一）行业主管部门的专业管理阶段**

2006年颁布的《中华人民共和国反洗钱法》第3条明确规定了特定非金融行业和职业的反洗钱义务。虽然在2017年之前，我国没有专门针对特定非金融行业和职业出台反洗钱制度，但主管部门从行业管理的角度采取了一系列类似客户尽职调查、交易资料保存、举报犯罪行为等管理措施，起到了一定的反洗钱效果。

例如，《中华人民共和国刑法》明确规定赌博属违法行为，我国对彩票业实行严格管制，彩票单注奖金500万元要进行大额交易报告，一次投注1万元的需报上级彩票机构。我国建立了以《中华人民共和国城市房地产管理法》为基础的较为完善的房地产管理体系，对房地产及从业人员实行全方位监管，对客户进行较为严格的身份识别。我国金银进出口由中国人民银行统一管理，上海黄金交易所要求会员严格执行客户尽职调查、记录保存的相关规定。《中华人民共和国律师法》对律师的职业操守和客户身份认定、记录保存等作出了明确的规定。《中华人民共和国注册会计师法》规定我国注册会计师主要从事法定审计业务，没有授权其开展代理理财、信托、对外投资等业务。信托投资公司已经作为银行业金融机构纳入反洗钱工作领域。

**（二）特定非金融行业反洗钱工作制度建立阶段**

2018年，中国人民银行办公厅发布的《关于加强特定非金融机构反洗钱和反恐怖融资监管工作的通知》，依据FATF的标准明确界定了我国特定非金融行业和职业的范围及反洗钱职责。

之后，中国人民银行《关于加强贵金属交易场所反洗钱和反恐怖融资工作的通知》，住房城乡建设部、人民银行、银监会《关于规范购房融资和加强反洗钱工作的通知》，财政部《关于加强注册会计师行业监管有关事项的通知》等一系列规范性文件相继出台，对贵金属场内交易、房地产领域和注册会计师行业的反洗钱工作提出了较为明确的要求，但原则性较强，与行业管理的有机结合性和操作性尚待提高，难以指导特定非金融行业和职业开展具体的反洗钱工作；对特定非金融行业和职业的监管职责、程序、方法和措施缺乏明确的要求。

**（三）特定非金融行业反洗钱试点工作全面启动阶段**

2018年以来，反洗钱行政主管部门联合特定非金融行业和职业主管部门积极落实《关于加强特定非金融机构反洗钱监管工作的通知》要求，逐步推进特定非金融行业和职业启动反洗钱工作试点，开始将特定非金融行业和职业纳入反洗钱监管领域。个别特定非金融行业和职业开始向中国反洗钱监测分析中心报告可疑交易，有些涉及特定非金融行业和职业的案件线索被公安部门立案查处并进入审判阶段。虽然，特定非金融行业和职业反洗钱工作取得了一定成效，但仍存在反洗钱意愿不高、反洗钱基础薄弱的情况。

## 四、特定非金融机构反洗钱工作的难点

### （一）规范法律层级不高且未充分考虑特定非金融机构的特点

我国现行的反洗钱法虽然使用了“特定非金融机构”的概念，但未对此概念予以具体阐释，特定非金融机构的范围也没有明确的规定，[①] 反洗钱法也没有相关的立法解释。直到2018年，中国人民银行办公厅颁布了《关于加强特定非金融机构反洗钱监管工作的通知》（以下简称120号文），指出相关法律中规定的特定非金融机构主要包括房地产企业和中介、贵金属交易商和交易场所、会计师事务所、律师事务所等机构。[②] 在此基础上，该通知还强调了特定非金融机构应当严格执行相应的反洗钱规范文件。

当前实践中，对特定非金融机构范围予以明确的法律规范性文件主要是2018年颁布的《关于加强特定非金融机构反洗钱监管工作的通知》。但是，

① 《中华人民共和国反洗钱法》第3条规定：在中华人民共和国境内设立的金融机构和按照规定应当履行反洗钱义务的特定非金融机构，应当依法采取预防、监控措施，建立健全客户身份识别制度、客户身份资料和交易记录保存制度、大额交易和可疑交易报告制度，履行反洗钱义务。

② 中国人民银行办公厅《关于加强特定非金融机构反洗钱监管工作的通知》（银办发〔2018〕120号）第1条规定：“根据《中华人民共和国反洗钱法》第三十五条、第三十六条规定，下列机构在开展以下各项业务时属于《中华人民共和国反洗钱法》、《中华人民共和国反恐怖主义法》规定的特定非金融机构，应当履行反洗钱和反恐怖融资义务。具体包括：（一）房地产开发企业、房地产中介机构销售房屋、为不动产买卖提供服务。（二）贵金属交易商、贵金属交易场所从事贵金属现货交易或为贵金属现货交易提供服务。（三）会计师事务所、律师事务所、公证机构接受客户委托为客户办理或准备办理以下业务，包括：买卖不动产，代管资金、证券或其他资产，代管银行账户、证券账户，为成立、运营企业筹集资金，以及代客户买卖经营性实体业务。（四）公司服务提供商为客户提供或准备提供以下服务，包括：为公司的设立、经营、管理等提供专业服务，担任或安排他人担任公司董事、合伙人或持有公司股票，为公司提供注册地址、办公地址或通讯地址等。”

该通知属于部门规范性文件，法律效力层级较低，对特定非金融机构的反洗钱义务规定得也较为原则，导致实践中相关行业主要援引行业规范进行反洗钱监管。例如，对于黄金等贵金属行业，该通知主要援引了中国人民银行在2017年颁布的《关于加强贵金属交易场所反洗钱和反恐怖融资工作的通知》（银发〔2017〕218号，以下简称218号文），对贵金属交易场所、交易商依法采取预防、监控措施，建立健全的客户身份识别、客户资料和交易记录保存，可疑交易报告等义务进行明确。

从上述规范文件来看，对包括黄金行业在内的特定非金融机构反洗钱义务规则的设定，主要是参考和比照金融机构。金融机构主要是指依法设立的、经国家金融管理部门批准从事金融业务的机构，依法设立、持牌经营和从事资金融通业务使其具有一定的同质性；而金融机构对交易对方开展一定的身份识别、资信调查和交易记录保存和审查，也是其稳健安全开展资金融通业务和风险控制的应有之义，其履行反洗钱义务有一定的内生性。但是，特定非金融机构则不同，贵金属、房地产、会计师事务所、律师事务所等各个行业性质千差万别，其业务内容、经营方式和洗钱风险点也完全不同。此外，特定非金融机构的经营活动的性质、特点以及经营者的经营理念与金融机构也有比较大的区别，大多数的特定非金融机构没有反洗钱的内生需求。例如，如黄金产业链中涵盖了回收商、经销商多种经营主体，其秉持的主要是等价交换、公平交易的基本商业伦理，只要能做到钱货两讫，经营主体并不需要对交易对手有背景调查，因此反洗钱义务是法律和监管赋予的外生性义务，在执行中需要解决激励相容的问题。综上两点考虑，对特定非金融机构在规范反洗钱义务时，需要根据各种类型、分属不同行业的特定非金融机构的经营活动特点与业务范围，设定其应当履行的具体的反洗钱义务。通过作出具体并且具有差别化的规定，与其经营活动特点与业务范围相适应，从而更加具有针对性和可操作性，以利于特定非金融机构反洗钱行动的开展，并提升监管质效。

**（二）反洗钱可能导致商业操作困难甚至产生义务冲突**

履行反洗钱义务可能造成特定非金融机构从事商业经营活动中的操作困难，黄金产业链上的商业主体可能因为履行反洗钱义务而增加其经营成本、延长合同交易时间，甚至造成交易对手反感而丧失商业机会，势必影响到特定非金融机构内部及其从业人员反洗钱义务的履行和监管。

在部分特定非领域，根据我国当前的法律法规规定或职业准则，某些特定非金融机构及其从业人员在日常经营活动中同时承担反洗钱义务，进行反洗钱操作，会与其行业制度或者职业操守规范之间存在明显的矛盾或利害冲突。这一问题在律师、公证人等法律专业领域表现得尤为突出：一方面，律师事务所、公证服务机构等法律职业机构易被犯罪分子利用进行洗钱活动，应作为特定非金融机构履行反洗钱义务，但是举报委托人的洗钱线索与律师、公证员等法律职业的执业准则相悖，而且此类行为会在一定程度上影响到执业人员与客户之间基于保密义务而建立的相互信任关系，甚至有可能损害到客户的权益。①

**（三）反洗钱信息共享和监测能力不足**

在反洗钱实务工作体系中，信息获取和风险监测等分析工作占据重要地位。

一是信息情报是履行反洗钱义务的基石，但在特定非金融机构中信息壁垒问题还很严重。相较于现阶段传统金融机构之间已经建立起的信息共享平台，由于各种特定非金融机构分属于不同类型的行业，涉及的领域更是广泛，基本涵盖了生活中的方方面面，行业间、经营者之间更存在着相互竞争的关系，行业主管部门不明确，行业间协调难度大。同一行业间不同的经营者之间没有建立起资源共享机制，信息交互程度低，不同行业间的信息沟通渠道闭塞，缺乏信息资源互通互补机制，为犯罪分子跨行业、跨机构洗钱提

① 如《中华人民共和国律师法》第 38 条规定："律师应当保守在执业活动中知悉的国家秘密、商业秘密，不得泄露当事人的隐私。律师对在执业活动中知悉的委托人和其他人不愿泄露的有关情况和信息，应当予以保密。但是，委托人或者其他人准备或者正在实施危害国家安全、公共安全以及严重危害他人人身安全的犯罪事实和信息除外。"虽然该条在第 2 款中作出例外规定，但是，很显然，律师在执业过程中所知悉的洗钱犯罪线索一般很难纳入"危害国家安全、公共安全以及严重危害他人人身安全的犯罪事实和信息"范畴，此外，律师法对律师泄露商业秘密或者个人隐私行为的法律责任有明确规定，如第 48 条规定："律师有下列行为之一的，由设区的市级或者直辖市的区人民政府司法行政部门给予警告，可以处一万元以下的罚款；有违法所得的，没收违法所得；情节严重的，给予停止执业三个月以上六个月以下的处罚：（一）私自接受委托、收取费用，接受委托人财物或者其他利益的；（二）接受委托后，无正当理由，拒绝辩护或者代理，不按时出庭参加诉讼或者仲裁的；（三）利用提供法律服务的便利牟取当事人争议的权益的；（四）泄露商业秘密或者个人隐私的。"与此相类似，我国公证法中明确禁止公证机构和公证员泄露在执业活动中知悉的个人隐私，也对公证机构和公证员泄露在执业活动中知悉的国家秘密、商业秘密或者个人隐私行为的法律责任予以明确。

供了可乘之机。因此，犯罪分子往往通过多个行业机构进行循环反复流动、周转，最终达到洗钱的目的。

二是大额交易监测易被规避。无论是域外对黄金等贵金属行业大额交易监管实践或是我国的机制探索，一般是以一定数额的交易量作为大额交易触发的时点，但由于黄金等贵金属行业的支付结算方式存在一定漏洞，主要包括零售门店中没有对现金交易的限制，在使用银行卡交易时对使用他人银行卡代刷关注不足等，因此大额交易的监测主要依靠审查和记录客户信息来实现，但实践中这一方式很容易被违法犯罪分子以伪造、变造和利用他人身份信息证件来规避，大额交易监测易形同虚设。

三是行业有效的可疑交易监测指标较难建立。黄金等贵金属行业跨度大、产业链较长，涉及企业数量比较多，而企业之间在产品类型、规模、交易量、交易方式等差异较大，制定有效的可疑交易检测指标难度较大。例如，黄金场内交易的会员单位如何判断其客户购买贵金属的数量超过其正常经营需求或购买能力，这比较难进行量化，需要根据其主体资质、交易量和资金对比情况、交易频次、价格合理性等进行综合判断。而经营企业对个体购买人的可疑交易活动则更为困难，需要在准确了解购买人的基本身份信息基础上，根据自己的经验进行主观判断，要提高可疑交易的有效性难度更大。

**（四）从业机构和人员的反洗钱认识和经验尚需累积**

相较于金融机构和金融从业人员，特定非金融行业、机构及其从业人员对于参与国家反洗钱行动的必要性以及重要性的认识较弱。一位学者对我国境内特定非金融机构反洗钱做过相应研究，将随机选样抽取的近300家特定非金融行业经营机构作为调查对象。被参与问卷调查的非金融机构涵盖了房地产开发与房屋中介代理、黄金珠宝买卖、典当等机构，其中既有年营业额上亿元人民币的较大型经营机构，也有经营额数千万元、百余万元、几十万元数额不等的中小经营机构。对于问卷中提出的“您认为您所在经营单位从事的经营活动是否会被洗钱犯罪分子利用进行洗钱”的问题回答中，竟然有80%以上的答案选择的是“不会”或者“不清楚”，而选择“不会”的回答中绝大多数均是基于“洗钱主要与金融机构的业务活动有关，与非金融行业、机构的经营活动无关”的理由；至于“您所在的经营单位是否制定了反洗钱的规章制度或采取了反洗钱的措施”的问题，除了只有在少数几份答卷中作出肯定的答复外，绝大多数的答卷均给予了否定性的回答。

以上海黄金交易所为例，上海黄金交易所约80%普通会员为非金融机构，在218号文出台前没有任何反洗钱工作经验，开展反洗钱工作的“软硬件”与金融机构均存在不小差距。相较于金融机构落实218号文对反洗钱工作机制的升级优化，非金融机构会员则需经历一个从无到有的更加复杂的过程，从而系统性地建立整套反洗钱工作机制，包括客户识别、大额可疑交易报送、交易记录保存等，不但工作量较大，而且缺乏具体操作规范予以指导。同时，非金融机构缺乏资金监测手段，在异常交易监测研判上存在天然劣势。总体来看，非金融机构会员反洗钱“软硬件”基础薄弱，短期内迅速提升工作能力的可能性较低，加之在资金监测上存在天然不足，容易成为行业反洗钱监管短板。

虽然经过2018年FATF的互评估，以黄金贵金属为代表的特定非金融机构反洗钱的意识和措施有了明显的推进，但相较于金融行业，特定非金融行业、机构中反洗钱制度、措施还是相对缺失，不仅对反洗钱基础知识如洗钱的概念、特征等了解不足，对洗钱犯罪的危害性认识不深，而且普遍存在认为履行反洗钱义务会影响自身经营和业绩的担忧，[①] 反洗钱监管难度较大。

## 五、构建特定非金融机构反洗钱监管整体架构

当前，我国可以从以下几个方面入手，构建特定非金融机构反洗钱监管整体架构：

一是明确并适当扩大特定非金融机构的范围。根据中国人民银行2018年印发120号文所明确，反洗钱法中“特定非金融机构”的范围主要包括：房地产开发企业、房地产中介机构；贵金属交易商、贵金属交易场所；会计师事务所、律师事务所、公证机构；公司服务提供商等。上述特定非金融机构范围在实践中尚显不足。仅以评估业为例，作为重要的金融市场中介机构，

① 吴卫锋：《贵金属珠宝业的洗钱风险与对策研究》，载《金融会计》2021年第12期。

评估机构被利用洗钱的风险现实存在，实践中已有相关案例发生，[①] 充分说明在市场经济活动中发挥中介作用的专业性机构易为洗钱违法犯罪所利用。对此，建议借鉴2019年证券法和《刑法修正案（十一）》修订的思路，加强对市场中介机构监管，针对其“市场看门人”地位，将金融市场中介机构全部纳入承担相关反洗钱义务的特定非金融机构范围。

二是建立义务冲突豁免机制。依据我国目前的法律法规和职业行规等特点，一些特定非金融领域的机构在履行反洗钱义务时常与职业规范发生冲突，不仅造成具体操作上的难度，还加大了相关机构从业人员的从业风险，这种规范上的冲突使得一些特定非金融机构及其从业人员在是否履行反洗钱义务以及如何履行反洗钱义务问题上处于两难的尴尬境地，需要从法律层面上建立相应的义务冲突豁免机制。

三是充分发挥行业自律协会的作用。通过建立健全行业自律协会，统一组织工作，协调政府部门、金融监管机关、特定非金融机构之间的行动，应以国家反洗钱主管部门为核心机构，明确国家反洗钱行政主管部门对特定非金融机构反洗钱行动的指导、监管职能。明确行业主管部门、自律协会在反洗钱监管方面的职责，加强各部门沟通联系和信息交流，形成监管合力，真正形成优势互补、资源共享、协调一致的反洗钱执法力量。

四是建立不同行业间信息交互机制。逐渐建立起各行业、各机构间的信息交互平台，打破行业壁垒，增加信息沟通渠道，通过互联网的大数据整合，实现跨系统、跨平台、跨数据结构一体式监测。建立类似企业与公民个人信用平台，由行业协会对其进行监管，定期发布大额非实名制和大额非现金交易信息，重点排查，防范和化解风险，以求达到信息资源共享，互通有无的目标。

---

① 在湖北随州市法院判处的被告人徐某某洗钱罪一案中，被告人徐某某于2010年至2012年，在任随州某土地评估咨询有限公司（以下简称某公司）法人期间，明知某公司未进行相关的土地评估业务，应时任随州市土地收购储备中心交易部副主任王某（已判刑）的要求，多次利用某公司对公账户接收王某贪污所得的人民币79万元，并采取虚列支出的非法途径将60万元转移至王某控制账户。法院认为被告人徐某某明知是他人贪污犯罪所得款，通过转账、取现等方式掩饰、隐瞒其来源和性质，协助将贪污犯罪所得赃款资金转移，其行为已构成洗钱罪。湖北省随州市中级人民法院刑事裁定书（2019）鄂13刑终83号。

## 第二节　利用贵金属行业洗钱风险及司法案例

### 一、利用贵金属行业洗钱的风险概述

钻石、宝石、贵金属等都属于耐用性强的高价值商品，有的商品本身还具有货币属性，比如黄金有极强的变现能力、交易的简单性和便利性都有利于非法资金快速转化。另外，钻石在比利时、以色列、澳大利亚、美国、加拿大等国家也可以被当作货币使用。加上贵金属有体积小、质量强的物理特性，方便运输、随身携带和藏匿，容易逃避监测。现主要以黄金为例，对利用贵金属洗钱的违法犯罪行为加以分析。

#### （一）利用黄金行业洗钱犯罪的风险表现

黄金作为贵金属的一种，由于其具备体积小、价值大等自然属性，一直都是财富和身份的象征，受到人们的追捧。早在公元前325年，希腊人就已经在直布罗陀到小亚细亚的范围内开采黄金。直到现今，人们对于黄金需求的热度依然未减。随着人类社会发展和国际货币体系的演化，黄金经历了从商品到货币再到商品（黄金非货币化）的曲折变化，当前黄金仍然是人们投资保值的重要对象。

马克思在《资本论》中写道，金银天然不是货币，但货币天然是金银。黄金作为货币商品，具有非常突出的特点和优势：一是单体的价值高，具有很高的保值增值性。目前黄金依然是世界各国的储备资产，而且发达国家尤为重视黄金储备。二是流通性强，黄金作为世界通行的商品，几乎可以在世界上任何国家得到承认。三是性质稳定，几乎不受任何自然环境影响，其本身价值经年累月都不会有较大损失。四是不易贬值，通胀性强，特别是在经济社会动荡时期，持有黄金便可视为是信用的保证，黄金本身可靠的内在稳定性特点明显，此时由于黄金具备了货币商品属性。因此，黄金除了实物黄金以外，还包括了黄金衍生产品；全球黄金市场投资产品除了现货黄金以外，还包括了黄金期货、黄金期权和交易所交易黄金基金等。目前世界知名的黄金市场有伦敦金银市场协会、纽约商品交易所、苏黎世黄金市场等，它们均遵循相对固定的交易模式和规则，在全球进行广泛的黄金交易。

黄金的货币属性特性使其成为人们持有和投资的热点，同时也使其易为犯罪分子所利用，将非法所得转变成稳定、匿名且易变现的资产。对于黄金市场具备洗钱可能性的研究，始于20世纪90年代末期的金融行动特别工作组FATF。[①]FATF通过对洗钱案例的研究指出，利用黄金珠宝行业进行洗钱，已经日益成为洗钱的又一重要渠道，提示各国监管者对此予以高度重视。对于利用黄金珠宝洗钱的程度和规模，尽管不时有FATF成员国报告有关案例，而且FATF也承认黄金珠宝业的洗钱风险巨大，但是这一风险究竟有多大，当时的FATF也未能掌握较为精准的情况。[②]

**（二）利用黄金行业洗钱风险成因分析**

黄金作为洗钱手段备受不法人员青睐，利用黄金洗钱的案件报道屡见不鲜。如墨西哥的毒贩将毒品销售获得的大量现金从法国运往比利时，在布鲁塞尔购买大量的黄金珠宝首饰，然后把黄金运输到迪拜，销售给在阿联酋注册的皮包公司，最后在迪拜的黄金市场上进行公开销售，贩毒的资金通过黄金市场洗白成为合法的卖金收入。[③]黄金市场的洗钱行为主要有以下几个具体成因。

1.黄金单位价值高和便携性

黄金单位价值高，便于携带运输和隐藏，方便洗钱人员利用黄金实物载体实现资产价值的自由转移。黄金具有性能稳定、不易氧化、不怕水、不怕热、耐腐蚀、不易变质，而且具有一般金属的特性，可以随意与钢铁等金属融合和拼接，也很容易从金融融合物中提取的特征，易被洗钱人员利用。近年来的案件显示，南方一些地区利用轮船走私的问题比较严重。由于黄金和钢铁都具有金属属性，而且轮船部件太多，走私人员如果将体积很小的黄金和钢铁以相互融合或制作夹层板的方式，将含金钢板或夹金钢板直接制成一块或几块龙骨、肋骨、甲板、外板或压载铁等轮船部件（即使价值1亿元的黄金，也很容易隐藏在一块或几块轮船构件中），则很容易蒙混过关。除非具有非常准确详细的举报，否则也很难发现，而到达走私地以后，可以轻易

---

① FATF：1997–1998 Report on Money Laundering Typologies，p.35.

② FATF：2002–2003 Report on Money Laundering Typologies，p.53.

③ 王亚宏：《黄金领域反洗钱个案研究》，载《中国黄金报》2016年9月23日，第8版。

地将含金构件拆下，再经过简单的处理得到价值不菲的黄金。[①]

2. 黄金具有高流通性

黄金是世界各国通用的储备货币之一，转换为各国法定货币的方式较为容易，甚至在某些特定市场可以作为货币直接交易。一般情况下，有组织的犯罪集团首先用大量非法所得的现金买入黄金，再通过合法交易将黄金卖出。由于黄金耐磨损且容易变现（一般纯度或质量达到标准，回收方不要求卖出者提供黄金来源证明），可被反复利用，流通于各个市场。此外，黄金具有保值升值的功能，如果被用于交换犯罪所得，能带来一定收益。

3. 黄金的来源和去向难以追踪

由于程序繁复，贵金属经销商在销售时对客户的身份信息、资金来源等一般不会强制登记和核查，交易完成后也很难追踪贵金属实物的去向；在黄金回收方面，交易本身就具有隐秘性，黄金的来源和去向难以追踪，且匿名的现金交易很难受到有效的监督和管理。

当前，利用黄金等贵金属洗钱的主要违法犯罪方式主要有两种：一是清洗非法资金，二是清洗非法黄金。[②]清洗非法资金指借助黄金交易洗钱，通常是指犯罪分子在取得贩毒、黑社会性质组织犯罪、金融犯罪等犯罪收益后，以黄金交易为媒介，通过黄金变现、携带出境、复杂的国际贸易、高买低卖等手法，将犯罪所得及其收益进行资金转移或财产转换，掩饰、隐瞒非法资金的来源和性质，实现非法资金的“黑洗白”过程，可称之为“洗钱”。清洗非法资金发生在黄金开采、加工、交易和回收等环节。清洗非法黄金指借助黄金交易洗金，通常是指犯罪分子将走私、盗窃、抢劫、行贿、欺诈等违法活动获得的黄金直接变现，或者通过抛光和切割等方式改变黄金的外形后交易及跨境转移等手法，使犯罪所得黄金表面合法化，可称之为“洗金”。

虽然“洗钱”和“洗金”在清洗对象上存在区别，但是从本质来看，非法黄金本身就是需要清洗的非法资金，两者在“清洗”的过程上具有一致性，均主要涉及开采、加工、交易、回收等四个环节，主要通过谎报黄金的

---

① 徐天鹏、张春生：《洗钱的“黄金通道”及治理思路》，载《济南金融》2005年第5期。

② 相关学术讨论参见尹志锋、逯晔慧：《防范黄金实物供应链洗钱风险》，载《中国金融》2022年第2期；吴卫锋：《贵金属珠宝业的洗钱风险与对策研究》，载《金融会计》2021年第12期。

纯度、重量、来源和价值；利用走私黄金实现非法所得跨境转移；购买黄金首饰等存放于珠宝店套现；异地精炼来规避税收、司法管辖和质量要求等手法实现黄金洗钱的放置、离析、融合三个阶段。①

## 二、利用贵金属行业洗钱的主要方式

以黄金为代表的贵金属行业极易成为犯罪分子的洗钱载体，而黄金产业链条包含着开采、精炼、贸易、加工零售等环节，洗钱风险在不同环节呈现出不同形态，特别是近年来互联网信息技术对黄金行业的创新发展，也可能促发新的洗钱违法犯罪形态，值得高度关注。

### （一）开采环节的洗钱方式

一般来说，金矿的开采需要必备的环境和监管许可，行业壁垒较高，外行人员难以介入。但是黄金的巨额收益仍然吸引犯罪分子铤而走险，不惜重金采购专业设备，滥用职权或收买监管机关人员，导致非法采矿、窃取矿石冶炼、黑恶势力参与、贪污和腐败行为的滋生。加之矿石含量准确评估困难，黄金产出往往难以统计，洗钱活动容易渗透到矿山开采环节。如在贵州省晴隆县黄金管理局局长杜某某等人利用职务便利致使国家矿产资源遭受特别重大损失案件中，杜某某等人在没有得到上级批准的情况下，滥用职权，扩能扩界，将 6 个无证矿并入 3 个有证矿进行开采，并将金矿的开采权随意交给没有资质的个体户，以收受贿赂。②

根据 FATF 的报告中通报，在一起案件中，一伙哥伦比亚毒品恐怖组织控制了该国一片金矿开采区域。为获得矿场的控制权，该毒品恐怖组织以暴力手段敲诈矿主，迫使矿主将金矿所有权转让给该恐怖组织。随后，该组织非法使用矿场，将矿场开采出的部分黄金出售给一家合法企业，交易以现金支付。然后将所得现金用于购买继续开展恐怖活动所需的武器装备、弹药、药品和其他用品。除此之外，该组织还将剩余的黄金储存起来，作为恐怖主

---

① 利用黄金洗钱分为放置、离析、融合三个阶段。放置阶段是指把非法资金投入经济体系；离析阶段指通过复杂交易，掩盖犯罪收入的来源和去向，使犯罪收入的非法特征和性质变得模糊；融合阶段指清洗后的资金以合法的面目用于正当的商业活动。

② 《破坏金属资源，贵州晴隆县原黄金局局长被判 20 年》，载中国法院网，https：//www.chinacourt.org/article/detail/2009/07/id/365714.shtml，2023 年 3 月 16 日最后访问。

义活动资金持续来源。[①] 恐怖分子通过直接渗透黄金产业链中的开采环节，获取巨额利润，不断扩充武装规模，并从黄金产业链的源头开始，向其余环节不断渗透，影响社会安定和民众的生命安全。

**（二）精炼环节的洗钱方式**

精炼环节也存在较大的洗钱风险。在世界各国均设定有明确的黄金精炼质量标准的前提下，犯罪分子可能会借助异地精炼来规避税收、司法管辖和质量要求，或者把非法开采或非法获得的黄金走私到冶炼地，抑或伪造黄金纯度、重量、原产地和价值以掩饰犯罪所得。

我国深圳市曾出现过小作坊非法炼黄金的案例。由于提炼的难度和成本较低，花费 100 万元左右的资金租用场地并购买设备，就可以对任何合法或非法渠道获得的黄金及残渣废料进行提炼，一年便可赚取 100 万元左右的净利。黄金生产链条繁杂、参与主体众多，管理体制的疏漏导致犯罪分子可以用低成本获取可观的利益。

**（三）贸易环节的洗钱方式**

黄金具有体积小、价值高、便于境内外贩运等固有特点，近年来不法分子以及恐怖组织开始通过黄金贸易进行走私、洗钱、逃税、恐怖融资等行为。主要表现在以下几个方面：

首先，冲突金走私风险。所谓冲突金风险，即指为地区冲突或侵犯人权的行为提供资金的黄金。通过在黄金进出口贸易环节进行走私，反政府武装以及恐怖分子可以在冲突黄金的出口、运输等环节获取非法利益，甚至直接以“黄金换实物”的手段获取军火装备等。进口冲突黄金的贸易行为间接为冲突地区反政府武装及恐怖融资提供资金支持。

由于部分国家处于特殊的地理、政治环境，在黄金进口贸易中，如黄金交易商没有严格履行尽职调查等反洗钱义务，容易引起黄金走私、恐怖融资、冲突金属流入等风险。

其次，虚假黄金进出口贸易风险。犯罪分子可能通过注册空壳公司进行黄金进出口虚假贸易，从而跨境转移非法所得。由于跨境反洗钱调查难度较大，犯罪活动往往以形式上合法的贸易为伪装，转移巨额资产。

再次，批发贸易身份识别风险。洗钱分子借用他人身份开设黄金贸易公司，通过真实黄金批发贸易手段将来源非法的资金洗白。由于我国工商企业

---

① FATF 关于通过黄金进行洗钱 / 恐怖活动融资的风险和漏洞的报告。

采取注册制，普遍存在法人代表与实际控制人不为同一人的情况，最终受益人识别难度较大。目前，虽然部分大型知名黄金销售商对于批发交易对手已建立较为系统的背景调查制度，但市场上依旧存在为了拓展业务降低批发商准入标准的情况。黄金批发商存在对交易对手身份识别不充分、批发客户最终受益人识别不足的问题，批发渠道可能被不法分子利用进行洗钱等相关活动。

最后，虚开增值税发票的逃税风险。增值税纳税义务人分为一般纳税人①和小规模纳税人②。不法分子利用黄金增值税专用发票进行违法犯罪活动，一般是在没有真实经营业务的前提下，采取票货分离的手法，虚开增值税专用发票。实际上，虚开专用发票现象不仅存在黄金市场，在成品油、农产品等领域都普遍存在。近几年来，随着税务总局和公安部、海关总署、中国人民银行共同部署，虚开增值税发票违法犯罪情况得到有效遏制。国家在以票控税的基础上，逐步推行以票控税和以信息控税相结合的理念。国家税务总局的相关负责人指出，金税工程在打击增值税专用发票案件方面的作用越来越大。随着金税系统的不断升级换代，国家税收管控能力的不断增强，税收征管水平的不断提高，发票认证抵扣领域防伪技术的持续升级，虚开增值税专用发票等违法犯罪活动的空间被持续压缩，违法行为得到有效遏制。

**（四）加工零售环节的洗钱方式**

我国目前主要通过商业银行柜台及传统黄金饰品店两个渠道进行黄金零售，货源主要由黄金精炼厂、黄金加工企业、自有加工厂等提供。国内黄金加工厂主要从事代加工业务，大型黄金销售商已建立较为规范的原料金来源管理规范，从自有加工厂取得的实物黄金产品来源可靠，中小型零售商从非自有黄金加工厂取得的黄金可能存在一定销赃洗钱风险。

黄金加工、零售业务主要面临现金交易、客户身份识别不足以及资金、实物来源和去向难以追溯所带来的风险。不法分子可以使用“现金换黄金”，再通过转移、支付、回收等手段切断与犯罪资金的联系，也可通过虚报黄金

---

① 一般纳税人是指年应征增值税的销售额超过小规模纳税人标准的企业和企业性单位，其特点为增值税进项税额可以抵扣销项税额。

② 小规模纳税人是指年销售额在规定标准以下，并且会计核算不健全，不能按规定报送有关税务资料的增值税纳税人，其纳税主要通过三种征收方式：查账征收、查定征收和定期定额征收。

首饰价格、虚构身份等方式进行洗钱，其中，黄金的回收环节是整个黄金产业链洗钱风险最为集中的节点之一。通过黄金零售渠道的回收业务可以将贪污、诈骗、盗窃等非法所得黄金变现，从而实现非法资金的转移和转换。违法犯罪分子之所以选择黄金作为洗钱载体，在很大意义上也是因为其可以被快捷地回收且免于被行政和司法机关查处。

另外，商业银行柜台零售业务风险也值得关注。商业银行黄金零售业务主要为自营品牌黄金销售、代销业务等，在银行业整体较为合规的反洗钱体系下，洗钱风险相对较小，但一些不完善的管理疏漏也可能使洗钱分子有机可乘。

**（五）互联网黄金业务洗钱方式**

伴随“互联网 +”创新理念的提出，我国互联网行业加速发展，实物黄金销售商开始尝试通过京东、天猫等电商平台销售黄金首饰以及投资金条等产品，互联网科技公司纷纷设立黄金交易、投资理财平台。“互联网 + 黄金”的创新模式是商业、金融创新的有益尝试，拓展了实物黄金销售渠道，个人投资者可以获得更便捷的渠道进行黄金投资，但也存在一些隐患，如客户身份识别不足增加洗钱风险、易导致违规无证开展黄金交易、非法集资、传销诈骗等违法行为。主要表现在：

首先，网上销售客户身份识别不足风险。互联网黄金销售注重销量增长以及顾客购物体验，其强调的便利性可能导致客户身份识别信息的缺失以及相关交易记录不完善等问题。客户可以虚构姓名进行网络购物，网络黄金销售平台无法对其真实身份进行核查。在进行互联网订单邮寄发货环节中，邮寄地址核实、实际收件人与购买人信息核对等工作未能做到有效识别，从而难以追踪所销售黄金实物的真实去向。

其次，黄金投资平台虚假交易风险。一些未获许可牌照的机构以境外投资、资产全球配置等宣传口号诱导客户参与国际互联网平台黄金交易，经营实质为非法期货或非法经营活动。此类平台通过地下钱庄与境外机构双边交割实现资金汇出，属于逃避我国外汇管制的洗钱行为。

除此之外，部分平台还存在对外虚假宣传、以资金池形式非法募集资金并进行违规投资的操作，交易投资平台的真实经营模式、客户资金去向、实物黄金存管安全性等均存在诸多风险；一些虚假平台直接收取客户资金，利用私自设立的交易平台与客户对赌交易，或是客户间进行对赌。更有甚者会恶意制造系统障碍骗取客户资金，更有直接卷款潜逃，性质极其恶劣。

以上海检察机关办理的一起案件为例，2008年2月至5月，被告人吴某某伙同汪某某、朱某某、刘某某（均已判决），经事先预谋，租借上海市浦东新区某室作为办公地点，注册成立深圳A投资发展有限公司上海分公司。该公司由被告人吴某某幕后管理，汪某某、朱某某、刘某某分别担任公司副总经理，以深圳A投资发展有限公司上海分公司名义，通过拨打电话的形式劝诱30余名投资者，进行黄金炒卖活动（“黄金现货保证金业务”）。经查，投资者交纳保证金并签订格式合同后，可在汪某某等人指定的黄金交易网络平台进行买涨、买跌双向交易，并可在保证金基础上进行放大交易。至案发，被告人吴某某等人涉案数额为人民币194.6万元。2015年4月17日，上海市浦东新区人民检察院以被告人吴某某等人涉嫌非法经营罪提起公诉，获法院判决支持，判决现已生效。本案中，行为人以经营“黄金现货保证金业务”等幌子，实际上并不以交割货物所有权为目的，又采用标准化合约、当日无负债结算制度、保证金制度等方式开展业务的，该业务实际上属于一种变相的期货交易，在未获得国务院批准或者国务院期货监督管理机构批准的情况下，仍开展期货业务，扰乱市场秩序，情节严重，其行为构成非法经营罪。[①]

## 三、国外贵金属行业反洗钱监管实践

### （一）FATF对贵金属和珠宝玉石交易商的反洗钱义务要求

关于贵金属行业的反洗钱义务，FATF在其发布的反洗钱与反恐怖融资《40条建议》有明确的规则，要求贵金属和珠宝玉石交易商在参与达到或超过15000美元（欧元）的交易时，应当开展下列反洗钱工作：

（1）开展客户身份识别工作，或者按规定委托第三方开展客户身份识别工作；

（2）报告可疑交易；

（3）保存客户身份资料和交易记录；

（4）采取措施降低因采取新技术等而产生的洗钱和恐怖融资风险；

（5）建立健全反洗钱内控制度；

（6）对政治公众人物采取规定的客户身份识别措施，以及对来自于高风

① 参见上海市浦东新区人民法院刑事判决书（2008）浦刑初字第2356号。

险国家地区客户采取强化客户身份识别措施；

（7）遵守反洗钱保密规定。

**（二）国外黄金市场反洗钱法律制度建设**

以比利时、瑞士和美国为代表，域外一些国家较早地开展特定非金融行业反洗钱工作，构建了相对完善的法律法规体系，对我国开展黄金市场反洗钱工作有一定的借鉴意义。

1. 比利时黄金行业反洗钱法律制度

比利时对包括黄金珠宝业在内的反洗钱法律规定，主要由刑事立法和反洗钱法构成。比利时反洗钱法律体系的重要组成部分是刑事立法。根据该国刑法典规定，非法接受通过犯罪得到的财产或资金，在明知的情况下，购买、有偿或无偿得到、经营管理非法来源的财产或资金，为了隐藏、掩饰非法资金的来源或帮助进行洗钱犯罪的人逃避法律制裁而转移、转化非法财产或资金，在明知或应该知道的情况，掩饰、隐匿非法资金的来源、性质、位置、去向、用途和所有权的四种行为都属于洗钱犯罪。对于洗钱犯罪，比利时刑法典规定应处以 15 日到 5 年的监禁，并且可以并处相应的罚金。[①] 比利时刑法典虽然没有明文规定涉及黄金珠宝业，但对洗钱行为的概括性规定实质上涵盖了利用黄金珠宝业作为洗钱渠道的行为。

为了贯彻欧盟第一个反洗钱指令的要求，比利时于 1993 年从预防洗钱的角度，制定了《防止利用金融系统洗钱法》。2005 年，欧盟第三个反洗钱指令颁布以后，比利时又分别于 2010 年、2011 年和 2013 年作了数次修订，将该法的名称改为《防止利用金融系统洗钱和恐怖融资法》，并将内容从之前的 7 章 25 条扩充为 8 章 45 条。

其中，有关黄金珠宝业反洗钱的规定主要有：一是适用范围的改变。1993 年《防止利用金融系统洗钱法》将适用范围限定在“金融机构和人员”，且不包括黄金珠宝业从业人员，而《防止利用金融系统洗钱和恐怖融资法》对此作了较大幅度的修改，不仅将适用范围改为“机构和人员”，而且在其中明文规定了“钻石经销商”。[②] 二是客户身份识别情形的细分。当出现以下四种情形时，必须进行客户身份识别：第一，对于经常性客户，必须进行识

① See Article 505 of the Penal Code of Belgium.

② See 21° of Article 2, Law of 11 January 1993 on Preventing Use of the Financial System for Purposes of Money Laundering and Terrorist Financing.

别；第二，对于临时客户，当一项交易或一系列相关交易额超过1万欧元时，必须进行识别；第三，当出现洗钱或恐怖融资可疑情况时，必须进行识别；第四，对于过往已经识别程序获取信息的真实性和准确性产生怀疑时，必须进行识别。此外，《防止利用金融系统洗钱和恐怖融资法》还要求对实际控制人或是客户的实际控制人开展客户身份识别。而具体到钻石经销商，该法则规定，除经由信贷机构所持银行账户转账产生的交易以外，在其他交易中钻石供应商均应履行客户身份识别义务。三是现金的限制。该项规定是比利时反洗钱立法的特色。当在一项交易或一系列相关交易中，所购买产品或服务的价格超过5000欧元时，则不可以使用现金支付。违反此规定，将被处以250欧元至22.5万欧元的罚金。该规定起初并不适用于贵金属行业，直到2013年，比利时才将这项规定延伸至购买贵金属产品，适用标准同样是5000欧元。

2. 瑞士黄金行业反洗钱法律制度

瑞士刑法设立洗钱罪的背景与美国有着直接关系，虽然瑞士和美国在1975年签署了双边刑事司法协助条约，但在1990年之前，在瑞士洗钱不被认定为犯罪，这就导致美国政府很难从瑞士政府和银行界获得秘密的银行信息。[①]在国际社会的压力之下，瑞士于1990年3月修改了刑法，增加了两个洗钱的有关罪名，一个是洗钱罪，另一个是在金融交易中不尽职调查罪，并于同年8月开始生效。

关于洗钱罪，根据瑞士刑法第305条第1款的规定，是指行为人在明知或者应当知道资产来自犯罪的情形下，掩饰该资产的来源，或者妨碍对其进行调查或没收的行为。此项罪名中，清洗的对象指所有形态的财产，不仅包括外币、证券，还包括了贵金属和宝石等所有具有内在价值的物品。[②]

关于在金融交易中不尽职调查罪，根据瑞士刑法第305条第2款的规定，是指基于职业接受、保管、协助投资或转移属于第三方资产的行为人，未能尽职审查和辨别实际受益人的身份之行为。在瑞士刑法中，对于行为人并没有作出明确规定，实际上，这里的行为人是指任何接受、管理或协助投资资

① 王新：《探析瑞士反洗钱立法之发展》，载《学海》2009年第4期。

② Riccardo Sansonetti，Switzerland：Legislation to Combat Money Laundering，Journal of Money Laundering Control，Vol. 2 Iss：1（1998），p.85.

产的金融中介人。[①]换言之，这项义务必须由任何从事与金融业务相关的行为人来承担，具体来说，包括商业律师、珠宝商、贵金属交易商和外汇交易商。[②]据统计，自瑞士 1990 年 8 月 1 日起将洗钱规定为刑事犯罪后，瑞士法院已经宣布了 1000 多件与洗钱相关的刑事判决。[③]由此可见，瑞士刑法在打击洗钱犯罪方面的效果还是比较明显的。

瑞士刑法典将洗钱作为犯罪行为的规定，无疑在惩治洗钱方面增添了一项有力的法律武器。但是，从世界各国反洗钱的法律实践来看，仅有惩治这一手是不够的，还需要着力在预防这一手上下功夫。1993 年，FATF 发布了瑞士的第一次互评报告，报告指出，尽管瑞士的反洗钱工作在国际层面上做得不错，但是在非银行金融领域仍然存在差距。因此，FATF 敦促瑞士能够尽快启动反洗钱法的起草工作，其实质目的在于将银行业的反洗钱要求全部拓展到金融中介机构和个人。[④]在此背景下，为了进一步规制瑞士刑法典第 305 条有关打击洗钱犯罪的行为和金融交易中的尽职调查行为，[⑤]瑞士联邦议会于 1997 年 10 月通过了《联邦预防金融机构洗钱法》。该法从预防角度，对瑞士金融机构的反洗钱义务作出了规定，可以视为瑞士的预防性反洗钱法律。该法的适用对象是金融中介。金融中介不仅指包括银行、投资公司、保险公司等在内的金融机构，还包括金融中介人员。金融中介人员的定义，和瑞士刑法典第 305 条的规定一样，是指基于职业接受、保管、协助投资或转移属于第三方资产的人。这一规定涵盖了金融服务业中相当大的一块未受监管的领域，其中就包括珠宝商在内。[⑥]同时，还有为自己或第三方以贵金属

---

① Riccardo Sansonetti，Switzerland：Legislation to Combat Money Laundering，Journal of Money Laundering Control，Vol. 2 Iss：1（1998），p.85.

② Paul Gully-Hart，Switzerland：Money-Laundering Legislation and Asset Forfeiture，Journal of Money Laundering Control，Vol. 2 Iss：4（1999），p.379.

③ FATF：Summary of the Third Mutual Evaluation Report on Anti-Money Laundering and Combating the Financing of Terrorism of Switzerland，14 October 2005，p.7.

④ Riccardo Sansonetti，Switzerland：Legislation to Combat Money Laundering，Journal of Money Laundering Control，Vol. 2 Iss：1（1998），p.89.

⑤ See Federal Act on Combating Money Laundering in the Financial Sector，Article 1.

⑥ See Federal Act on Combating Money Laundering in the Financial Sector，Article 1.

进行交易的人员。[①] 对于包括贵金属和珠宝交易商在内的金融中介人员，《联邦预防金融机构洗钱法》主要规定了客户尽职调查和可疑交易报告两大义务。在客户尽职调查中，主要设置了识别客户和实际受益人身份、复核客户和实际受益人身份、交易背景澄清、交易记录保存四项义务。其中，这里对实际受益人规定了四种辨别情形，也是对瑞士刑法典第 305 条第 2 款关于辨别实际受益人的情形作了细化补充。在可疑交易报告中，主要设置了可疑交易报告、资产冻结等义务，同时对金融中介人员履行这些义务规定了免责权利。[②] 对于金融中介人员无照经营、疏于报告等违反《联邦预防金融机构洗钱法》义务的行为，该法设定了 5 万到 20 万瑞士法郎的罚金。对于《联邦预防金融机构洗钱法》的执行效果，据统计，该法自 1998 年生效以来，瑞士判决犯有洗钱罪的案件年均达到 100 件。此外，自 1998 年 4 月 1 日以来，在瑞士反洗钱报告办公室（Money Laundering Reporting Office）移送起诉的所有可疑交易报告中，约有 5% 的报告被州级法院判决有罪。[③]

3. 美国黄金行业反洗钱法律制度

1970 年，美国颁布了《银行保密法案》（BSA），要求金融机构应记录和报告交易以预防和打击恐怖主义和履行反洗钱程序，并授权财政部长监督《银行保密法案》的履行情况。《银行保密法案》规定，珠宝、贵金属、宝石行业的经销商视同金融机构［（31 U.S.C. 5312（a）（2）（N）部分］，适用与金融机构相同的反洗钱监管标准。2002 年，美国计划对不同反洗钱义务主体制定特定的规则，美国金融犯罪执法网络（FinCEN）通过对贵金属、珠宝、宝石行业进行调查，起草制订有针对性的反洗钱控制措施。2003 年，金融犯罪执法网络（以下简称 FinCEN）发布了《关于制定规则的通知》，对“经销商”“珠宝”“贵金属”“宝石”概念进行了初步定义，并向社会各界广泛征求意见，累计收到 29 份意见反馈。2005 年，FinCEN 出台了《临时最终规则》

① See Federal Act on Combating Money Laundering in the Financial Sector，Article 2（3）c.

② See Federal Act on Combating Money Laundering in the Financial Sector，Article 1–9.

③ See FATF：Summary of the Third Mutual Evaluation Report on Anti–Money Laundering and Combating the Financing of Terrorism of Switzerland，14 October 2005，p. 7.

(interim final rule，以下简称《规则》)，[①] 对于珠宝、贵金属、宝石行业的反洗钱监管制定了详细的实施细则。该规则对反洗钱义务主体规定为“经销商”，对“经销商”“覆盖商品”等专业术语重新进行了明确界定，并对珠宝、贵金属、宝石行业的经销商提出反洗钱措施的最低标准。FinCEN 于 2008 年、2012 年，针对执行中的问题又发布了补充文件。[②]

在此基础上，美国执法机关还立足于黄金等贵金属行业特征，对义务主体需要特别关注的重点领域和要素作出针对性的指引。FinCEN 要求经销商综合考虑所有相关因素评定洗钱风险，需特殊关注的要素有：一是需结合商品品种、客户、供应商、销售渠道和地理位置等因素，判断洗钱和恐怖融资风险；二是除与已有的客户、供货商以及受此规则约束的经销商发生交易外，需重点监测新建立的交易关系；三是关注当前交易付款账户是否存在于洗钱和恐怖融资活动频繁发生的地区。另外，提示贵金属、珠宝行业经销商要重视与海外供应商的交易活动，并指引经销商在评估交易风险水平时，应关注海外供应商和其所在司法管辖区域参与洗钱和恐怖融资的可能性和敏感度，综合考量供应商所在司法管辖区对洗钱和恐怖融资活动的监管力度、[③] 供应商所在司法管辖区对洗钱者和恐怖活动融资者的监管

---

① https：//www.fincen.gov/index.php/resources/statutes-regulations/federal-register-notices/interim-final-rule-aml-program-dealers-0 ，https：//www.fincen.gov/resources/statutes-regulations/federal-register-notices/interim-final-rule-aml-program-dealers，last visited in November11，2020.

② Guidance for Dealers，Including Certain Retailers，of Precious Metals，Precious Stones，or Jewels，on Conducting a Risk Assessment of Their Foreign Suppliers，https：//www.fincen.gov/index.php/resources/statutes-regulations/guidance/guidance-dealers-including-certain-retailers-precious，last visited in November11，2020.

③ 美国作出的指引建议经销商关注海外供应商是否被监管当局要求做到以下事项：建立反洗钱制度、流程和内控机制，判断交易是否涉嫌洗钱和恐怖融资活动；履行客户尽职调查职责；被要求上报或允许自愿上报可疑交易报告；上报大额现金交易报告；在交易前向行政当局报告可疑交易信息；制定政策和流程，及时终止可疑交易；设置合规专员岗位负责反洗钱工作的有效实施，定期更新反洗钱系统，组织员工培训。

力度、[1]国际贸易中存在的可疑现象等因素。[2]

通过前述对比利时、瑞士、美国等国家黄金市场反洗钱监管实践的研究，可以归纳出在黄金行业反洗钱的主要制度经验：构建了黄金等贵金属行业反洗钱的基础，主要包括明确反洗钱义务主体、规范全面的反洗钱义务要求和监管架构。（详见表5）

**表5 比利时、瑞士、美国黄金行业反洗钱制度基本架构**

| | 义务主体 | 义务要求 |
|---|---|---|
| 比利时 | 2010年，比利时在《防止利用金融系统洗钱和恐怖融资法》中，首次将黄金珠宝经销商纳入反洗钱义务主体范围，明确规定了金融机构、从业人员和黄金珠宝经销商的反洗钱相关义务。 | 要求按照《防止利用金融系统洗钱和恐怖融资法》规定，对四类客户必须做好身份尽职调查和识别工作：一是频繁交易客户；二是单次交易或系列相关交易额度超过10000欧元的临时客户；三是从事疑似洗钱或恐怖融资交易的客户；四是重新识别客户，即之前已识别，但当下对客户的信息真实性有所怀疑的情况。此外，还要求对实际控制人开展客户身份识别。 |
| 瑞士 | 瑞士2007年6月颁布的《金融市场监管法》的监管范围涵盖贵金属和珠宝经销商在内的所有金融中介。 | 瑞士在2007年6月颁布的《金融市场监管法》中规定金融市场监管局的运作职能，对违反法规的金融中介，监管局可采取审查调查、裁决判罚、停业整顿、没收非法资金、吊销牌照等强制手段，以及监禁和处以罚金等。 |

---

① 指引建议经销商应关注：供应商所在地的行业准入门槛及审批要求；供应商所在地的行业合规监督机构运行情况。

② 指引建议经销商着重关注国际贸易中存在的可疑现象：异常支付方式，比如频繁使用现金交易、大量连号汇票、旅游支票、大额现金支票和第三方支付；供应商不愿意提供完整、准确的基本信息；与特定客户频繁发生异常交易活动，交易特征不同于一般交易等。

续表

| | 义务主体 | 义务要求 |
|---|---|---|
| 美国 | FinCEN在其出台的《规则》中，将贵金属、珠宝行业的反洗钱义务主体确定为经销商，①规定了经销商的范围，②并要求每个新列经销为反洗钱义务主体的经销商在6个月内建成反洗钱监测系统。 | 美国要求义务主体按照《银行保密法案》对防范洗钱和恐怖融资活动的要求，并结合自身业务特点、上下游客户特征，积极构建反洗钱内控机制、流程等，可以归纳为设置反洗钱合规专员和内部稽查工作双重机制。义务主体需指派至少一名在公司有足够权威的管理者兼任合规稽查员一职，负责反洗钱工作，具体履行以下职责：在每日监测的基础上，确保反洗钱系统的有效性；根据需要及时更新升级反洗钱系统；定期组织员工培训；建立公正客观的监督评价机制，③美国经销商需按《银行保密法案》的要求，定期组织员工培训，组织学习如何挖掘和研判洗钱和恐怖融资线索。根据员工的具体工作内容和交易风险评估等级的不同，安排差异化的培训内容和培训时间，且要求根据反洗钱业务的变化及时更新培训内容。 |

① 经销商界定标准为：上一纳税年在美国境内购买且销售至少50000美元涵盖商品，或总收入中超过50000美元来源于经销涵盖商品的人员。其中，所谓“行业涵盖商品”，《规则》规定：珠宝、贵金属、宝石及其成品构成了行业涵盖商品，其中的成品界定为：包含但不限于珠宝、钱币和古董，且其50%以上价值来源于其中的珠宝、贵金属或宝石。需要注意的是，涵盖商品不包括被纳入工业用途的含有珠宝、贵金属和宝石的机械或设备。

② 《规则》和美国作出的指引中进一步明确反洗钱义务主体范围：一是工业设备和仪器中含有的贵金属、珠宝等不属于涵盖商品范畴，FinCEN认为由于该类涵盖商品不构成工业设备价值的主要部分，涉嫌洗钱和恐怖融资的可能性较低。二是设定交易门槛，框定50000美元以上交易规模的经销商为义务主体，其他小规模交易商和个人收藏爱好者不纳入义务主体范围。三是强调买卖活动必须发生在美国境内，即要求经销商在美国有真实的销售行为。四是强调经销商同时从事买卖业务，单纯的“买”或“卖”均不属于经销商概念范畴。五是确定将部分零售商纳入反洗钱义务主体范畴的标准。FinCEN界定零售商为在美国境内销售涵盖商品给消费者的人士：上一纳税年内，如果零售商从私人处购买价值超过50000美元的商品，则应纳入反洗钱义务主体范围；若上年度零售商仅出售超过50000美元的涵盖商品，但未达到50000美元的购买量，则不需列为反洗钱义务主体。是否被纳入反洗钱义务主体范围取决于上年度的经营状况，每年评估确定一次。六是典当行不被列入反洗钱义务主体范畴。《规则》明确在联邦或州法律框架下，正式注册或有经营执照的典当行不被定义为经销商，不需建立反洗钱系统。七是现金交易超过10000美元需上报大额交易报告。

③ 《规则》并未指明要求第三方监督机构的参与，但要求评价结果客观公正，主要评价合规专员对风险判断的准确度、开展培训的频率等。

## 四、利用贵金属行业洗钱的司法案例

### （一）利用贵金属行业洗钱犯罪整体趋势

近年来，利用黄金等贵金属洗钱的犯罪案件呈多发态势，说明黄金等贵金属行业易为洗钱违法犯罪利用的特质，而这一特质在金融机构领域反洗钱机制完善的背景下，对于洗钱不法人员来说更具“吸引力”。

在2021年，最高人民检察院的微信公众号上公布了六起由上海检察机关办理的洗钱案件，[①] 这六起案件是由一起特大合同诈骗牵出国家工作人员贪污受贿案件以及相关的洗钱案件。弟弟孙强（本案中的人名均系化名）系国家工作人员，其非法收受他人给予的巨额财物后，孙强为了隐瞒、掩饰其犯罪所得的来源和性质，就指示其哥哥孙某帮助洗钱。2017年至2018年间，孙某将弟弟孙强收受的现金600万元和25公斤黄金藏匿到宁波家中，供弟弟随时提取。与此同时，孙某的妻子陈某在兄弟俩的指使下，与丈夫一起注册成立了一家贸易公司，通过虚构贸易等方式将115万余元贿赂款掩饰为正常的贸易利润。孙强的妻子王某则利用自己控制的8个银行账户，小额多笔存入丈夫的受贿款493万余元，随后在将钱款转移到陈某等人的账户内藏匿。2019年8月东窗事发后，孙某在弟弟的指使下，将25公斤黄金丢弃到河道中，后被公安机关打捞出10公斤，另外15公斤至今下落不明。

近期，上海、浙江、山东、福建、湖北、辽宁等多地均报道了利用黄金洗钱刑事犯罪案件，值得高度关注。这些案件呈现出较为一致的特征，上游犯罪人员招募社会闲散人员，用其控制的信用卡和他人身份证到金店购买巨额黄金，购买后会立即变卖，再将变现资金直接或者通过购买虚拟货币的方式将钱转给上游人员。利用黄金洗钱犯罪的高发，一方面是由于侦查机关对洗钱犯罪线索查处和打击力度的加大，另一方面也是由于近年来，随着“断卡行动”持续推进，电信网络诈骗等犯罪分子通过购买他人信用卡直接转移不法资金的渠道越来越困难，于是有不法分子把“洗钱”的目光移到黄金、虚拟货币等领域。

---

① 《上海：25公斤黄金丢弃河道中？检察机关集中公诉6起洗钱案，案值过亿》，载微信公众号“最高人民检察院”，2020年8月5日。

### （二）利用贵金属行业洗钱的典型案例

本书选取了一个典型案件，以解剖麻雀的方式予以分析当前贵金属行业存在的洗钱犯罪风险和手法特征。

1. 基本案情和犯罪手法

2021 年，福建省莆田市公安局接到受害人刘某报案，称其在新西兰被境外一诈骗团伙以在国内购买店铺以及做珠宝生意为由骗走 196 万元人民币，诈骗团伙通过境内账户接收受害人资金，并将诈骗资金分多笔汇往洪某某、马某某等人账户，通过国内多级账户拆分汇总，然后利用汇兑型地下钱庄将上述诈骗资金从境内转移到境外，其中涉及多个黄金商户。

莆田市公安局联合人民银行莆田市中心支行组建联合研判专案组，在成功锁定汇兑型地下钱庄“洪氏钱庄”的基础上，以所涉黄金商户的账户资金链条为脉络，追踪监测涉案资金流向，顺线拓展出以黄金销售为掩护，涉嫌从事结算型地下钱庄并涉嫌虚开增值税专用发票的马氏团伙，租用境外服务器非法搭建黄金期货平台案件，以出口黄金手表骗取出口退税等案件和线索，涉案总金额达 40 亿元，涉及地区主要分布在福建、广东、新疆等黄金行业发达地区。[①] 主要犯罪手法可大致分为以下四种：

一是提供非法支付结算通道。通过对涉案诈骗资金的分析和追踪，侦查人员破获了马某海地下钱庄团伙。该犯罪团伙系以黄金首饰店等实体黄金交易作为掩护、为他人提供资金支付结算通道，根据诈骗团伙对现金和黄金交付的需求，该团伙将诈骗资金的一部分在新疆乌鲁木齐、喀什等地取现，将另一部分诈骗资金转账至金铺员工账户，由员工购买黄金。涉案银行账户共计 132 个，其中财务账户 2 个，取款账户 14 个；取现 2.6 亿元。

---

① 本案的案件事实、犯罪类型和洗钱风险点的分析，主要根据吴卫锋、林智伟：《涉黄金行业洗钱犯罪类型及风险趋势分析——基于辖内地下钱庄相关案件》，载《中国反洗钱实务》（2022 年第 10 期），中国金融出版社 2022 年版。

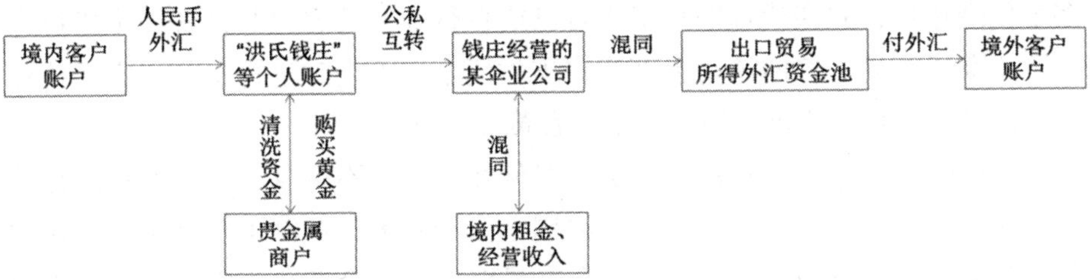


**图3 "洪氏钱庄"交易模型①**

二是虚开增值税专用发票。侦查机关在追踪流入黄金行业的资金时，发现虚开黄金增值税发票的马氏涉税犯罪团伙，该团伙主要由马某海、马某军等人员组成，拥有新疆某投资有限公司、某进出口公司等7家公司。其中，新疆某投资有限公司与霍尔果斯某进出口贸易有限公司存在开票以及资金回流的可疑情况。

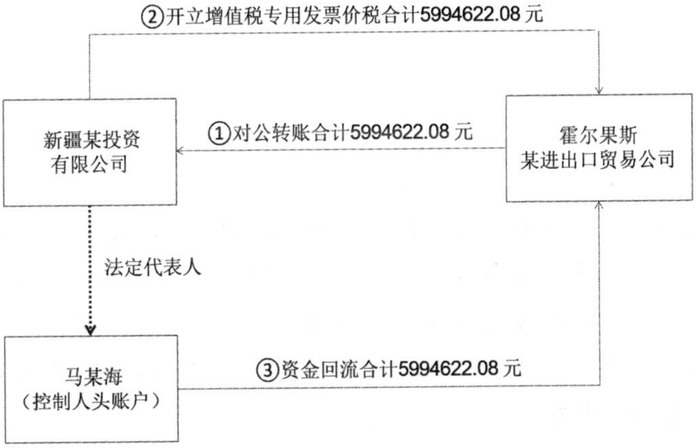


**图4 马氏团伙涉嫌虚开发票模式**

三是组织开展非法黄金期货交易。经侦查，部分涉案资金流向了一个涉嫌非法经营黄金期货的犯罪团伙，该团伙名下控制大量实体黄金企业，在福建、广东等地区拥有多家实体黄金门店。该团伙在香港"某金业"平台开设

① 图3、图4、图5都根据案件事实整理，主要参考吴卫锋、林智伟：《涉黄金行业洗钱犯罪类型及风险趋势分析——基于辖内地下钱庄相关案件》，载《中国反洗钱实务》（2022年第10期），中国金融出版社2022年版。

多个代理账户，并在代理账户下为自己或自行开发的客户开设各类子账户进行黄金期货交易，并向该平台即客户支付佣金，不定时进行交收、定期核对结算清算，交收方式可以通过现金或者黄金进行。

如前所述，非法经营黄金期货的案件在以往也不少见，本案的特点是涉案犯罪团伙进行了真假混同、期现混同，由于其名下控制了实体黄金企业和经营门店，因此可通过黄金“私盘”交易账户与黄金商户正常经营账户以及黄金投机客户的账户互相交织，不法资金进入黄金“私盘”的资金链后，与正常经营资金存在混同、难以剥离。

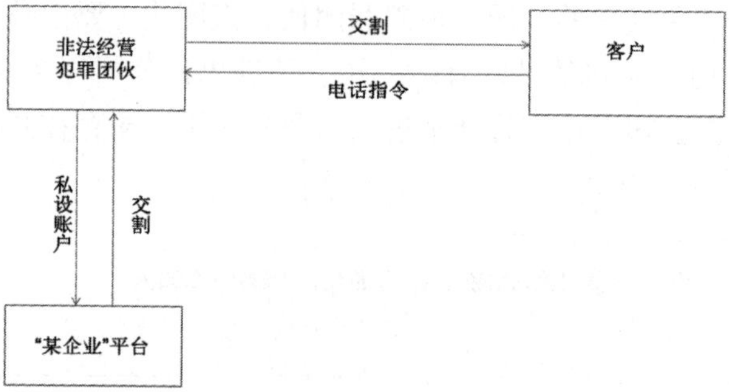


**图 5　非法经营黄金期货模式**

四是以黄金名义骗取出口退税。与该案同期侦办的还有以陈某荣为首的虚开发票团伙利用虚假出口黄金手表交易，骗取出口退税补贴案。陈某荣团伙向上海黄金交易所购买黄金并在深圳提出实物黄金后，绝大部分在深圳就地销售；仅用极少量黄金生产 18K 黄金手表作为幌子进行循环报关出口，并向税务局申报出口退税。

2. 案件特点和风险表现

本案的侦破和办理，揭示了围绕黄金的洗钱、非法经营、涉税类犯罪已经形成了一个犯罪链条，提示了犯罪风险亟待关注。

（1）多种犯罪手法逐渐形成自循环的完整犯罪闭环

案件显示出，各犯罪集团分工合作、相互配合、涉案资金量大，违法犯罪手法渐趋复杂。由于形成了自循环的违法犯罪体系，涉案黄金可以完全不进入合法交易场所内而保持场外使用和循环，逃避监管和侦查。

具体到每一种犯罪手法中，不法人员也在构建“自循环”体系，实现违法资金的“循环”和收支平衡。如在涉黄金的骗取出口退税案件中，违法犯罪分子大量购买黄金并获取发票，再将极少部分黄金工艺添加到普通商品中，推高商品价格，通过循环虚假出口骗取退税补贴，其余黄金则售卖给黄金回收户，同时通过地下钱庄从境外汇款至境内虚构收汇，实现出口收汇“平衡”，规避外汇管理部门的监管。

（2）采取虚实结合、真假混淆的犯罪手法

不法人员以黄金经营企业作为违法犯罪的幌子，掩饰其实施非法汇兑、清洗犯罪资金的行为事实。由于地下钱庄等职业性清洗资金主体的账户资金交易量大，交易频繁，容易引起银行反洗钱可疑交易监测预警，从而触发银行的客户尽职调查，违法犯罪分子遂通过注册成立黄金批发零售公司，对外宣称其账户流水为其经营黄金等贵金属、珠宝的交易资金和营业收入，将贵金属珠宝交易的资金和地下钱庄所清洗的资金混同，以掩饰、隐瞒资金的来源和性质，躲避监管和侦查。

（3）犯罪风险呈扩散态势，境内外犯罪风险发生联结

案件呈现出涉黄金洗钱犯罪风险逐步向内地蔓延侵蚀，并且呈现出跨境洗钱和非法汇兑风险。一方面，从境内犯罪案件地域分布来看，涉黄金行业洗钱风险从以往高发地区的广东、福建、浙江等沿海地区，向内地包括河南、湖南、四川、云南、新疆等黄金珠宝的生产加工聚集地、交易活跃地蔓延的趋势。另一方面，利用黄金犯罪跨境犯罪风险值得关注，由于黄金在境内外市场的保值能力和变现能力而被不法人员青睐，利用黄金进行非法资金汇兑的案件情况增多。

（4）犯罪手法紧盯行业治理的薄弱环节

大量案例与黄金零售和回收环节相关联，黄金零售和回收企业众多，许多是个体工商户，行业管理较为宽松，交易完成迅速且难以追踪，因此黄金零售回收环节成为行业洗钱犯罪风险的“重灾区”。如本案中，“洪氏钱庄”就将涉案资金购买黄金，实现对违法犯罪资金链的物理隔离。为了避免引起黄金批发零售商的怀疑，违法犯罪分子往往分拆购买，或者使用现金购买。购买的实物黄金多以公斤为单位，提走后再分散卖给黄金回收商，黄金回收商将款项转至违法犯罪人员控制的账户。由于深圳水贝等黄金批发集散地交易额巨大，对黄金来源和合法性无法审查，而实现了利用黄金“清洗”违法犯罪所得的目标。

（5）合法经营主体卷入违法犯罪活动

案件反映出，不法人员利用黄金商户虚构交易的风险加大。实体黄金商

户或出于侥幸心理，或受不法利益驱使明知故犯，通过个人账户接受涉案资金后，取现再存入客户指定的银行账户，并以虚构签购合同或直接交付黄金实物等方式，将虚假交易与真实黄金交易进行混同，从而掩饰、割裂犯罪资金链条。案件中，已有上海黄金交易所的会员单位涉嫌违法犯罪，如本案中会员单位某金业公司通过前述马氏地下钱庄实现虚开黄金增值税专用发票的资金回流，已经查实的涉案资金达到3000余万元。

## 第三节　利用房地产行业洗钱风险及司法案例

利用房地产行业洗钱是国际社会普遍面临的洗钱风险之一，洗钱的手法也存在相似之处。2007年，FATF就对各国利用房地产洗钱的案例进行搜集和整理，并发布了《房地产行业洗钱与恐怖融资》报告，指出房地产行业的诸多特性，并列举了一些犯罪分子常用的洗钱手法和工具，意在帮助各国识别房地产行业洗钱行为，推动建立更完善、有效的风险预防体系。

我国房地产行业经过十多年的快速发展，也具备了国际房地产行业的特性，房地产行业的复杂性明显提高，其中不乏存在利用房地产交易进行洗钱的行为。因此，研究分析利用房地产行业洗钱的手法，并针对这些手法制定措施，对我国防范洗钱风险意义重大。

### 一、利用房地产行业洗钱的风险概述

#### （一）大额资金进出频繁，便于从事洗钱犯罪活动

房地产市场开发和销售等环节缺乏资金来源合法性审查等相应机制，难以查明资金来源，使得不法人员利用房地产市场进行洗钱有机可乘。尤其是房地产项目资金需求量大，且在房地产交易过程中存在一定程度的现金支付，房地产交易领域的大额资金进出较为普遍，在大量使用现金进行房地产交易的情况下，增加了利用房地产进行洗钱的可能性。

#### （二）房地产交易隐蔽性大，交易信息不透明

在房地产市场不断升温的背景下，房产出售变现较为容易，而在房产交易过程中，市场交易信息透明度低，易于掩盖非法资金的来源和性质。因此，交易买卖、变更户名等信息难以被监管部门全面掌握，使得一些非法资金利用房地产市场转变为个人合法财产成为可能。

### （三）房地产市场高回报率吸引洗钱者从事洗钱活动

近年来，房产投资已经成为居民保值增值的重要渠道，加上城市化进程中居民对住房的刚性需求，投资房地产行业的高回报率诱使大量社会资金进入房地产市场，为洗钱创造了可能。

## 二、利用房地产行业洗钱的主要方式

根据业内人士分析，①利用房地产实施洗钱犯罪的手法多种多样，事件中比较常见的是以下几种：

### （一）借用他人名义投资房地产洗钱

在投资地产业时，不少贪污受贿或是挪用公款的人员往往通过亲属或亲信将黑钱注入房地产公司，甚至直接借助亲信、亲属的身份成立房地产公司，由自己进行幕后操作。这些洗钱分子往往利用手中权力为自己洗钱铺路，在合法经营的掩饰下，在项目审批、用地规划过程中，通过开发新项目或多区域投资开发等正当经营手段，实现把黑钱转换成合法收入，使非法所得披上合法的外衣，达到掩盖其资金来源和性质的目的。

### （二）利用非金融专业人士隐瞒资金来源洗钱

由于经常能够代表客户进行交易，公证员、律师、会计师、金融咨询人员、房地产代理人或其他非金融专业人士在开立银行账户、申请抵押贷款或签约其他金融产品时，容易被利用帮助非法资金进入金融机构，掩盖资金真实来源和实际受益人身份。他们通常以自己名义开立账户，直接或间接存入客户资金、签发支票或进行转账等，甚至有可能替客户管理公司，代表客户进行各种交易。

### （三）利用虚假的身份证明洗钱

单位购房者利用伪造文件、证明，私人购房者借助伪造身份证，避开对其真实身份的核查，从而将黑钱投入房地产行业之中。该种洗钱方式多是通过代购的方式进行，先通过低价购买然后私下再补充差价，最后通过正常的价格或者房地产价格上涨后以更高的价格进行转卖，洗钱者不仅能够将黑钱“漂白”，而且还能够赚取利润。

---

① 袁映奇：《房地产行业反洗钱国际经验借鉴及启示》，载《西部金融》2018 年第 9 期。

### （四）贷款购房后用提前偿还贷款的方式洗钱

房地产单位价格高，洗钱者在购房时全部使用现金目标过大，所以他们往往故意选择将部分房款通过银行的个人住房按揭贷款支付，随后采用提前偿还的方式将手中的非法所得及其收益用于还款。通过这种方式洗钱，虽然过程复杂、耗时长，但比大额现金购房方式隐蔽，不易被发现。

除了上述几种最为常见的形式，比较复杂的手法还包括通过成立特殊目的公司掩饰资金来源和性质，尤其是设立在避税天堂、自由贸易区的法人公司，来隐藏与犯罪收益有关的所有权、商业活动或金融活动等。比如利用离岸公司、信托公司、空壳公司等，掩盖资产实际受益人的身份、资金来源、真实目的等。行为人主要通过四种方式：一是利用离岸公司购买房地产。离岸公司通常不受管制或监督，因此常被滥用。例如注册离岸公司，并通过境内代理人购买房产，然后通过安排代理人与离岸公司的债权债务关系，将房产过户至离岸公司，掩盖了交易的真实性质和目的。二是利用空壳公司购买房地产。空壳公司所有权结构多样，可以在任何地区，包括境外金融中心和避税天堂设立，可以持有一项或多项资产，这有助于混合合法和非法资产。使用空壳公司的关键因素是匿名，用来隐瞒真正的控制人。三是利用信托购买房地产。信托缺乏透明度，容易被用来掩盖实际受益人的真实身份。例如某些信托不能披露受益人名字，或受益人名字可以变更，某些法律禁止冻结、扣押信托财产，这样就会使“了解你的客户”的政策和收集信息的效果大打折扣。四是通过物业管理公司清洗黑钱。即使用公司的物业管理服务，创造出表面合法的收入。例如购买或建造物业，然后出租，将非法来源的现金和合法租金收入混合，当作公司合法利润。

在一些案例中，行为人还通过操纵物业估价隐瞒真实交易，即以高于或低于市场价的价格买入或卖出物业，特别是一些容易被过度估值或估值不足的非典型物业，如酒店、高尔夫球场、会议中心、购物中心、假日住宅等。例如利用代理人成立公司，在购入物业后不久，自动破产清盘，然后自己高价买入该物业，或者虚构连续的销售和购买交易，趁机将资金（物业的原始价格加上溢价）注入金融系统，从而隐瞒其资金的真实来源，且避免了某些税款的缴纳。

还有的案例中，行为人从支付方式入手，利用各类货币工具或支付服务隐瞒资金真实来源，在支付环节，使用现金、可转让票据以及代理银行账户等，隐瞒资金真实来源。例如大量使用现金购买不动产，当不动产最终出售后，就很难将其与犯罪活动联系起来。在现金直接购买房地产存在困难时，通过收购房地产公司进行大规模现金存入，然后进行购买。现金还常用来租赁物业或为物业提供融资。

另外，利用投资计划和金融机构洗钱的案件也比较多见，银行、保险公司、养老基金等金融机构对房地产行业的直接和间接投资较大，嫌疑人可能是这些投资的合伙人；各机构也可能将这些资产的管理外包，在从投资决策到投资结束的这一链条上，其中任何一个环节都有可能被参与利用。这种情况下，银行或其他金融机构有可能有意无意地成为洗钱的第三方工具。

## 三、利用房地产行业洗钱的司法案例

**案例：葛某受贿、洗钱案**[①]

被告人葛某，案发前系上海市 M 区某镇党委宣传委员。

2014 年以来，谈某某（另案处理）利用职务上的便利，单独或伙同他人非法收受钱财共计人民币 3300 余万元。其中 2014 年至 2021 年间，谈某某利用担任 M 区某镇党委书记等职务上的便利，为他人在资质办理、工程承揽等事项上提供帮助，后谈某某将其中通过他人非法收受的贿赂款 600 万元现金转送葛某。

2015 年至 2021 年春节前，葛某利用担任某镇社事办主任、某镇党委宣传委员等职务便利，非法收受相关业务单位负责人给予的物品、现金等贿赂，共计人民币 53 万余元。

2017 年 9 月至 2018 年期间，葛某先后多次从原某镇党委书记谈某某处收受现金共计人民币 600 万元，明知上述钱款是谈某某贿赂犯罪所得钱款，将其中 388 万元现金数次通过其姨妈的银行账户转入其母亲的银行账户，用于支付其个人购买的位于本市松江区一处房产的部分购房款，剩余 200 万余元现金用于直接支付该房屋装修费用。

上海市 M 区监察委员会以葛某涉嫌受贿罪移送上海市 M 区人民检察院审查起诉后，检察机关在全面审查案件过程中，依法启动办理贪污贿赂案件时同步审查是否涉及洗钱线索的“一案双查”机制，发现了葛某在本人涉嫌收受他人受贿款的同时，还涉嫌为其利害关系人谈某某所收受的受贿款进行

---

① 《受贿款买房？检察官这样甄别洗钱犯罪》，载微信公众号“上海检察”，2021 年 12 月 3 日。

洗钱的相关犯罪线索。为了夯实洗钱犯罪的相关证据，检察机关通过对洗钱犯罪线索的周密研判，依法启动自行补充侦查职能：一是调取并比对葛某用于转移赃款的姨妈、母亲银行账户中现金存入情况和各条转账记录，夯实钱款去向等客观书证，查明钱款转移路径及去向；二是针对葛某多次转移赃款行为系为了避免和前夫离婚财产纠纷，而不是为了掩饰、隐瞒钱款来源性质的辩解，复核了其前夫高某、姨妈、母亲证言，并比对了离婚协议和购房合同签订时间，排除了嫌疑人对于洗钱犯罪主观明知方面的辩解。

2021 年 7 月 5 日，M 区检察院以被告人葛某涉嫌受贿罪、洗钱罪提起公诉。M 区人民法院采纳了检察机关的全部指控意见，被告人葛某犯受贿罪被判处有期徒刑 1 年，并处罚金人民币 10 万元，犯洗钱罪被判处有期徒刑 1 年 5 个月，并处罚金 40 万元，二罪合并执行有期徒刑 2 年，并处罚金 50 万元。判决宣告后，被告人未提出上诉，现判决已生效。

在该案中，被告人葛某多次从原某镇党委书记谈某某处收受现金共计人民币 600 万元，明知上述钱款是谈某某贿赂犯罪所得钱款，将其中 388 万元现金数次通过其姨妈的银行账户转入其母亲的银行账户，用于支付其个人购买部分购房款，剩余 200 万余元现金用于直接支付该房屋装修费用。司法机关准确认定了利用他人账户转移赃款后购买房产行为的性质。洗钱犯罪嫌疑人对于所收受的系贪污受贿犯罪违法所得存在明知，仍然利用他人账户转移资金后进一步购买房屋投资的行为，客观上掩饰、隐瞒了赃款来源，符合洗钱罪的客观犯罪构成。此外，使用现金支付的装修费提升了房产的附加价值，根据我国民法典上所有权随主物的规定，装修可视为投资房产的附加值，买房而后又装修该房是一种整体投资行为，仍然属于洗钱犯罪中购买投资、理财、贵重物品等参与金融、经济活动情形，一并认定为洗钱罪的犯罪金额。

根据前述分析，尽管我国反洗钱法律中已明确特定非金融领域需要履行的各种反洗钱义务，但针对特定非金融领域为反洗钱主体的规范性文件最高仅为中国人民银行部门规章，法律层级相对较低，并且缺乏对特定非金融领域反洗钱法律制度的总体型架构。因此，报告建议尽快以立法形式制定颁布以特定非金融领域为主体的法律或行政法规，明确界定非金融机构的范围及反洗钱义务。可将国际标准中涉及的行业及国内相应行业全部纳入范围，并明确其应承担的法律责任及义务；在规定了法律责任的同时，也要对特定非金融类领域的职责部门、管理人员进行约束，明确其不履行反洗钱义务惩处措施，通过法律责任的规范落实警示其不履行反洗钱义务的行为的严重后果。

# 第六章　利用信息网络技术洗钱风险及司法案例

随着世界经济和金融一体化的不断深入，国际贸易和资金流动也出现了新的发展趋势。世界经济正处于一个新的全球化时期——数字全球化，竞争格局发生了巨大的改变。随着经济和技术的发展，洗钱手法也在不断“升级迭代”，利用信息网络技术洗钱已经成为国内外洗钱犯罪的一种新趋势、新类型。利用信息网络洗钱是指借助颠覆传统的支付方式进行的洗钱活动，主要包括利用虚拟资产、网络直播、网络游戏、NFT以及相关元宇宙概念等方式进行洗钱。利用信息网络技术具有自身特点，不能简单地将其视为传统洗钱方式在互联网空间的延伸和演化。特别是近年来出现的元宇宙是区块链、人工智能、5G等多种技术综合运用的虚拟世界，元宇宙经济是实体经济与虚拟经济深度融合的新型数字经济形态，具有始终在线、完整运行、高频交易等特征，打破了传统经济的时空限制，为不法分子清洗非法收入提供了便利。

## 第一节　利用虚拟资产洗钱风险及司法案例

### 一、利用虚拟资产洗钱的风险概述

#### （一）虚拟资产的概念演化：从虚拟货币到虚拟资产

目前，国内外对虚拟资产尚无统一定义，随着新技术的迭代发展及应用场景的拓展延伸，虚拟资产的名称和界定也在不断演变，比较典型的如虚拟货币、加密货币、数字货币、代币等代表性概念，其主要区别仅在于设计思路、发行和交易模式。国际反洗钱标准制定者金融行动特别工作组（FATF）从2014年开始要求各国应将虚拟资产视为财产、收益、资金或其他资产，2014年7月，反洗钱金融行动特别工作组发布的虚拟货币反洗钱/恐怖融资指引，主要将可转换虚拟货币（Convertible Virtual Currencies）纳入反洗钱监管框架之下。最初的指引强调各国应当特别关注虚拟货币与法定货币之间的兑换，而针对其他过程，诸如虚拟货币之间的兑换提及甚少。为了能够涵盖不同国家法律规定的“虚拟资产”，并且确保能够适应未来发展需要，FATF在不同的报告中陆续使用过“虚拟货币”“加密资产”等表述。[①]

2018年10月，FATF修订了《40条建议》，通过此次修订，FATF保持了与金融稳定理事会、巴塞尔委员会等国际组织一致的通行做法，[②]首次使用“虚拟资产”，并对“虚拟资产”“虚拟资产服务商”进行明确定义，以阐明反洗钱与反恐怖主义融资要求。

其中，“虚拟资产”是指能以数字形式交易或转移且可用于支付或投资目的的数字形式的价值，该价值可以进行电子交易或转移，并且可以用于支付或投资目的，包括作为交换媒介、账户单位或存储价值。

“虚拟资产服务”是指“发行”虚拟资产，或“为”自然人、法人、法律安排，或“代表”自然人、法人、法律安排提供以下一项或多项服务或运营业务:（1）是虚拟资产与法定货币之间的交换;（2）一种或多种类型的虚拟资产之间的交换;（3）虚拟资产的转移[③];（4）保管和/或管理虚拟资产和工具，以控制虚拟资产;（5）参与和提供与虚拟资产发行人发行或销售虚拟资产相关的金融服务。[④]

“虚拟资产服务提供商”（Virtual Asset Service Providers，简称VASP）是指作为企业或代表其他自然人、法人进行一项或多项虚拟资产服务，即虚拟

---

① FATF2014年最初使用虚拟货币，2018年7月发布的《金融行动特别工作组给二十国集团财长与央行行长的报告》当中，使用了“虚拟货币或加密资产”的表述。

② 2018年金融稳定理事会、巴塞尔委员会等国际组织和多数国家的中央银行、监管机构认为，除央行数字货币外的虚拟资产，不论在市场称谓中是否使用“货币”字样，均不具有法定货币的基本属性和功能，为此，国际监管组织在研究和讨论这类资产时不再使用“货币”字样，而是将其统一称为“虚拟资产”。

③ 这里的转移是指虚拟资产服务提供商代表自然人或法人进行交易，将虚拟资产从一个虚拟资产地址或账户转移到另一个虚拟资产的地址或账户。FATF(2020), International Standard on Combating Money Laundering and the Financing of Terrorism &Proliferation-the FATF Recommendations.

④ FATF(2020), International Standard on Combating Money Laundering and the Financing of Terrorism &Proliferation-the FATF Recommendations.

资产服务的企业或作为其他自然人、法人的代表。

根据这一定义可以归纳出五种主要的虚拟资产服务提供商的类型：（1）虚拟资产交易所，首先，这一类型的虚拟资产服务提供商可能是提供可以促进虚拟资产转移和交换的数字在线平台，交换可以发生在一种或多种形式的虚拟资产之间，或虚拟资产与法定货币之间。其次，这一类型的虚拟资产服务提供商也有可能是发行自己的虚拟资产，以促进虚拟资产的转移和交换。（2）虚拟资产钱包提供商，作为虚拟资产服务提供商，虚拟资产钱包提供商主要是代表他人为虚拟资产或法定货币提供储存，然后促进一项或多项虚拟资产之间或虚拟资产与法定货币之间的交换或转移。（3）虚拟资产经纪，主要是安排涉及虚拟资产或涉及虚拟资产和法定货币之间的交易。（4）首次代币发行（Initial Coin Offering，以下简称 ICO）提供商，[①] 这一类型的虚拟资产服务提供商主要是通过向公众发行和出售虚拟资产，积极推动发行人提供涉及虚拟资产交换和转移活动、虚拟资产发现要约和销售活动法人服务，或涉及参与和提供与 ICO 相关的其他金融服务。（5）提供虚拟资产投资机会的。这一类型的虚拟资产服务提供商是提供能够投资、购买虚拟资产的投资工具，即通过管理制订投资计划或提供虚拟资产期权的衍生品发行人，或通过投资于虚拟资产的私募股权工具。[②]

全面数字化使虚拟资产至少具有以下几个方面的明显优势：一是发行成本低。与传统货币印刷、调运、发行、回收销毁的巨额成本和大量人力物力相比，虚拟资产发行新币的边际成本近乎为零。二是交易成本低。虚拟资产交易不需要向第三方支付费用，其交易成本更低，特别是相较于向支付服务供应商提供高额手续费的跨行跨境支付，虚拟资产点对点的转账几乎无需成本。三是保存携带方便。虚拟资产的表达形式是一串加密字符串，保存和使用无需单独设备，而且加密字符串完全可以在不同的载体上备份。四是虚拟

---

① Initial Coin Offering(ICO)：首次代币发行（ICO）是加密货币和区块链环境中的一种融资活动。ICO 可以被视为使用加密货币的首次公开募股（IPO）。然而，这并不是最精确的比较，因为这两项筹款活动之间存在一些关键差异。初创公司主要使用 ICO 来筹集资金。ICO 的主要优势在于，它们将中介机构从融资过程中移除，并在公司和投资者之间建立直接联系。此外，双方的利益是一致的。

② 相关定义讨论参见李思佳：《虚拟资产服务提供商反洗钱法律责任》，载《河北法学》2022 年第 5 期；中国人民银行兰州中心支行课题组：《虚拟资产反洗钱监管研究》，载《甘肃金融》2021 年第 6 期。

资产安全性更高。虚拟资产的所有设计方案均考虑了加密和签名，每份虚拟资产均有明确的属主，在拥有者丢失这一段字符串或整个智能手机之后，只要个人密钥或密码不泄露，失主仍有可能通过备份的字符串及密码找回个人资产。

当然，各类虚拟资产对匿名性的支持度高低不一。法定数字货币的匿名性仅限于提供有限的隐私保护能力，为了满足反洗钱、反恐怖融资等法规的要求，法定数字货币的实现方案通常会采取一定的技术手段以记录必要身份及交易信息。但以开源虚拟货币为代表的虚拟资产则具有较高的匿名性，例如比特币等在实现过程中综合采用了多种加密、散列技术，帮助用户防止被跟踪和泄露实际身份信息。其他私有稳定币也倾向于高匿名趋势，如天秤币的区块链遵循匿名原则，允许用户持有一个或多个与他们真实身份无关的地址，原始信息隐秘且碎片化，原则上也意味着天秤币协会对账户后的个人信息一无所知。①

随着 FATF 术语从虚拟货币（Virtual Currencies）到虚拟资产（Virtual Assets）的变迁，受规制的客体更加多元，承担反洗钱义务的主体也更加多元。同时，考虑到虚拟资产洗钱行为地理范围的宽泛性与服务的分割性，更强调国家内部机构间的协调沟通与国家间的信息共享，以及与数据隐私法规等相关规定的兼容性。②

**（二）虚拟货币的风险特点**

虚拟货币主要具有以下特性：一是交易的虚拟性，虚拟货币的交易发生在虚拟的网络世界中，虚拟货币以数字密码形式存在，不用面对面接触，交易者也无须提供真实个人信息，更不需要物理签名。二是交易的便捷性，通过网络虚拟交易平台实现不同账户间的任意支付转移，交易不受时间、地点、交易方式等限制，可以随时随地实现实时支付或购买服务，轻松完成虚拟货币与现金的互换。三是交易的可转换性。虚拟货币不仅可以在虚拟货币交易平台上进行商品和服务的买卖，而且还可以通过网络支付实现虚拟资产的转换，其持有者也可以便捷地实现法定货币和虚拟资产之间的转换，这些

① 中国人民银行兰州中心支行课题组：《虚拟资产反洗钱监管研究》，载《甘肃金融》2021 年第 6 期。

② 夏月恒：《金融行动特别工作组指引视阈下的虚拟资产反洗钱监管模式选择》，载《甘肃金融》2021 年第 4 期。

都给法定货币管理者带来挑战。四是交易的不可控性。虚拟货币往往在网上交易，并与空壳公司、金融衍生产品等发生关联。虚拟货币的持有人和发行方、交易商都是运用高端信息技术手段进行操作甚至规避监管，此外，虚拟货币可以在不同虚拟平台、账号之间实现转换，造成可追溯性和监控难度大的问题。五是交易的跨地域、跨国性。虚拟货币发行和交易方遍及全球，因而交易多半发生在国与国之间，跨国交易成为普遍现象。由此造成监测跨国交易数据和交易路径变得十分艰难。尤其是去中心化的虚拟货币交易，完全脱离银行支付体系，其产生的交易数据均分布在不同的网络公司内部和第三方支付平台，这些电子数据和交易平台可以出现在任何一个互联网终端上，不受国界的限制。

## 二、利用虚拟货币洗钱的主要方式

根据以往的洗钱线索和案例可见，违法犯罪分子利用虚拟货币实施的洗钱和恐怖融资的手段主要有以下几大类：

一是利用虚拟货币洗钱，虚拟货币的快捷性、不可撤销性和匿名性使得虚拟货币成为犯罪分子青睐的洗钱手段。

二是利用管理商和交易商洗钱。虚拟货币管理商和交易商在不同国家受到不同程度的监管。虚拟货币的跨地域、跨国界特点使得侦测和调查犯罪面临着巨大挑战，犯罪分子会利用不同国家在规制和监管虚拟货币管理上与交易商方面的差异或者空白之处洗钱。更有甚者，管理商和交易商或者雇员可能成为洗钱的共犯，故意直接参与洗钱活动。欧洲理事会网络犯罪全球项目和反洗钱与反恐怖融资措施评估专家委员会特别注意到，虚拟货币交易商特别是提供将一种虚拟货币转换为另一种虚拟货币的交易商的洗钱风险尤其大，认为所谓的“交易商”提供的将虚拟货币转换为各种虚拟货币，或者将虚拟货币转移至其他账号的服务，为犯罪分子隐瞒非法资金提供了有效机会。

三是利用第三方注资洗钱。将点对点转账作为购买虚拟货币的资金来源，可能会允许第三方共犯为了清洗犯罪收益的目的而向虚拟货币场所注入资金，可能会使用钱骡为通过互联网清洗犯罪收益提供帮助。

四是利用虚拟货币的非面对面性质洗钱，主要包括两大类，（1）犯罪分子控制了合法用户的账户并用于从事交易。如犯罪分子会破解合法用户的非虚拟货币账户并窃取其中资金，并用于向虚拟货币账户注入资金。再如犯罪分子会破解合法用户的身份，并用于开立虚拟货币账户，然后将其作为清洗犯罪收益的中转账户。（2）利用某些服务的匿名性进行洗钱。

五是与其他方式相结合洗钱。虚拟货币可与包括预付卡、第三方支付其他支付技术结合使用，从而将多种洗钱方法并入清洗犯罪收益的过程中。与利用银行系统的传统洗钱方式不同，网络洗钱依靠各种类型的操作和服务商，包括银行转账、现金存取、电子货币、钱骡、资金汇付服务等，从而大大增加了执法机构的侦查和追踪难度，尤其是钱骡实施的现金操作往往会打破追踪链条。

## 三、虚拟资产领域反洗钱监管实践

### （一）FATF 对利用虚拟资产洗钱的监管指引

反洗钱金融行动特别工作组（FATF）于 2014 年发布了《虚拟货币：核心定义与潜在的洗钱和恐怖融资风险》报告，提示各国虚拟货币可能引发的洗钱风险和恐怖融资风险问题。国际货币基金组织 IMF 在一份工作报告中也进行了相关提示，认为虚拟货币容易沦为洗钱、恐怖融资和逃避法律制裁的工具，给金融稳健运行带来危险。由于虚拟货币具有便捷、隐匿、可兑换、不可操控等特性，加之目前世界各国与虚拟货币交易有关的法律制度尚不够健全完善，因此，虚拟货币领域已成为一个潜在的洗钱高风险领域。

2018 年 10 月，FATF 组织修订了《40 条建议》的建议第 15 条，将反洗钱和反恐怖融资要求扩展至虚拟资产和虚拟资产服务提供商。2019 年 6 月，FATF 通过了建议第 15 条的释义，明确了 FATF 标准如何适用于虚拟资产和虚拟资产服务提供商。同月，FATF 全会通过了《虚拟资产和虚拟资产服务提供商风险为本方法指引》。[①] 该指引强调了交易持续性监管的重要性，将风险评估义务列为反洗钱义务主体最基本的职责。此外，新发布的指引中首次要求虚拟资产交易服务商需要遵守 FATF 发布的建议第 16 条"旅行规则 Travel Rule"，且将许多新兴的服务提供商纳入反洗钱义务主体范围，诸如首次代币发行（ICO）的发行商、比特币 ATM 机、托管钱包服务提供商等。此外，《虚拟资产和虚拟资产服务提供商风险为本方法指引》强调了国内相关机构之间的合作与协调，以及构建有效的国家间信息交换机制的重要性。同

① FATF Guidance for a Risk-Based Approach to Virtual Assets and Virtual Assets Service Providers(June 21,2019).

时指出履行反洗钱义务时应注意与数据保护和隐私规则的兼容。[①]

此后，FATF 分别于 2020 年 7 月和 2021 年 7 月完成了对各司法辖区执行虚拟资产和虚拟资产服务商标准情况的两轮审查。根据第二轮审查结果，FATF 表示下一步将继续推动执行虚拟资产和虚拟资产服务提供商标准，并加快实施履行规则。2021 年 10 月，FATF 修订了《虚拟资产和虚拟资产服务提供商风险为本方法指引》，[②] 帮助各司法辖区和虚拟资产服务提供商有效执行 FATF 标准。

2022 年 6 月，FATF 完成了对全球各司法辖区的执行虚拟资产和虚拟资产服务商标准情况的第三轮审查，并发布审查报告。[③]

根据该份审查报告，虚拟资产市场发展呈现出以下几方面特点：首先，去中心化金融市场（DeFi）发展迅速，2021 年以来，去中心化金融市场发展迅速，显著变化包括“稳定币”在去中心化金融协议中使用增多，“跨链桥”[④] 业务增加。同时，去中心化金融被犯罪分子滥用的风险持续上升。

其次，非同质化代币（NFT）市场持续增加，犯罪分子可能会滥用非同质化代币从事洗钱、清洗交易[⑤] 等非法金融活动。不同司法辖区对非同质化代币定义和功能的差异可能会对在实践中如何应用反洗钱和反恐怖融资规定带来挑战。各司法辖区应将 FATF 虚拟资产相关标准适用于和虚拟资产具有相同功能（用于支付或投资目的）的非同质化代币。

最后，P2P 和“稳定币”市场亟待关注。FATF 指引强调，不法分子可能会转向不属于 FATF 建议规制范围的交易，例如专门使用非托管钱包或与非正规的虚拟资产服务商进行交易。

关于虚拟资产相关风险的提示，FATF 在报告中主要归结为两点：一是

---

① 夏月恒：《金融行动特别工作组指引视阈下的虚拟资产反洗钱监管模式选择》，载《甘肃金融》2021 年第 4 期。

② FATF , Updated Guidance for a Risk-Based Approach to Virtual Assets and Virtual Assets Service Providers(Oct.28,2021).

③ FATF: Targeted Update on Implementation of the FATF Standards on Virtual Assets and Virtual Asset Service Providers(June30，2022).

④ 跨链桥（Cross-chain bridges）是指允许虚拟资产在不同区块链网络之间转移的协议。

⑤ 清洗交易是一种市场操纵手段，主要是交易中买卖双方为同一人，试图在资产的价格或流动方面误导其他市场参与者。Chainalysis. Crypto Crime Report(Feb.16,2022).

规避制裁情形出现端倪；二是勒索软件洗钱越发频繁，犯罪分子越来越多地依靠非正规的虚拟资产服务提供商、滚筒（Tumblers）、混合器（mixers）以及隐私币（privacy coins）来清洗从勒索软件攻击中获得的非法收益。①

**（二）美国和我国香港地区的执法实践**

1. 美国

美国一直是全球数字货币发展的主要市场之一，早在2013年，美国金融监管部门就对数字货币开展实质性监管，并形成了联邦和州两个层面的监管体系。2017年7月颁布的《虚拟货币商业统一监管法案》再次强调准入监管的重要性，该法案第2章第201条对许可制度进行了专门规定，许可申请人需要向注册部门提交申请人及行政执行官的基本信息、前五年的商业信息、申请人持有其他州货币服务许可证情况等监管者需要的信息。美国联邦法规对货币服务提供者进行了界定和列举，并且对于货币转移服务商进行了规定。②

美国金融犯罪执法网络（Financial Crime Enforcement Network，FinCEN）发布的指引规则也对货币服务提供商进行了详细的规定和列举，明确银行保密法（BSA）适用于创建、获取、分发、交换、接受或传播数字货币的人员或机构。美国联邦法规规定了货币服务业务的反洗钱程序，符合美国联邦法规所界定的货币服务提供者，需建立与其所提供金融服务领域的风险大小及规模相适应的反洗钱程序。下面以美国财政部金融犯罪执法网络对虚拟货币的监管和执法实践为例进行简要分析。2013年3月，FinCEN发布了《监管规定适用于管理交换和使用虚拟货币的说明》，明确包括比特币在内的虚拟货币一旦涉及交易或转账，就应该被视为“货币服务业务”。即从事交易方必须向政府提交相关信息以及说明如何符合反洗钱法规。将比特币在内的虚拟货币纳入了发现钱的监管范围内，为从事此类“货币服务业务”的交易商划定了相应的义务和行为界限。在此基础上，FinCEN不断完善修正对虚拟货币的监管政策和工作指引，在2019年5月，FinCEN重申了对虚拟货币持续

① 范锦玲、张彦军：《FATF更新虚拟资产和虚拟资产服务提供商标准执行情况》，载《中国反洗钱实务》（2022年第8期），中国金融出版社2022年版，第18-22页。

② 中国人民银行兰州中心支行：《虚拟资产反洗钱监管研究》，载《甘肃金融》2021年第6期。

性监管的态度，并发布了相关指引，提示虚拟货币可能用于洗钱、逃避犯罪惩罚以及其他不法活动的风险。

除了出台相应的监管规则，美国监管机关、司法机关和金融监管机关保持密切的合作，对涉嫌利用虚拟货币进行洗钱、恐怖融资行为的交易商进行处罚，不仅限于民事、行政责任，还包括追究刑事责任，以此保持对虚拟货币洗钱行为的打击力度。如 2013 年 5 月 15 日，美国国土安全部获得法院许可，冻结了全球最大的比特币交易所 Mt.Gox 的两个账户。国土安全部当日发布通告称，金钱汇兑业务必须在诸如财政部下属的金融犯罪执法网络（FinCEN）登记，但本月无论是 Mt.Gox 或者其下属公司均未进行登记。鉴于 Mt.Gox 首席执行官马克·卡尔佩勒斯未能如实上报其在富国银行开设的账户用作比特币与真实货币兑换这一用途，除关闭并彻查 Mt.Gox 在富国银行的交易记录外，美国国土安全部还关闭了其设在网络支付平台 Dwolla 上的账户。上述监管措施意味着美国乃至全球监管机构对比特币这种虚拟货币的监管迈出了实质性的一步。

2017 年 7 月，FinCEN 宣布对全球知名虚拟货币交易商 BTC–e 处以 1.1 亿美元的巨额罚款，原因是其作为在美营运的货币服务商，蓄意违反美国反洗钱法律法规，并涉嫌为勒索以及暗网售卖毒品所得赃款的清洗提供便利。2019 年 7 月 25 日，在加州北部地区提交的一份法庭文件，BTC–e 及其高管亚历山大·文尼克（Alexander Vinnik）已被指控犯有阴谋罪、洗钱罪、非法货币交易罪，以及经营无照证券交易所罪。现已关闭的交易所和 Vinnik 分别面临 8860 万美元和 1200 万美元的民事罚款，外加利息和成本，而这两笔罚款最初由金融犯罪执法网络（FinCEN）在 2017 年 7 月确定。

此外，加强监管机关和私营机构之间的信息沟通也是 FinCEN 工作的关注点之一，2017 年起，FinCEN 构建了一项涵盖私营机构和监管方的会议机制——FinCEN 会谈（FinCEN Exchange），根据 FATF 官员的介绍，参与 FinCEN 会谈的私人机构完全自愿，这项机制也不会施加额外的监管要求，也不会替代或者影响已有的对金融行业的法律实施机制。此项会谈旨在更广泛的领域，鼓励、提示、实现更多的反洗钱义务机构关注具有高额价值和重要影响力的活动，以实现财政部加强反洗钱的工作目标。该会议于 2019 年 5 月 3 日在纽约再次召开，FinCEN 组织虚拟货币交易商和其他货币交易服务提供者、联邦机构分支、储蓄机构等召开会议交换相关信息，就虚拟货币带来的机遇与挑战进行主题会商。

2. 我国香港地区

2018 年 11 月 1 日，香港证券及期货事务监察委员会（以下简称香港证监会）行政总裁欧达礼，在香港金融科技周上发表了题为《面对金融科技的监管挑战》的主题演讲。同日，香港证监会发布了主要针对涉及虚拟资产交易主体的监管规则，主要包括《有关针对虚拟资产投资组合的管理公司、基金分销商及交易平台的监管框架的声明》《致中介人的通函——有关针对虚拟资产投资组合的管理公司、基金分销商及交易平台的监管框架的声明》和《致中介人的通函——分销虚拟资产基金》。2019 年 11 月 7 日，香港证监会又发布了《有关虚拟资产期货合约的警告》和《立场书：监管虚拟资产交易平台》。

根据上述监管规则，涉及虚拟资产交易的受监管主体主要包括虚拟资产投资组合管理公司、①虚拟资产基金分销商②、虚拟资产交易平台③三类主体。在虚拟资产交易服务反洗钱、市场操纵相关规则方面，香港证监会指出由于虚拟资产基本以匿名方式买卖，因此通常会引发洗钱及恐怖分子资金筹集风险。因此，持牌法团应设立且能实施充分及适当的打击洗钱

---

① 根据香港证监会的监管规则，以下类别的管理公司应受监管：（1）管理完全投资于不构成“证券”或“期货合约”的虚拟资产的基金，并在香港销售该等基金的公司。这类公司由于在香港销售基金，所以应持有第 1 类受监管活动（即证券交易）的牌照。香港证监会亦会对管理这些基金的活动施加发牌条件，以此进行监管。（2）就管理“证券”或“期货合约”的投资组合而持有或须申领第 9 类受监管活动（即提供资产管理）牌照的公司。如这类公司亦管理完全或部分投资于并不构成“证券”或“期货合约”的虚拟资产的投资组合，则香港证监会亦将通过施加发牌条件，对有关的管理工作进行监管。

② 在香港销售（完全或部分）投资于虚拟资产基金的公司应持有第 1 类受监管活动（即证券交易）的牌照或注册。

③ 一般而言，虚拟资产交易平台通常提供非证券型代币的交易。中央交易平台如果仅提供非证券型代币的交易服务，便不属于证监会的管辖范围。有鉴于此，香港证监会引入监管框架，旨在将有意获发牌的虚拟资产交易平台纳入其监管范围。平台一经获得牌照，其基础设施、核心适当人选资格及进行虚拟资产交易活动的情况应被视为整体加以考虑。虽然非证券型代币的交易活动并不属于受监管活动，但只要平台涉及证券型代币的交易活动（即使只占其业务的一小部分），香港证监会的监管领域就可以覆盖该平台运营的所有相关范畴。虚拟资产交易平台经营者一经获发牌，将会被置于香港证监会监管沙盒内。这意味着平台将需更频繁的进行汇报、监察及检视。通过严密监管，香港证监会将能够重点指出营运者在内部监控及风险管理方面应予改善的范畴。

和恐怖分子资金筹集政策、程序和监控措施，以便充分管理有关风险。

香港证监会要求交易平台采取的具体措施应包括但不限于以下方面：（1）取得充足的客户联络资料，并暂停或终止提供不完整或可疑联络资料客户的账户；（2）在香港认可的财务机构或银行开立的指定账户内为客户资金进行法定货币的提存和结算；（3）就以下情况执行更严格的客户尽职审查及持续监控程序：①使用代理人、任何无法核实或高风险的地理位置、任何可随意丢弃的电邮地址或流动电话号码，或经常换用不同的设备进行交易；②涉及使用有疑似犯罪元素的钱包地址的交易，例如“暗网”交易；③涉及风险较大或匿名程度较强的虚拟资产（如掩盖使用者身份或交易详情的虚拟资产）的交易；（4）设立并维护充足且有效的系统和程序，以监管所有虚拟资产的交易，并对潜在可疑交易进行适当的查询和评估；（5）定期检查打击洗钱及恐怖分子资金筹集系统的成效，并在有需要时采取加强措施；（6）持牌法团如果聘请第三方机构协助其遵守打击洗钱及恐怖分子资金筹集的规定，则应在选择第三方机构的过程中进行充分的尽职审查并监察其持续表现。[①]

虚拟资产并非法定货币，在中国香港一般不获接纳为付款方式，但香港有不少虚拟资产交易活动。为保障投资者，香港证监会在 2018 年 11 月公布规管虚拟资产交易平台的概念性框架。香港证监会与市场营运商商讨后，在 2019 年 11 月发表立场书，将持牌的虚拟资产交易平台纳入期监管沙盒（以下简称自愿发牌制度），并列明与持牌证券经纪商和自动化交易场所的标准相若的资管标准。自愿发牌制度属自愿性质，只用于提供证券型虚拟资产交易服务的平台。至于提供证券型虚拟资产交易服务的平台，则不受该制度监管。

香港作为国际金融中心，需要把握虚拟资产和相关科技带来的发展机遇，强调“在虚拟资产行业的发展尚在起步阶段之时引入规管，既可减低该行业的洗钱及恐怖分子资金筹集风险，为投资者和客户提供适当的保障，亦能促进金融创新科技的妥善有序发展及应用”。政府会参考证监会的自愿发牌制度，在《打击洗钱条例》下建立虚拟资产服务提供者的法定监管制度，以实施 FATF 组织的最新规定。

为实施 FATF 组织的规定，香港证监会建议修订《打击洗钱条例》，建立虚拟资产服务提供者发牌制度，规定持牌人须符合与其他金融业相若的适

---

① 齐萌：《香港虚拟资产监管经验及其启示》，载《亚太经济》2020 年第 4 期。

当人选准则。持牌虚拟资产服务提供者须遵守《打击洗钱条例》附表2所载的打击洗钱及恐怖分子资金筹集规定，以及其他旨在确保市场稳定和保障投资者利益的规管要求。①

根据FATF组织的标准，虚拟资产服务提供者是指以业务形式从事与虚拟资产有关的特定活动，包括进行虚拟资产与法定货币的交易；进行一种或多种虚拟资产互相交易；转移虚拟资产；为虚拟资产提供托管或管理服务，或提供控制虚拟资产的工具；以及为虚拟资产提供相关的金融服务。FATF组织将虚拟资产界定为"以数码形式表达价值的资产，而有关资产可以数码形式买卖或转让，或用作支付或投资用途"。

2021年2月，香港特区政府发布《有关香港加强打击洗钱及恐怖分子资金筹集规管的立法建议公众咨询》，就加强香港打击洗钱及恐怖分子资金筹集制度的立法建议征询意见，意见主要包括在《打击洗钱及恐怖分子资金筹集条件》（第615章）。[《打击洗钱条例》下（a）建立虚拟资产服务提供者发牌制度；（b）建立贵金属及宝石交易商的两级注册制度；以及（c）做出杂项技术修订。]②

《有关香港加强打击洗钱及恐怖分子资金筹集规管的立法建议公众咨询》指出，参考FATF组织的标准和经评估对香港虚拟资产活动的风险后，建议将经营虚拟资产交易所的业务指定为《打击洗钱条例》下的"收规管虚拟资产业务"，并规定任何有意从事受规管业务的人，向证监会领取虚拟资产服务提供者牌照，并符合适当人选准则和其他规管要求。虚拟资产交易所是指容许或邀请客户落盘，以货币或虚拟资产（不论是否同一种虚拟资产）买入或卖出任何虚拟资产，并在业务过程中曾保管、操控、控制有任何货币或虚拟资产的交易平台。建议将虚拟资产具体界定为以数码形式表达、计算或储存资产价值的单位；其目的（或提议目的）是作为公众接受的交易媒介，以为货物或服务付款、清偿债项或作投资用途；并可以电子方式转移、储存或

---

① 《有关香港加强打击洗钱及恐怖分子资金筹集规管的立法建议公众咨询》，载中国香港特别行政区政府官网，https://www.gov.hk/sc/residents/government/publication/consultation/docs/2021/AMLO.pdf，2023年6月30日最后访问。

② 《有关香港加强打击洗钱及恐怖分子资金筹集规管的立法建议公众咨询》，载中国香港特别行政区官网，https://www.gov.hk/sc/residents/government/publication/consultation/docs/2021/AMLO.pdf，2023年6月30日最后访问。

买卖。[①]

2022年1月12日，香港金融管理局总裁余伟文在谈及“加密资产与稳定币”的专题中指出，全球金融环境发展迅速，科技创新亦日益蓬勃。金管局支持金融创新，并一直紧贴瞬息万变的形势。金管局一方面欢迎金融创新带来的好处，同时亦明白有必要监察及处理相关发展可能带来的风险。其中特别关注加密资产近年显著发展及其与金融体系关连日益加深这个课题。在这方面，金管局在参考国际标准后，将以风险为本，以及“相同风险，相同监管”的方法，监管相关机构和活动。当中考虑的角度包括货币及金融稳定、用户及投资者保障，以及可能涉及的诈骗与洗黑钱活动等。

“加密货币”是余伟文总裁重点论述的题目，指出加密资产并无统一的定义。这类资产的结构、性质及用途可以有很大的差异。这类资产有时或被称为虚拟资产。考虑到有部分产品并没有内在价值，有意见质疑这类产品应否被称为资产。这类产品涵盖范围广泛，投资相关代币、稳定币、功能型代币及非同质化代币是当中的一些例子。近年，加密资产的市值有显著增长（估计约达2.2万亿美元）。同时，机构及零售投资者亦日渐关注这类资产，反映加密资产与主流金融体系的关连越趋紧密。在香港，政府已公布会通过修订《打击洗钱及恐怖分子资金筹集条例》，就虚拟资产服务提供者为加密资产在交易平台进行的活动制定发牌制度。在参考国际标准后，金管局目前集中从三方面处理加密资产所带来的影响，它们分别为可作支付用途的稳定币、有关加密资产的投资者保障，以及认可机构与加密资产的业务关连，以履行金管局维持香港货币及银行体系稳定的职责。

余伟文总裁强调了认可机构业务上与加密资产的关连，认可机构在业务上与加密资产出现的关连正逐渐增加，金管局正研究这方面的监管重点。视乎关连的形式，以及加密资产的实质结构及性质，主要监管事项的牵涉范围相当广阔，包括用户保障、信用风险、市场风险、业务操作风险、金融罪行风险（包括欺诈以及洗钱与恐怖分子资金筹集风险），以及认可机构对这类资产的直接风险承担是否按照巴塞尔银行监管委员会建议的相关国际标准而作出审慎处理。财务行动特别组织亦已更新建议，处理虚拟资产（包括稳定

---

① 《有关香港加强打击洗钱及恐怖分子资金筹集规管的立法建议公众咨询》，载中国香港特别行政区官网，https://www.gov.hk/sc/residents/government/publication/consultation/docs/2021/AMLO.pdf，2023年6月30日最后访问。

币）的洗钱及恐怖分子资金筹集风险。认可机构在与加密资产服务提供者建立业务关系前，应严格评估本身就不同类别风险的承担，并制定适当的风险缓减措施。金管局即将向认可机构发出通告，就上述事宜提供更详细的监管指引。①

**（三）我国对虚拟资产的监管规则**

1. 主要制度规则梳理

我国与虚拟资产直接相关的监管规定主要有《关于防范比特币风险的通知》《关于防范代币发行融资风险的公告》《关于防范以“虚拟货币”“区块链”名义进行非法集资的风险提示》等。

2013 年 12 月 5 日，中国人民银行、工业和信息化部、中国银行业监督管理委员会、中国证券监督管理委员会、中国保险监督管理委员会联合印发《关于防范比特币风险的通知》中，对比特币的法律属性进行了明确，强调比特币“其不是由货币当局发行，不具有法偿性与强制性等货币属性，并不是真正意义的货币。从性质上看，比特币应当是一种特定的虚拟商品，不具有与货币等同的法律地位，不能且不应作为货币在市场上流通使用”。在此基础上，《关于防范比特币风险的通知》禁止各金融机构和支付机构开展与比特币相关的业务，包括“不得以比特币为产品或服务定价，不得买卖或作为中央对手买卖比特币，不得承保与比特币相关的保险业务或将比特币纳入保险责任范围，不得直接或间接为客户提供其他与比特币相关的服务，包括：为客户提供比特币登记、交易、清算、结算等服务；接受比特币或以比特币作为支付结算工具；开展比特币与人民币及外币的兑换服务；开展比特币的储存、托管、抵押等业务；发行与比特币相关的金融产品；将比特币作为信托、基金等投资的投资标的等”。并要求加强对比特币互联网站的管理，强调依据《中华人民共和国电信条例》和《互联网信息服务管理办法》，提供比特币登记、交易等服务的互联网站应当在电信管理机构备案，明确电信管理机构根据相关管理部门的认定和处罚意见，依法对违法比特币互联网站予以关闭。

值得关注的是，《关于防范比特币风险的通知》特别强调了防范比特币

---

① 《余伟文谈加密资产与稳定币》，载中国香港特别行政区政府官网，https://www.hkma.gov.hk/gb_chi/news-and-media/insight/2022/01/20220112/，2023 年 6 月 30 日最后访问。

可能产生的洗钱风险，强调“中国人民银行各分支机构应当密切关注比特币及其他类似的具有匿名、跨境流通便利等特征的虚拟商品的动向及态势，认真研判洗钱风险，研究制定有针对性的防范措施。各分支机构应当将在辖区内依法设立并提供比特币登记、交易等服务的机构纳入反洗钱监管，督促其加强反洗钱监测。提供比特币登记、交易等服务的互联网站应切实履行反洗钱义务，对用户身份进行识别，要求用户使用实名注册，登记姓名、身份证号码等信息。各金融机构、支付机构以及提供比特币登记、交易等服务的互联网站如发现与比特币及其他虚拟商品相关的可疑交易，应当立即向中国反洗钱监测分析中心报告，并配合中国人民银行的反洗钱调查活动；对于发现使用比特币进行诈骗、赌博、洗钱等犯罪活动线索的，应及时向公安机关报案”。

2017 年，中国人民银行等七部委联合发布《关于防范代币发行融资风险的公告》，首先强调了要“准确认识代币发行融资活动的本质属性”，强调“代币发行融资是指融资主体通过代币的违规发售、流通，向投资者筹集比特币、以太币等所谓‘虚拟货币’，本质上是一种未经批准非法公开融资的行为，涉嫌非法发售代币票券、非法发行证券以及非法集资、金融诈骗、传销等违法犯罪活动”。秉持与 2013 年《关于防范比特币风险的通知》一致的精神，《关于防范代币发行融资风险的公告》再次明确了代币发行融资中使用的代币或“虚拟货币”的非货币属性，指出代币发行融资中使用的代币或“虚拟货币”不由货币当局发行，不具有法偿性与强制性等货币属性，不具有与货币等同的法律地位，不能也不应作为货币在市场上流通使用。《关于防范代币发行融资风险的公告》一方面要求代币融资交易平台的管理，强调任何所谓的代币融资交易平台不得从事法定货币与代币、“虚拟货币”相互之间的兑换业务，不得买卖或作为中央对手方买卖代币或“虚拟货币”，不得为代币或“虚拟货币”提供定价、信息中介等服务，对于存在违法违规问题的代币融资交易平台，金融管理部门将提请电信主管部门依法关闭其网站平台及移动 APP，提请网信部门对移动 APP 在应用商店做下架处置，并提请工商管理部门依法吊销其营业执照。另一方面，明确禁止各金融机构和非银行支付机构开展与代币发行融资交易相关的业务，包括提供账户开立、登记、交易、清算、结算等产品或服务，不得承保与代币和“虚拟货币”相关的保险业务或将代币和“虚拟货币”纳入保险责任范围。金融机构和非银行支付机构发现代币发行融资交易违法违规线索的，应当及时向有关部门报告。

2018年，银保监会、中央网信办、公安部、人民银行、市场监管总局通过《关于防范以“虚拟货币”“区块链”名义进行非法集资的风险提示》，指出当前一些不法分子打着“金融创新”“区块链”的旗号，通过发行所谓“虚拟货币”“虚拟资产”“数字资产”等方式吸收资金，侵害公众合法权益。此类活动并非真正基于“区块链”技术，而是炒作“区块链”概念行非法集资、传销、诈骗之实，呈现出网络化、跨境化明显，欺骗性、诱惑性、隐蔽性较强、存在多种违法风险等特征，此类活动以“金融创新”为噱头，实质是“借新还旧”的庞氏骗局，资金运转难以长期维系。从而警示广大公众理性看待区块链，不要盲目相信天花乱坠的承诺，树立正确的货币观念和投资理念，切实提高风险意识；对发现的违法犯罪线索，可积极向有关部门举报反映。

针对虚拟货币价格暴涨暴跌，虚拟货币交易炒作活动有所反弹，严重侵害人民群众财产安全，扰乱经济金融正常秩序的情况，为进一步贯彻落实中国人民银行等部门发布的《关于防范比特币风险的通知》《关于防范代币发行融资风险的公告》等要求，防范虚拟货币交易炒作风险，中国互联网金融协会、中国银行业协会、中国支付清算协会于2021年5月，联合发布《关于防范虚拟货币交易炒作风险的公告》，有关机构不得开展与虚拟货币相关的业务，同时提醒消费者要提高风险防范意识，谨防财产和权益损失。此外，为有效防范处置虚拟货币“挖矿”活动盲目无序发展带来的风险隐患，2021年9月，国家发展改革委等部门发布《关于整治虚拟货币“挖矿”活动的通知》，部署整治虚拟货币“挖矿”活动。

2. 对虚拟资产监管制度的执行难题

综观我国现有的对虚拟资产和虚拟资产提供商的法律和监管规则，存在亟待完善的问题，

其一，既有规则与我国反洗钱法等法律制度存在一定的衔接困难。根据2013年《关于防范比特币风险的通知》，比特币从性质上看是一种特定的虚拟商品，不具有与货币等同的法律地位。虽然比特币只是虚拟货币的一种，不能代表所有的虚拟资产，但是从上述规定可见，经营比特币交易的平台由于是经营“虚拟商品”，因此难以被认定为属于经营互联网金融业务。由此引发的问题是，将虚拟资产交易平台解释为“境内经有关部门批准或者备案设立的经营互联网金融业务的机构”，从而适用《互联网金融从业机构反洗

钱和反恐怖融资管理办法》予以规制存在明显障碍。与之类似，由于虚拟资产交易服务商也没有“支付业务许可证”等金融许可牌照，同样不能被纳入《非金融机构支付服务管理办法》的监管范围。

根据我国反洗钱法的相关规定，履行反洗钱义务主体主要包括金融机构和特定非金融机构，虚拟交易平台显然无法纳入金融机构予以管理，而特定非金融机构的定义由国务院反洗钱行政主管部门会同国务院有关部门制定，前述讨论不难看出，在既有的相关法律条文中并未涉及虚拟资产交易服务商，因此难以对其赋予反洗钱义务。上述制度供给不足导致的结果是，“反洗钱义务主体的权责不清晰，同时陷入对其监管存在切入点不明的困境”。[①]

其二，对虚拟资产采取禁止的态度能否有效监管值得进一步思考。从2013年《关于防范比特币风险的通知》到2017年9月发布的《关于防范代币发行融资风险的公告》、2018年1月人民银行营业管理部发布的《关于开展为非法虚拟货币交易提供支付服务自查整改工作的通知》以及同年8月份首次有公安部参与的《关于防范以“虚拟货币”“区块链”名义进行非法集资的风险提示》，均延续了禁止交易平台从事虚拟货币交易和兑换的取向。在虚拟资产交易被紧急叫停前，比特币交易额巨大，采取了禁止交易的监管思路后，国内的虚拟资产交易并未真正停止，大量违法交易转入地下。诸多虚拟资产交易网站在宣布退出中国大陆市场后将网站转让或寻求在海外注册，国内用户可通过应用程序，租用外国服务器或使用非国家公用电信网提供的国际出入口信道进行国际联网从事虚拟资产交易，这些都为有效监管的实施设置了巨大障碍。对于行政执法和刑事司法机关而言，打击和遏制此类违法犯罪活动也面临新的难题。

其三，行政责任与刑事责任缺乏有效衔接。我国针对机构瑕疵履行客户尽职调查义务的反洗钱责任追究存在行政责任与刑事责任边界模糊以及重行政轻刑事的问题。《互联网金融从业机构反洗钱和反恐怖融资管理办法》与《支付机构反洗钱和反恐怖融资管理办法》均规定了不履行反洗钱义务的行政责任与刑事责任，但根据我国刑事立法来看，实质上并未有罪名能与瑕疵履行客户尽职调查义务形成对接。瑕疵履行客户尽职调查与刑法分则中的渎

---

① 夏月恒：《金融行动特别工作组指引视阈下的虚拟资产反洗钱监管模式选择》，载《甘肃金融》2021年第4期。

职罪在行为性质上类似。然而，渎职罪的成立需要行为人是国家机关工作人员，因此，交易平台的工作人员存在主体不适格的问题，无法以渎职罪追究其刑事责任。在刑事责任与行政责任缺少有效衔接的情形下，平台在尽责履行客户尽职调查义务方面缺乏主动性。

其四，在虚拟货币领域反洗钱工作中，我国与国际协作执法层面效率还需提升。国际执法层面，FATF 发布的互评估报告指出，尽管我国能根据国内法律、双边条约和多边公约规定的批准程序和标准处理司法协助和引渡请求，但执行效率低下。来自全球网络的反馈表明，中国反洗钱监测分析中心平均需要一到四个月的时间才能为外国同行提供对其非紧急信息请求的回应，远不能满足“迅速”的要求。虚拟资产交易具有迅捷性，执法效率若无法与其交易效率相匹配，会给交易追踪、资金冻结以及后续追赃带来困难。

## 四、利用虚拟资产洗钱的司法案例

司法实践中，已有对虚拟资产洗钱、跨境买卖外汇等金融犯罪判决的案例，由此可分析洗钱犯罪新手段新类型新情况、取证和认定思路。

1. 利用虚拟资产洗钱

**案例：陈某枝洗钱案**[①]

被告人陈某枝，无业，系陈某波（另案处理）前妻。

2015 年 8 月至 2018 年 10 月间，陈某波注册成立意某金融信息服务公司，未经国家有关部门批准，以公司名义向社会公开宣传定期固定收益理财产品，自行决定涨跌幅，资金主要用于兑付本息和个人挥霍，后期拒绝兑付；开设数字货币交易平台发行虚拟币，通过虚假宣传诱骗客户在该平台充值、交易，虚构平台交易数据，并通过限制大额提现提币、谎称黑客盗币等方式掩盖资金缺口，拖延甚至拒绝投资者提现。2018 年 11 月 3 日，上海市公安局 P 分局对陈某波以涉嫌集资诈骗罪立案侦查，涉案金额 1200 余万元，陈某波潜逃境外。

2018 年年中，陈某波将非法集资款中的 300 万元转账至陈某枝个人银行账户。2018 年 8 月，为转移财产，掩饰、隐瞒犯罪所得，陈某枝、陈某波二

① 《最高人民检察院、中国人民银行惩治洗钱犯罪典型案例》，载最高人民检察院官网，https://www.spp.gov.cn/spp/xwfbh/wsfbt/202103/t20210319_513155.shtml#2，2023 年 7 月 28 日最后访问。

人离婚。2018 年 10 月底至 11 月底，陈某枝明知陈某波因涉嫌集资诈骗罪被公安机关调查、立案侦查并逃往境外，仍将上述 300 万元转至陈某波个人银行账户，供陈某波在境外使用。另外，陈某枝按照陈某波指示，将陈某波用非法集资款购买的车辆以 90 余万元的低价出售，随后在陈某波组建的微信群中联系比特币“矿工”，将卖车钱款全部转账给“矿工”换取比特币密钥，并将密钥发送给陈某波，供其在境外兑换使用。陈某波目前仍未到案。

上海市公安局 P 分局在查办陈某波集资诈骗案中发现陈某枝洗钱犯罪线索，经立案侦查，于 2019 年 4 月 3 日以陈某枝涉嫌洗钱罪将案件移送起诉。上海市 P 新区人民检察院经审查提出补充侦查要求，公安机关根据要求向中国人民银行上海总部调取证据。中国人民银行上海总部指导商业银行等反洗钱义务机构排查可疑交易，通过穿透资金链、分析研判可疑点，向公安机关移交了相关证据。上海市 P 新区人民检察院经审查认为，陈某枝以银行转账、兑换比特币等方式帮助陈某波向境外转移集资诈骗款，构成洗钱罪；陈某波集资诈骗犯罪事实可以确认，其潜逃境外不影响对陈某枝洗钱犯罪的认定，于 2019 年 10 月 9 日以洗钱罪对陈某枝提起公诉。2019 年 12 月 23 日，上海市 P 新区人民法院作出判决，认定陈某枝犯洗钱罪，判处有期徒刑 2 年，并处罚金 20 万元。陈某枝未提出上诉，判决已生效。

办案过程中，上海市人民检察院向中国人民银行上海总部提示虚拟货币领域洗钱犯罪风险，建议加强新领域反洗钱监管和金融情报分析。中国人民银行将本案作为中国打击利用虚拟货币洗钱的成功案例提供给国际反洗钱组织——金融行动特别工作组，向国际社会介绍中国经验。

最高检在典型意义中论述了利用虚拟货币洗钱的法律定罪思路，利用虚拟货币跨境兑换，将犯罪所得及收益转换成境外法定货币或者财产，是洗钱犯罪新手段，洗钱数额以兑换虚拟货币实际支付的资金数额计算。虽然我国监管机关明确禁止代币发行融资和兑换活动，但由于各个国家和地区对比特币等虚拟货币采取的监管政策存在差异，通过境外虚拟货币服务商、交易所，可实现虚拟货币与法定货币的自由兑换，虚拟货币被利用成为跨境清洗资金的新手段。

从证据上看，根据利用虚拟货币洗钱犯罪的交易特点收集运用证据，查清法定货币与虚拟货币的转换过程。要按照虚拟货币交易流程，收集行为人将赃款转换为虚拟货币、将虚拟货币兑换成法定货币或者使用虚拟货币的交易记录等证据，包括比特币地址、密钥，行为人与比特币持有者的联络信息和资金流向数据等。

从加强行政与刑事司法协同方面，最高检指出，人民检察院对办案当中发现的洗钱犯罪新手段新类型新情况，要及时向人民银行通报反馈，提示犯罪风险、提出意见建议，帮助丰富反洗钱监测模型、完善监管措施。人民银行要充分发挥反洗钱国际合作职能，向国际反洗钱组织主动提供成功案例，通报新型洗钱手段和应对措施，深度参与反洗钱国际治理，向世界展示中国作为负责任大国在反洗钱工作方面的决心和力度。

2. 利用虚拟货币实施跨境外汇案件

**案例：郭某某等人以虚拟货币为媒介非法经营外汇案**①

2018 年 1 月至 2021 年 9 月期间，陈某某（另案处理）、被告人郭某某等人在外省市搭建网站为境外客户提供代充值服务，以境外银行账户从境外客户处收取当地货币，在境外使用当地货币购买虚拟货币、在境内卖出虚拟货币等手段获取人民币后，以境内账户为境外客户在境内的第三方账户充值人民币，从中赚取利差及服务费，非法经营数额总计人民币 2.2 亿余元。其中，郭某某负责架设非法汇兑网站及维护运行；被告人范某某作为境内虚拟货币承兑商，负责操作虚拟币账户交易及银行账户走账，从陈某某处接收虚拟货币 600 余万个，兑付人民币 4000 余万元；被告人詹某某为虚拟币承兑商提供虚拟币账户及银行账户，涉案金额人民币 4000 余万元；被告人梁某某为虚拟币承兑商提供银行账户，涉案金额人民币 90 余万元。

2022 年 2 月，B 区检察院对被告人郭某某、范某某以非法经营罪，对被告人詹某某、梁某某以帮助信息网络犯罪活动罪提起公诉。同年 6 月，法院以非法经营罪分别判处郭某某、范某某有期徒刑 5 年、3 年 3 个月，并处罚金；以帮助信息网络犯罪活动罪分别判处詹某某、梁某某有期徒刑 1 年 6 个月、10 个月，并处罚金。

本案系以虚拟货币为媒介实施的非法经营外汇案件，其中为非法买卖外汇提供资金跨境转移通道服务的虚拟币承兑商被认定为共犯。虚拟货币具有匿名交易、去中心化、无国界的特点，利用虚拟货币进行跨境转移资产、洗钱等违法犯罪活动加剧了金融犯罪危害程度，加大了金融犯罪查处难度，扰乱金融秩序，危害国家金融安全，应保持高压态势予以遏制。本案中，行为

① 《2022 年“惩治金融犯罪、防范金融风险”普法宣传案例》，载微信公众号“上海检察”，2023 年 8 月 4 日。

人以经营代充值服务的方式为境外客户兑换人民币牟利，其在收取当地货币后，以境内银行账户向境外客户的第三方账户支付人民币。两种货币分别在境内外单向流动，人民币的补充则依靠虚拟币交易平台将以当地货币购买的虚拟币从境外转移至境内后卖出获取人民币实现，属于以虚拟货币为媒介的变相买卖外汇案件。

# 第二节　利用网络直播行业的洗钱风险及司法案例

## 一、利用网络直播行业洗钱的风险概述

### （一）直播行业的发展现状

随着我国网络产业的快速发展，依附网络产业的直播平台逐步走入人们视野中发展迅速。

一方面，直播相关企业年注册量迅速，根据启信宝数据显示，全国企业名称、经营范围、主营业务、品牌标签等维度中包含“直播”关键词的相关存续企业，从2018年的2.3万家新增至2022年的近10万家，相差超过4倍。其中，2022年新增企业达超过4万家，相较2021年新增企业近乎翻番。从地域分布上来看，2022年直播企业最多的前5个省份分别为广东、浙江、江苏、河南及湖北。其中，广东省注册直播相关企业数量最多，超过1万家，占据全国总量的11.8%。就具体城市而言，广州市以4200多家位列全国城市之首，也是直播企业数量增长最快的城市，4年间共计新增超2400家，成都、杭州紧随其后。[①]

另一方面，直播用户量也不断上升，截至2023年6月，我国网络直播用户规模达7.65亿人，较2022年12月增长1474万人，占网民整体的71.0%。其中，电商直播用户规模为5.26亿人，较2022年12月增长1194万人，占网民整体的48.8%；游戏直播用户规模为2.98亿人，较2022年12月增长3188万人，占网民整体的27.6%；真人秀直播用户规模为1.94亿人，较2022

---

① 《启信宝数据：直播行业迎来爆发式增长，广东省直播注册企业数全国最多》，载中国财经时报网，https://www.3news.cn/pindao/2023/0316/032023_877396.html，2023年3月31日最后访问。

年12月增长657万人，占网民整体的18.0%；演唱会直播用户规模为1.87亿人，较2022年12月减少2066万人，占网民整体的17.3%；体育直播用户规模为3.23亿人，较2022年12月减少5072万人，占网民整体的29.9%。

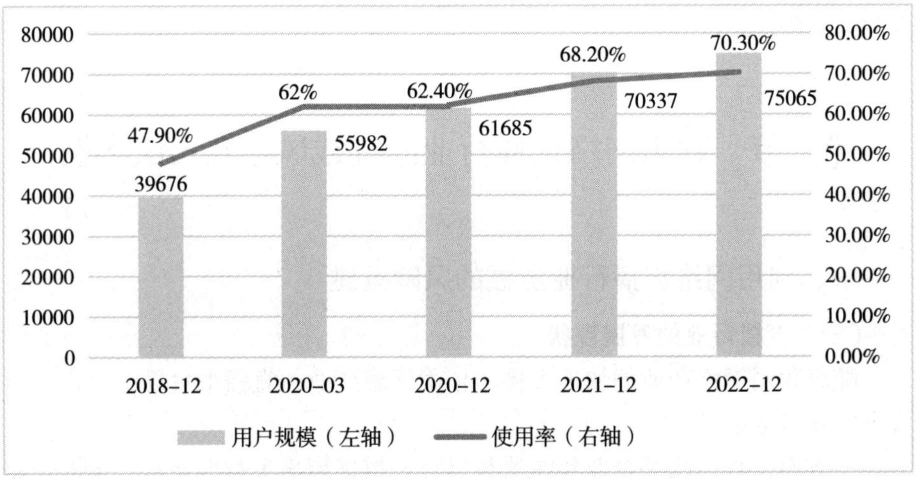


**图6　我国直播行业的用户规模和使用率**

## （二）直播平台的主要运营模式

当前直播平台主要以内容类直播和电商类直播为主。

其中，内容类直播以吸引粉丝为主播打赏为主，多提供游戏、音乐及户外体育等各类娱乐类内容直播。用户在平台充值后可用于打赏直播，打赏积累到一定金额后，主播即可提现至银行卡，并需要向平台缴纳一定手续费。

电商类直播的主要目的是带货。直播带货的商业模式主要涉及主播、用户（粉丝）以及品牌商家三方，用户观看直播的过程中会购买意向品牌商家商品。直播电商作为一种新渠道、新工具，对于品牌的塑造具有独特优势，可以帮助品牌完成线上与线下渠道深度拓展，助力品牌形象塑造和客流引流。

主播的主要收入来源是品牌商家支付的商品推广费和销售佣金，该部分多是品牌商家直接与主播结算，不涉及平台。[①]根据中国计量科学研究院、

① 向丽、原媛：《网络直播平台洗钱风险初探》，载《中国反洗钱实务》（2021年第1期），中国金融出版社2021年版，第7–8页。

中国海关科学技术研究中心等单位日前联合发布的《直播电商行业高质量发展报告（2022—2023 年度）》显示，伴随用户规模持续扩大及交易额不断攀升，我国直播电商行业呈快速增长态势。报告指出，商务部监测数据显示，2022 年，重点监测的电商平台累计直播场次超 1.2 亿场，累计观看超 1.1 万亿人次，直播商品数超 9500 万个。2023 年上半年，重点监测电商平台累计直播销售额 1.27 万亿元，直播场次数超 1.1 亿场，直播商品数超 7000 万个。根据报告，直播电商利用丰富的视频信息推介，把一些原本难以在线上销售的非标品加入直播间货架。一些传统热门品类如珠宝服饰、运动户外、服饰内衣等品类，在直播电商平台上需求依然强劲。

报告指出，除了直播，短视频、社交媒体等也成为电子商务营销的重要渠道，为消费者提供更丰富的互动体验。电商直播进入以品牌自播、内容主播、技术赋能和定制化直播等为特点的发展新阶段。

针对直播电商发展走势，报告指出，随着政策环境变化，直播电商将迎来更多的合规挑战和政策机遇。未来，监管机构将对直播电商行业投入更多关注，以保护消费者权益和维护市场秩序，品牌需要不断提高合规意识，积极遵守各项法规和标准。同时，各级政府也将积极制定政策引导、扶持行业发展，给直播电商行业健康蓬勃发展打造更加积极健康的政策环境。①

直播在推动实体经济与数字化融合方面起到了积极作用，与电商等产业的融合，也释放出了可观的消费势能。直播电商的高速发展与地方政策的引导及支持息息相关。日前，广州印发的《广州市建设国际消费中心城市发展规划（2022—2025 年）》提出，要强化电商赋能带动，扩大电商消费流量规模。此前，成都发布全国首个党建引领电商直播《导则》，杭州也发布了《关于加快杭州市直播电商经济发展的若干意见》，为直播电商行业的蓬勃发展培植了沃土。

**（三）直播行业洗钱风险**

直播行业在高速发展之下，直播电商暴露出了不少乱象，引发诸多法律纠纷。针对“直播电商”关键词进行查询，启信宝数据显示，近 5 年来相关企业涉及的裁判文书数量超 4000 份，裁判文书企业数量超过 500 家。随着市场日渐成熟规范，企业优胜劣汰效应也将加剧。

① 魏玉坤、赵文君：《我国直播电商呈快速增长态势 交易额不断攀升》，载新华网，www.news.cn/2023-09/29/c_1129893233.htm，2023 年 9 月 30 日最后访问。

根据数据统计，2022年消亡的直播企业数超过30家，相较2021年（22家）、2020年（5家）有所提升。中国消费者协会基于大数据与舆情社会影响力的测算结果梳理出“2022年十大消费维权舆情热点”。其中，主播售假问题、电商平台保价服务被指“套路”消费者等热点舆情上榜。在全国两会中，电商直播也成为重要的讨论议题，构建网络直播带货信用监管及惩戒体系，建立直播带货信用评价体系，对主播进行分级分类管理，从人员管理、销售、售后、资金等全流程进行监管的建议也获得公众关注。

值得关注的是，随着网络直播行业的兴起，利用网络直播平台洗钱、网络赌博等违法犯罪活动逐渐浮出水面，在主播们卖力展示才艺、线上观众叫好打赏的背后，却暗藏了被人们所忽视的洗钱、网络赌博等犯罪活动，“直播打赏”成了犯罪分子洗钱的新通道。

根据相关研究，直播洗钱违法犯罪涉及的行业多为娱乐、游戏等内容直播，在交易方面，多存在无正当理由的交易大幅激增、资金快进快出等异常交易行为。有的网络直播平台卷入赌博风险，主要表现有两种，一种是主播利用平台进行以抽奖为名义的赌博活动等，另一种是平台自身经营赌博游戏，多利用直播的实时性与热点体育赛事关联进行直播，并引导用户充值押注。

在一起案件中，通过可疑交易监测发现，某团伙经营一款社交交友类直播软件，软件内多个直播间开设竞赛游戏。平台用户充值游戏币后用于下注，但平台规定用户充值游戏币不能提现，而主播私下引导用户用游戏币打赏主播，主播快速提现后通过其他渠道返款给用户，变相变现。该直播APP通过此类方式实现了利用游戏币进行赌博押注和返款，并通过主播提现的资金链路完成了游戏货币与现金之间的转换。从资金交易特点上看，该团伙交易模式分散转入，集中转出转入对手众多并且地域分散，多为青壮年男性；转入对手多短时间重复支付，金额多为30元、50元的倍数，单个小时内交易笔数高达几十笔，并且凌晨交易占比较高；资金集中转至银行卡，资金抽离特征明显；此外，成员间交易呈现此消彼长的规律，推测是通过更换账户规避监管。

## 二、利用网络直播行业洗钱的主要方式

网络直播平台行业洗钱手法主要依靠“充值”“打赏”“兑付”等方式实现，即犯罪团伙购买直播平台的虚拟币，将虚拟币兑换成虚拟礼物“打赏”

给主播，直播结束后按照事先约定的比例共同分成，也可以直接将其使用赃款充值的直播平台账号低价出售，实现资金漂白。或者实现与直播平台经营者商定后，通过平台支付渠道对赃款进行转移，具体可以分成三个阶段。①

**（一）准备阶段：寻找网络主播**

犯罪团伙通过熟人介绍、社交聊天专区或者直播平台窗口等渠道联系网络主播，称其可以通过大量打赏为主播抬高直播间人气和曝光率，帮助主播专区直播平台奖励，事成后还可从打赏款项中支付部分佣金作为主播的报酬，并要求主播将所收取的打赏钱款返还至犯罪团伙的个人账户。部分网络主播在利益的诱惑下帮助犯罪团伙转移赃款。也有部分网络平台运营者为谋取不法收益，利用直播平台的资金去帮助犯罪分子转移赃款以赚取高额提成。

**（二）“钱转币”阶段：充值打赏、转移赃款**

“钱转币”阶段是利用平台清洗黑钱的关键环节，在此环节犯罪团伙需要将赃款通过银行卡、第三方支付等支付渠道充值至直播平台，转换成虚拟币或者平台“礼物”。等到事先商定好的网络主播开播时，犯罪集团则组织人员在直播间进行大肆“打赏”，通过“打赏”对不法资金进行“掩饰”。直播平台可线上充值且无金额上限，不法分子为躲避监管，通常可将大额资金拆分为小笔资金多次充值，在庞大的直播间交易数据中，资金流动迅速且复杂，交易监测难度大，隐蔽性强，可有效躲避监测部门的监测与管理。

**（三）“币赚钱”阶段：“洗白”提现转账**

1. 通过多渠道提现转账

近年来，便捷、经济的移动支付成为网络直播平台各类交易和资金往来的通道，大多数资金通常都是实时到账并可实现跨境支付，大幅缩短了洗钱犯罪资金转移的时间，越来越受到不法分子的青睐。犯罪团伙有目的地“打赏”后，主播在直播结束会第一时间将平台账户钱包中的虚拟币提现至第三方支付平台或银行卡账户，再迅速转账至犯罪团伙指定账户。

2. 低买高卖含有赃款充值的直播平台账号

目前，对直播平台内部账号的交易没有明确规定和监管，并且直播平台登录只需要账号和密码或者手机号验证，在交易过程中卖方可以提供账号、

---

① 邱家林等：《网络直播行业洗钱风险研究及路径解析》，载《中国反洗钱实务》（2023 年第 5 期），中国金融出版社 2023 年版，第 15–17 页。

密码或者短信验证登录服务，整个交易过程简单易操作，风险系数低。部分犯罪团伙不惜成本，用赃款在直播平台充值虚拟币，洗钱者以原价 6 折或者 7 折的价格购买该直播平台账号，然后再以原价 7 折至 8.5 折的价格将平台账号对外销售，从中赚取差价，通过低买高卖平台账号的方式清洗赃款成本较高，但是相较于通过打赏方式洗钱，减少了打赏、后续返款的环节。

## 三、利用网络直播平台洗钱的司法案例

### （一）利用直播“洗白”涉诈资金

实践中还出现了不法人员协助他人利用网络直播“洗白”涉诈资金的案例。2022 年 5 月，徐某（已另案处理）委托蔡某购买一新媒体平台账号，将其电信诈骗所得人民币 1000 万元，要求蔡某通过该账号，以给主播刷礼物再打“回流”的方式“洗白”。后因公安机关根据线索联系受诈骗单位，及时冻结该新媒体平台账号而未得逞。法院审理后认为，蔡某无视国法，明知是犯罪所得还协助转移，情节严重，其行为已构成掩饰、隐瞒犯罪所得罪，依法应予惩处。蔡某虽已着手犯罪，但由于其意志以外的原因未得逞，属于犯罪未遂，依法可以比照既遂犯减轻处罚，遂作出如上判决。一审宣判后，蔡某不服，上诉至东莞市中级人民法院，二审判决驳回上诉，维持原判。[①]

### （二）利用直播“洗白”非法集资犯罪资金

近期，通过打赏主播，清洗非法集资犯罪的洗钱案件浮出水面。2023 年 5 月，上海警方成功破获了全国首例直播“打赏”洗钱犯罪案例，抓捕犯罪嫌疑人 21 名，涉案金额上亿元，一条基于网络直播平台的新型洗钱犯罪产业链也随之浮出水面。

警方调查发现，2019 年 6 月至 2020 年 7 月期间，集资诈骗犯罪嫌疑人为转移违法犯罪所得，通过某网络直播平台，结识了主播李某等人，并向其提出了一个“双赢”计划：用巨额账款在直播间内打赏，提升李某等主播的人气和曝光率，赚取直播平台榜首奖励，李某等人事后再将收取的打赏钱款返还给犯罪嫌疑人。事成后，李某等人还可从中获取一笔不菲的佣金。

面对巨大利益的诱惑，李某等人在明知打赏钱款是集资诈骗犯罪所得的情况下，却仍然通过在直播期间接受打赏的方式收取赃款，并通过提现、转

① 《直播刷礼物“洗钱”1000 万被判刑！》，载光明网，https://baijiahao.baidu.com/s?id=1777085222208121667&wfr=spider&for=pc，2023 年 9 月 30 日最后访问。

账等方式洗白打赏资金，以此为犯罪嫌疑人清洗和转移赃款。[①]

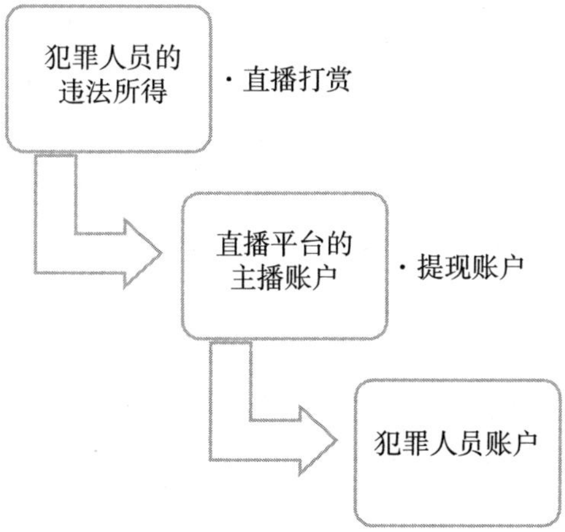


**图 7　利用网络直播洗钱的资金路径**

上述案件中，涉案网络主播通过接受打赏后提现转账的方式，为上游犯罪团伙清洗转移赃款，并借助违法犯罪资金制造虚假流量，严重破坏了金融管理秩序，涉嫌构成刑法第 191 条规定的洗钱罪。

---

① 《"榜一大哥"竟是洗钱帮凶？"直播打赏"成为新型洗钱犯罪圈套！》，载新浪新闻中心，https://news.sina.com.cn/sx/2023-09-27/detail-imzpcsik9292597.shtml，2023 年 9 月 30 日最后访问。

# 下篇

# 洗钱犯罪的刑事规制与案例解析

# 第七章　我国洗钱犯罪的立法沿革和执法体系

自 1988 年《联合国禁止非法贩运麻醉药品和精神药物公约》要求打击毒品洗钱犯罪以来，世界各国对涉及毒品、腐败、有组织犯罪、恐怖活动等各个领域的反洗钱工作日趋重视。我国加入国际反洗钱组织即反洗钱金融特别行动组后，反洗钱力度持续加大。特别是随着总体国家安全观的确立，我国对反洗钱重要性的认识也发生了质的提升。《刑法修正案（十一）》将涉及刑法第 191 条的上游犯罪本犯自洗钱入罪，进一步体现我国从严惩治洗钱犯罪的立场。为此，要转变长期以来重上游犯罪、轻洗钱犯罪的观念，在依法惩治各类上游犯罪的同时，同步查处自洗钱和他洗钱犯罪，以阻断资金流转遏制毒品犯罪、金融犯罪、黑社会性质组织犯罪、恐怖活动犯罪等上游刑事案件的发生，并且充分发挥监管、执法和司法力量的工作协同，形成打击和预防洗钱犯罪的工作合力。

## 第一节　刑事法律对洗钱罪的规定变化

### 一、洗钱罪的刑法规定变革

洗钱是指掩饰、隐瞒犯罪所得及其收益并将犯罪所得和收益进行伪装，使之看起来合法的一种活动和过程，其作为毒品犯罪以及其他有组织犯罪的生命线，受到国际社会的广泛关注。1988 年《联合国禁止非法贩运麻醉药品和精神药物公约》要求缔约国在国内法中将掩饰或隐瞒贩毒犯罪收益确立为刑事犯罪。1989 年我国批准了该公约，1990 年全国人大常委会颁布了《关于禁毒的决定》（已失效），将联合国公约的内容转化为国内法律。

洗钱罪真正引起整个国际社会重视是源于毒品犯罪的泛滥以及毒品犯罪所引发的后续犯罪的多发性。如今，洗钱犯罪越来越多地将科学技术运用到洗钱行为的手段方式上，使得洗钱活动隐蔽性逐渐加强。同时，随着洗钱犯罪活动所涉及的范围越来越广泛，导致犯罪的国际化趋势逐渐增强。国际社会在意识到洗钱犯罪日益猖獗的现实状况后，各国以及各地区都相继出台法律规范以此来提高与洗钱犯罪作斗争的能力。与此同时，国际性的区域公约也在打击洗钱犯罪方面做出了积极的行动，在立法上根据犯罪的演化情况相继制定了若干项反洗钱刑法规范，从而为各公约国在立法上提供了参考，也促使各公约国更好地承担相应的反洗钱义务。

虽然洗钱犯罪在我国出现的时间较晚，但由于我国正处在加速发展和社会转型时期内，洗钱罪在涉罪金额、影响范围的深度和广度上均有大幅度增加，这种现象引起了我国的高度重视。自20世纪80年代末，第七届全国人大常务委员会第九次会议通过了《联合国禁毒公约》，由于《关于禁毒的决定》对洗钱犯罪的规定过于简单，而且仅针对毒品犯罪领域的洗钱活动。为适应打击洗钱犯罪的需要，1997年我国刑法第191条明文规定了洗钱罪："明知是毒品犯罪、黑社会性质的组织犯罪、走私犯罪的违法所得及其产生的收益，为掩饰、隐瞒其来源和性质，有下列行为之一的……（一）提供资金账户的；（二）协助将财产转换为现金或者金融票据的；（三）通过转账或者其他结算方式协助资金转移的；（四）协助将资金汇往境外的；（五）以其他方法掩饰、隐瞒犯罪的违法所得及其收益的来源和性质的。"刑法将洗钱罪的上游犯罪从以前的毒品犯罪扩容到黑社会性质的组织犯罪、走私犯罪，并增加了单位这一犯罪主体。

2011年美国"9·11恐怖事件"后，为了打击恐怖活动犯罪，2001年12月19日，第九届全国人大常务委员会第二十五次会议通过了《刑法修正案（三）》，将洗钱罪的上游犯罪进一步扩容到"毒品犯罪、黑社会性质的组织犯罪、恐怖活动犯罪、走私犯罪"，并提高了单位犯罪的法定刑。2003年12月10日，我国政府签署了《联合国反腐败公约》，并于2005年10月27日被全国人大常委会批准。为了适应反腐败公约的要求以及基于实务界和理论界的呼应，2006年6月29日，第十届全国人大常务委员会第二十二次会议通过了《刑法修正案（六）》，进一步增加了"破坏金融管理秩序犯罪、贪污贿赂犯罪、金融诈骗犯罪"这3个洗钱罪的上游犯罪，并把洗钱罪的行为方式之一"协助将财产转换为现金、金融票据"修改为"协助将财产转换为现金、金融票据、有价证券"。2006年，全国人大常务委员会通过了反洗钱法。其立法宗旨是"为了预防洗钱活动，维护金融秩序，遏制洗钱犯罪及相关犯罪"。反洗钱法主要规定了反洗钱监督管理、金融机构反洗钱义务、反洗钱调查、反洗钱国际合作，对完善我国的反洗钱法律体系具有重要的意义。之后，为了进一步规范洗钱罪的认定，2009 年 9 月 21 日，最高人民法院出台了《关于审理洗钱等刑事案件具体应用法律若干问题的解释》。

此外，需要说明的是，我国目前对洗钱犯罪的规定除了刑法第 191 条规定的洗钱罪之外，还有两个罪名也可以归于洗钱犯罪体系中，即刑法第 312 条规定的掩饰、隐瞒犯罪所得、犯罪所得收益罪和第 349 条规定的窝藏、转移、隐瞒毒赃罪。掩饰、隐瞒犯罪所得、犯罪所得收益罪来源于 1979 年刑法第 172 条规定的窝赃销赃罪，1997 年刑法将该罪名修改为窝藏、转移、收购、销售赃物罪。2006 年，《刑法修正案（六）》再次将此罪名修改为掩饰、隐瞒犯罪所得、犯罪所得收益罪。2009 年，《刑法修正案（七）》对此罪增加了单位犯罪主体。而窝藏、转移、隐瞒毒赃罪则来源于《关于禁毒的决定》，并在 1997 年刑法中正式确立下来。

从刑法及刑法修正案的历次修改情况来看，洗钱罪的上游犯罪有不断扩张的趋势，洗钱罪与掩饰、隐瞒犯罪所得、犯罪所得收益罪在犯罪主体、行为内容及行为对象上有趋同的现象。具体而言：从犯罪主体来看，刑法第 191 条洗钱罪的犯罪主体一直包括自然人和单位，而刑法第 312 条掩饰、隐瞒犯罪所得、犯罪所得收益罪的犯罪主体原本只有自然人，在《刑法修正案（六）》中又增加了单位犯罪主体，与洗钱罪的犯罪主体一致。从行为内容上看，洗钱罪的行为内容是“掩饰和隐瞒”犯罪所得及其收益的来源和性质，而掩饰、隐瞒犯罪所得、犯罪所得收益罪的行为内容也从原来的窝藏、转移、收购、代为销售变更为“掩饰和隐瞒”。从行为对象上看，洗钱罪的清洗对象是犯罪所得及其收益，掩饰、隐瞒犯罪所得、犯罪所得收益罪的行为对象也从原来的“犯罪所得的赃物”变更为“犯罪所得及其产生的收益”。

## 二、我国刑法对洗钱罪的演进完善特点

我国洗钱犯罪规定的演进完善呈现如下特点：

一是与国际公约和标准要求基本同步，如为履行《联合国禁止非法贩运麻醉药品和精神药物公约》，于 1990 年将窝藏、清洗毒品犯罪所得规定犯罪。又如，为履行《联合国制止向恐怖主义提供资助的国际公约》《联合国反腐败公约》，先后将“恐怖活动犯罪”“贪污贿赂犯罪”增列为第 191 条洗钱罪上游犯罪。

二是洗钱罪上游犯罪范围逐步扩大，由最初的三类犯罪，扩展为毒品犯

罪、黑社会性质的组织犯罪等七类犯罪。

三是侧重于通过局部修订的方式进行完善，以赃物犯罪为基础构建洗钱犯罪规定，将第 312 条改造为掩饰、隐瞒犯罪所得、犯罪所得收益罪，同时适用于赃物犯罪和洗钱犯罪。

我国刑法对洗钱犯罪的规定变迁可总结为图 8：①

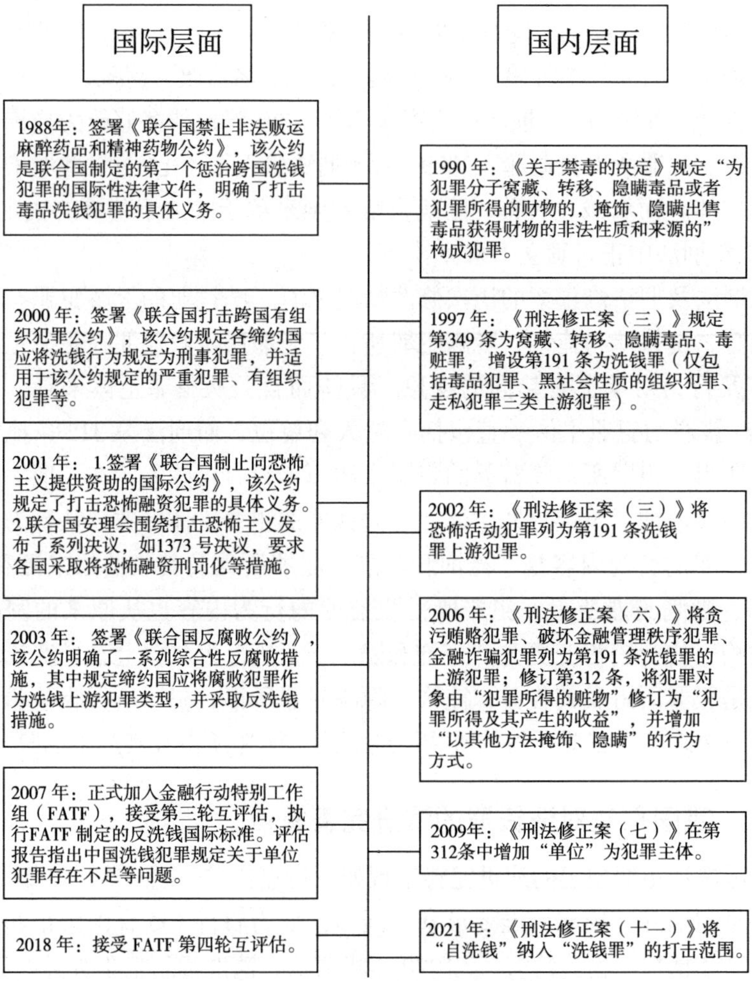


**图 8　我国刑法对洗钱罪的规定变迁**

① 该图参见中国人民银行课题组：《〈刑法〉洗钱犯罪法条竞合问题研究》，载《金融时报》2021 年 9 月 7 日，理论周刊头版。

## 三、《刑法修正案（十一）》对洗钱罪的修订要点

2020年《刑法修正案（十一）》对刑法第191条再次进行修改，一是通过删除“明知”“协助”等用语，将上游犯罪人员“自洗钱”也作为犯罪处理。二是取消了罚金的限额。三是对跨境转移资产等行为方式的表述作了适当调整，以适应当前洗钱行为方式的变化。

《刑法修正案（十一）》对洗钱罪的修订涉及自洗钱、行为方式、明知要件和罚金刑等问题，特别是将自洗钱入罪，是刑法对洗钱犯罪做的重大调整，体现出与时俱进和合理调整的刑事立法立场，是我国反洗钱刑事法律规制中的巨大进步。自洗钱入罪不仅是将构成洗钱罪犯罪主体扩张的问题，它将带来对洗钱罪整体性的修正，包括自洗钱的定义，自洗钱行为的罪数、自洗钱与自窝赃的区分，自洗钱入罪后对共同犯罪区分的影响等一系列问题，都需要我们认真研究讨论。

### （一）自洗钱入罪

《刑法修正案（十一）》通过删除第191条关于客观行为方式中3个“协助”和“明知”等术语，解禁了洗钱罪只能由他犯构成的限制性框架，从而将自洗钱纳入洗钱罪的打击范围。从法律意义上看，正如立法机关所言，自洗钱的单独入罪可以为有关部门有效预防、惩治洗钱违法犯罪以及境外追逃追赃提供充足的法律保障。这是《刑法修正案（十一）》对洗钱罪进行修订的最大“亮点”，可谓是在国际外在压力和国内顶层设计要求下的刑事立法反应，实属来之不易。

从刑事司法的角度，在具体适用时，要特别关注新增“自洗钱”行为构成洗钱罪的规定，上游犯罪分子实施犯罪后，掩饰、隐瞒犯罪所得来源和性质的，应当对上游犯罪和洗钱罪实行数罪并罚，不再被上游犯罪吸收。司法机关在办理上游犯罪案件时，应当同步审查上游犯罪主体以及其他涉案人员是否涉嫌洗钱犯罪。在审查起诉时发现遗漏认定洗钱罪的，应当要求相关部门移送起诉或者自行侦查；对于证据确实、充分的，可以直接以洗钱罪追加、补充起诉。①

① 孙谦：《刑法修正案（十一）的理解与适用》，载《人民检察》2021年第8期。

**（二）洗钱方式修订**

《刑法修正案（十一）》在既有的“列举式”模块上，对第2、3、4项行为方式进行修改；对于第1项和第5项行为方式，则未作任何调整。

在列举的第三种洗钱方式“通过转账或者其他结算方式协助资金转移”之中，增加“支付”一词，从而将通过地下钱庄进行洗钱的突出问题纳入打击范围。为了加强国际合作和打击腐败犯罪，《刑法修正案（十一）》将洗钱罪中列举的第四种方式“协助将资金汇往境”，修改为“跨境转移资产”，其所包含的内容更加丰富。

**（三）“明知”术语的删除**

《刑法修正案（十一）》对洗钱罪作出重大修改，删除了“明知”要件，对此论者意见不一，但通说认为，洗钱罪是故意犯罪，修正案删除“明知”是与自洗钱入罪保持一致，上游犯罪行为人对犯罪所得的来源和性质是理所当然“明知”的，而对于帮助洗钱行为人，应以行为人主观上认识到是刑法第191条规定的上游犯罪的所得及其收益为前提。

**（四）比例罚金的变化**

《刑法修正案（十一）》改为“并处罚金”，即将限额罚金制中的倍比罚金与百分比罚金制，修订为无限额罚金制，以此从财产刑方面加大惩治的力度，彻底遏制经济犯罪人的利益驱动力。这种刑事立法思路的转变，在《刑法修正案（十一）》修改洗钱罪和其他金融犯罪的罚金刑时也得以体现。

## 第二节　我国洗钱犯罪的执法体系

为了防范和遏制犯罪分子利用金融体系和特定非金融行业清洗犯罪收益或资助恐怖活动，我国将一切掩饰、隐瞒犯罪所得及其收益的行为规定为刑事犯罪。

### 一、我国反洗钱执法体系概述

我国反洗钱现行查处机制主要可以概括为两大部分。

### （一）洗钱线索的发现、调查和移送

1.金融机构或特定非金融机构①发现并向人民银行②报告的可疑交易，经人民银行分析审核或补充调查后，移送给有侦查权的公安、国家安全、海关和监察委；

2. 监察委、税务总局、市场监督管理局、证监会、银保监、外汇局等行政部门在执行行政法规的过程中，针对发现的洗钱等犯罪线索，按照程序向人民银行或公安等侦查机关移交；

3. 侦查机关在侦办上游犯罪案件过程中发现洗钱线索。

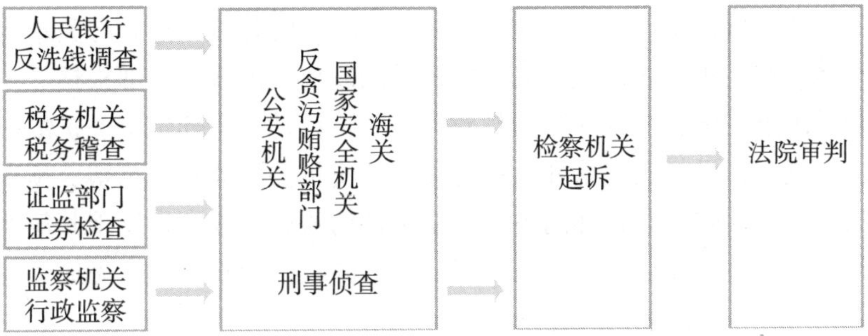


**图 9　我国反洗钱执法体系流程**

### （二）案件侦办、起诉和审判

侦查机关接受移送线索，确定涉嫌洗钱犯罪的，开展案件侦办，案件侦结后由检察院作为公诉人发起诉讼，法院依法进行审判。

## 二、执法体系中各部分主要功能

我国反洗钱现行执法框架主要包括刑事执法和行政执法两个方面。

---

① 根据反洗钱法和反恐怖主义法等法律要求，国内特定非金融机构负有对恐怖融资交易依法采取预防、监控措施，对涉及恐怖活动资产进行冻结的义务。截至目前，社会组织、房地产中介机构、珠宝和贵金属经销商、公司注册代理机构以及会计师、律师和公证行业被纳入上述监管范围。

② 中国人民银行作为反洗钱行政主管部门，在查处机制中承担资金监测、可疑交易活动调查，以及协助侦查机关查询相关交易记录及客户资料等职责，为履行相应职责，中国人民银行设立了反洗钱局，组建了金融情报中心中国反洗钱监测分析中心，并在各级分支机构建立了专业的反洗钱部门。

**（一）刑事执法**

根据《中华人民共和国刑事诉讼法》等法律法规，侦查机关、检察机关、审判机关共同履行刑事诉讼权。公安机关、海关、检察机关、国家安全机关对其管辖的刑事案件具有侦查权并拥有充足的侦查手段。通常按照属地管辖原则办理案件，对跨辖区案件通常由上级机关指定管辖。

公安部门对各类刑事犯罪（含洗钱犯罪）进行侦查。监察委反贪污贿赂局经法律明确授权，对国家机关工作人员职务犯罪有侦查权和采取强制性措施的法定职权。海关缉私部门根据《中华人民共和国海关法》对跨境走私等犯罪活动进行侦查；海关缉私局是中国海关的重要组成部分，也是我国公安机关的一个组成部分，又称“缉私警察”，同时接受公安部和海关总署的领导，同样拥有宪法和法律规定的公安机关的职权。国家安全部根据《中华人民共和国国家安全法》等法律法规对涉嫌恐怖活动、恐怖融资、扩散融资等活动进行查办，可行使宪法和法律规定的公安机关的侦查、拘留、预审和执行逮捕的职权。同时，各部门各自管辖案件的侦办过程中，发现其他类型犯罪线索的，也会相互通报、移送线索或联合办案。侦查机关在完成案件侦办后，应将案件移送检察机关起诉。

人民检察院是我国法律监督机关。人民法院作为审判机关依法判决。人民法院、公安机关和监狱等执行机关根据《中华人民共和国刑事诉讼法》规定对已经发生法律效力的判决和裁定实施刑事处罚。

**（二）行政执法**

在刑事执法之外，监察、税务等部门还可依据有关行政法律对违法行为开展行政调查和处罚，并将发现的涉嫌犯罪线索移送侦查机关做进一步处理。

1. 反洗钱调查

中国人民银行作为反洗钱行政主管部门，经反洗钱法授权，对发现的可疑交易活动可以向金融机构进行调查，包括查阅、复制被调查对象的账户信息、交易记录和其他有关资料，调查后不能排除洗钱嫌疑的应立即向侦查机关报案。对于客户要求将调查所涉及的账户资金转往境外的，可以采取临时冻结措施。

2. 行政监察

监察机关根据行政监察法对各级政府及其公务员和政府任命的其他人员履行法律和行政纪律的情况实施监察，有权要求被监察部门和人员提供有关材料（包括财务账目），必要时可予以扣留封存。在调查贪污、贿赂、挪用公款等违反行政纪律的行为时，可以查询案件涉嫌单位和涉嫌人员在银行或者其他金融机构的存款；必要时，可以提请人民法院采取保全措施，依法冻结涉嫌人员在银行或者其他金融机构的存款。经调查发现涉嫌违反刑法的犯罪线索，移交检察机关或公安机关作进一步侦查。

3. 税务稽查

税务机关按照税收征管法等法律法规对纳税人、扣缴义务人和其他涉税当事人履行纳税义务及其他税法遵从情况进行稽查，主要是对涉及偷税（逃避缴纳税款）、逃避追缴欠税、骗取出口退税、抗税和虚开发票等涉税违法行为进行查处。在稽查过程中，税务机关有权检查账簿、凭证等有关资料，查询存款账户，发现偷税（逃避缴纳税款）、逃避追缴欠税、骗取出口退税、抗税和虚开发票等违法行为，税务机关给予相应行政处罚。情节严重、涉嫌犯罪的，依法移送公安机关进一步侦查取证。

4. 证券稽查

证券监管机关根据证券法对违反证券市场监督管理法律、行政法规的行为进行查处，包括内幕交易、操纵市场、编造传播虚假信息、欺诈客户等违法行为。证券监管机关在稽查中有权对证券发行人、上市公司、证券业金融机构和服务机构进行现场检查，查阅、复制有关财产权登记、证券交易记录、财务会计资料等，查询有关资金账户、证券账户和银行账户，对可能转移或者隐匿违法资金、证券等涉案财产的可冻结或者查封。

## 三、反洗钱执法体系的完善

反洗钱执法体系中的衔接协同问题一直受到关注和推动，如最高检在2022年发布的惩治洗钱犯罪中的马某益受贿、洗钱案强调，[①] 审查贪污贿赂犯罪案件过程中发现涉嫌洗钱犯罪线索的，可以商监察机关后移送公安机关立案侦查；对于洗钱犯罪事实清楚，证据确实、充分的，可以商监察机关、公安机关后，直接以洗钱罪追加、补充起诉。移送起诉将洗钱罪不当认定为其他犯罪的，应当商监察机关、公安机关后，依法变更起诉罪名为洗钱罪。

为深入学习贯彻党的二十大精神，全面贯彻习近平法治思想，推进落实党中央关于加强反洗钱工作的决策部署，2023 年 9 月，国家监察委员会办公

① 《检察机关惩治洗钱犯罪典型案例》，载最高人民检察院官网，https://www.spp.gov.cn/spp/xwfbh/wsfbt/202211/t20221103_591486.shtml#2，2023 年 9 月 30 日最后访问。

厅、最高人民检察院办公厅、公安部办公厅联合印发了《关于在办理贪污贿赂犯罪案件中加强反洗钱协作配合的意见》(以下简称《意见》),就监察机关、检察机关、公安机关在办理贪污贿赂犯罪中切实加强反洗钱协作配合工作提出明确要求,以进一步加大办案力度,全面推进打击治理洗钱犯罪,更好地维护国家安全、社会安全和人民群众切身利益。[①]《意见》突出强调要加强协作配合机制建设,建立多部门参与、职责清晰、配合有力、运转高效的打击治理贪污贿赂犯罪领域洗钱犯罪协作机制,形成工作合力,明确了办理相关案件的总体要求、职责分工、工作机制、组织领导等问题。

《意见》要求,各级监察机关、检察机关、公安机关自觉把贪污贿赂犯罪中反洗钱工作置于维护国家安全大局中统筹把握,以新安全格局保障新发展格局。既要有效调查上游贪污贿赂犯罪,又重视洗钱犯罪办理,贯彻贪污贿赂犯罪与洗钱罪"一案双查"机制,同步审查贪污贿赂犯罪的犯罪所得及收益的去向和转移过程。

《意见》进一步明确了三机关职责。监察机关在调查贪污贿赂犯罪案件中,结合追赃挽损工作,查明涉案财物的权属、来源、去向、收益以及与违法犯罪事实的关系等情况。发现涉案人员涉嫌"自洗钱"犯罪的,应当及时收集固定"自洗钱"犯罪相关证据,并将"自洗钱"犯罪线索及相关证据材料移送公安机关办理;"自洗钱"犯罪事实已经查明且确有必要时,也可以将"自洗钱"犯罪事实列入起诉意见书相应职务犯罪事实中叙明,移送检察机关审查起诉;发现涉案人员涉嫌"他洗钱"的,应当及时将洗钱犯罪线索移送有管辖权的公安机关。公安机关依法打击各种洗钱和地下钱庄犯罪,摧毁源头性犯罪组织和职业化犯罪团伙,阻断非法资金流转通道,切实追缴犯罪所得及其收益。如发现可疑线索应当追踪相关资金来源和去向,及时收集固定证据,查明洗钱犯罪相关事实,移送检察机关审查起诉。办案中发现公职人员违纪违法或者涉嫌相关职务犯罪线索,及时移送监察机关,其中涉及司法工作人员利用职权实施的刑讯逼供、徇私枉法等侵犯公民权利、损害司法公正犯罪的,可以同时通报检察机关。检察机关切实履行法律监督职责,加强对洗钱刑事案件立案、侦查和审判活动的监督。在提前介入、审查起诉

---

① 《国家监委、最高检、公安部印发在办理贪污贿赂犯罪案件中加强反洗钱协作配合的意见》,载最高人民检察院官网,https://www.spp.gov.cn/xwfbh/wsfbh/202309/t20230920_628642.shtml,2023 年 9 月 30 日最后访问。

贪污贿赂案件中，应当同步审查是否存在洗钱犯罪线索。经审查发现洗钱犯罪线索的，建议监察机关统筹处置，或者将洗钱犯罪线索移送公安机关并通报监察机关。对监察机关移送起诉的贪污贿赂犯罪案件，发现遗漏认定洗钱犯罪，但事实清楚，证据确实、充分，符合起诉条件的，经征求监察机关、有管辖权的同级公安机关意见后，没有不同意见的，可以与贪污贿赂犯罪一并提起公诉。

《意见》提出要建立健全案件会商、信息共享机制。监察机关、检察机关、公安机关可以就重大、疑难、复杂案件中的问题进行会商，依法精准打击洗钱犯罪。加强信息化、智能化建设，运用大数据等技术逐步推进跨部门大数据协同办案，实现案件的网上办理、流转。加强洗钱工作重要数据和情况的分析研判，建立健全业务信息、简报、通报、重大案件、工作举措等共享交换机制。推动建立涉洗钱犯罪案件银行账户交易、第三方支付、数字人民币交易快速查询通道，服务支撑基层执法办案。

《意见》提出要强化协同作战机制。监察机关、公安机关在查办案件中发现洗钱犯罪的，检察机关可以按照有关规定提前介入、强化协作配合等方式，就证据收集、事实认定、案件定性、法律适用等提出意见。对社会关注的重大、疑难、复杂、敏感案件，上级监察机关、公安机关、检察机关可以联合挂牌督办。承办案件的监察机关、公安机关、检察机关应当严格按照督办要求，做好案件办理工作，在案件办理关键节点和取得重大进展时应及时报告。

《意见》提出要深化源头治理。坚持标本兼治，系统治理，做好办案“后半篇文章”。在办理洗钱犯罪及相关上游贪污贿赂犯罪案件过程中，发现金融机构、非银行支付机构等反洗钱义务机构存在管理漏洞和风险隐患的，应及时向中国人民银行及其分支机构、金融监督管理部门、证券期货监督管理部门、外汇管理部门等负有监管职责的部门通报情况，从组织领导、制度机制、方法举措等方面提出整改建议，实现办理一案、警示一片、治理一域的综合效果。

## 四、从贪贿犯罪查处洗钱的司法案例

**案例：马某某、徐某某等 9 人系列行贿案**[①]

被告人马某某、徐某某等 9 人，系从事汽车维修、高速公路停车场运营、车辆年审服务等业务的社会人员。

2017 年 1 月至 2018 年 10 月，马某某、徐某某等 9 人分别多次请托某市公安局高速交警支队某大队交通民警刘某（已判决），由刘某利用负责查处车辆违法的职务便利，对其大队查处的违法车辆予以放行，帮助违法人员逃避处罚。为感谢刘某的帮助，马某某、徐某某等 9 人分别向刘某行贿 3.58 万元人民币（币种下同）至 15.34 万元不等。

2019 年 4 月 17 日至 2020 年 3 月 30 日，山东省济南市历下区监察委员会陆续将马某某、徐某某等 9 人以涉嫌行贿罪移送济南市历下区人民检察院审查起诉。历下区人民检察院经审查，均适用认罪认罚从宽制度。案件提起公诉之后，济南市历下区人民法院全部采纳量刑建议，于 2019 年 7 月 15 日至 2020 年 8 月 28 日，分别以行贿罪判处马某某、徐某某等 9 人有期徒刑 6 个月、缓刑 1 年至有期徒刑 10 个月不等，分别并处罚金 10 万元。判决均已生效。

本案中，证人陈某雷应刘某要求，曾办理一张银行卡供刘某用于收取贿赂款。刘某在被调查期间，为掩饰收受贿赂行为，安排陈某雷将卡内赃款 46 万元取现转移，并将账户销户。经审查，陈某雷明知刘某为规避组织调查，银行卡内款项可能系受贿所得，仍实施上述行为，涉嫌洗钱犯罪。监察机关履行互涉案件组织协调职责，将该线索移送公安机关，检察机关监督公安机关对该案立案侦查。陈某雷最终被法院以洗钱罪判处有期徒刑 1 年，缓刑 1 年，并处罚金 25000 元。

在论述本案的典型意义中，中央纪委国家监委、最高检强调，要强化“双查”意识，同步审查洗钱犯罪线索。监察机关、检察机关在调查、审查贿赂案件时，要注重调取审查犯罪所得及其收益的来源、性质及去向的相关证据，如资金的转账、交易记录等，注意分析发现洗钱犯罪线索，并做好线索的移送和跟踪监督工作，更加有力地惩治犯罪。

---

① 《中央纪委国家监委、最高检联合发布 5 起行贿犯罪典型案例》，载微信公众号“最高人民检察院”，2023 年 3 月 29 日。

# 第三节　洗钱犯罪惩治的协调和合作机制

## 一、洗钱犯罪惩治的协调机制

为了充分发挥各执法部门的职能作用，加强各部门间的协调合作，我国还在中央和地方层面建立了多种形式的执法协调机制，其中：核心机制为国务院反洗钱工作部际联席会议。该联席会议制度于2002年由国务院批准建立，作为国务院反洗钱工作的议事协调机制，负责指导全国反洗钱工作，制定国家反洗钱的重要方针、政策，制定国家反洗钱国际合作的政策措施，协调各部门、动员全社会开展反洗钱工作。目前，联席会议由中国人民银行牵头，成员单位包括最高人民法院、最高人民检察院、公安部、外交部等23个政府部门，当前，反洗钱部际联席会议的成员为21家。在地方各层级，也建立了由当地人民银行分支机构牵头、各相关部门参加的反洗钱协调机制。

**表6 《反洗钱工作部际联席会议制度》所载明的各部门职责**[①]

| 单位 | 职责 |
|---|---|
| 中国人民银行 | 承办组织协调国家反洗钱的具体工作；承办反洗钱的国际合作与交流工作；指导、部署金融业反洗钱工作，会同有关部门研究制定金融业反洗钱政策措施和可疑资金交易监测报告制度，负责反洗钱的资金监测；汇总和跟踪分析各部门提供的人民币、外币等可疑资金交易信息，涉嫌犯罪的，移交司法部门处理；协助司法部门调查处理有关涉嫌洗钱犯罪案件；研究金融业反洗钱工作的重大和疑难问题，提出解决方案；协调和管理金融业反洗钱工作的对外合作与交流项目。会同有关部门指导、部署非金融高风险行业的反洗钱工作。 |
| 最高人民法院 | 督办、指导洗钱犯罪案件的审判，针对审理中遇到的有关适用法律问题，适时制定司法解释。 |
| 最高人民检察院 | 督办、指导洗钱犯罪案件的批捕、起诉、立案监督，注意发现和查处隐藏在洗钱犯罪背后的国家工作人员职务犯罪案件，针对检察工作中遇到适用法律问题，适时制定司法解释。 |

① 《反洗钱工作部际联席会议制度》，载中国人民银行官网，http：//www.pbc.gov.cn/fanxiqianju/135153/135173/2832890/index.html，2023年9月30日最后访问。

续表

| 单位 | 职责 |
| --- | --- |
| 外交部 | 研究反洗钱国际合作有关政策，研究并协助开展我国加入国际或区域反洗钱组织、各国政府间的反洗钱合作及履行有关国际公约的义务等事项。 |
| 公安部 | 组织、协调、指挥地方公安机关做好洗钱犯罪的防范工作，以及涉嫌犯罪的可疑资金交易信息的调查、破案工作。 |
| 国家安全部 | 参与洗钱犯罪的情报搜集与处理，研究相应的信息共享和合作调查方案；通过国际合作等渠道，对涉外可疑洗钱活动按管辖配合进行调查核实。 |
| 监察部 | 调查处理洗钱活动所涉及的国家行政机关、国家公务员和国家行政机关任命的其他人员违法违纪问题；加强体制、机制和制度建设，注重从源头上遏制洗钱活动；研究建立打击利用洗钱进行贪污贿赂等腐败行为的信息共享与合作调查机制。 |
| 司法部 | 在律师、公证法律服务领域加强反洗钱制度建设；研究反洗钱司法协助，并根据有关条约和公约，协调开展反洗钱领域的司法协助，特别是协调追讨流至境外的资金。 |
| 财政部 | 落实应由政府承担的反洗钱工作所需经费。进一步加强对财政资金与账户的管理。研究、强化对金融类国有资产与行政事业性国有资产的监管。研究建立洗钱所涉资金的追缴入库制度。研究建立会计师事务所、评估机构等中介机构以及注册会计师、评估师等执业人员协助开展反洗钱工作的机制。利用国际双边、多边合作以及相关的国际论坛，开展反洗钱工作。 |
| 建设部 | 在房地产领域开展反洗钱工作；研究在房地产领域开展反洗钱工作的政策措施。 |
| 商务部 | 参与加强对洗钱活动频发领域和区域的管理；研究对三资企业进行反洗钱监管问题，提出相关政策建议；参与加强对进出口贸易的监管，防止境内外不法分子勾结、利用虚假进出口贸易进行洗钱。 |
| 海关总署 | 研究建立在口岸现场打击跨境洗钱行为的监管和查处体系，加强对进出口贸易过程中的货币、存折、有价证券以及金银制品的进出境监管、查验，防止犯罪分子利用虚假进出口贸易进行洗钱活动；密切与相关部门的合作，制定信息共享和合作的工作方案，加强对进出口贸易的监测工作。 |

续表

| 单位 | 职责 |
| --- | --- |
| 税务总局 | 参与研究打击和防范涉及洗钱的偷税、逃避追缴欠税、骗税等税收违法行为的政策措施，会同相关部门研究建立相应的信息传递和执法合作机制。 |
| 工商总局 | 严格市场准入，加强分类监管，建立与中国人民银行、公安、安全、税务、海关等相关部门反洗钱信息沟通、通报体系，配合有关部门对非金融行业的洗钱活动频发领域实施反洗钱监管。 |
| 广电总局 | 参与反洗钱工作的宣传教育工作，提高公民反洗钱意识。 |
| 国务院法制办 | 参与起草反洗钱法律、法规，参与反洗钱专门法律法规立法调研。 |
| 解放军总参谋部 | 搜集、提供洗钱犯罪情报信息；协助追缉外逃犯罪分子；参与反洗钱国际合作；加强打击边境地区的洗钱活动。 |
| 银监会 | 协助人民银行研究银行业的反洗钱政策措施和可疑资金交易监测报告制度，协助人民银行研究制定银行业反洗钱监管指引，协助人民银行对银行业执行反洗钱规定实施监管。 |
| 证监会 | 配合人民银行研究证券期货业反洗钱政策措施和可疑资金交易监测报告制度，研究制定证券期货业反洗钱规章制度及监管指引，负责对证券期货业执行反洗钱规定实施监管，研究国际和国内证券期货业反洗钱的重大问题并提出政策建议。 |
| 保监会 | 在人民银行的组织协调下，负责保险行业的反洗钱工作。参与研究制定保险业的可疑资金交易监测报告制度；研究制定保险业反洗钱监管指引；对保险机构执行反洗钱法规实施现场和非现场监管；研究国际和国内保险业反洗钱的重大问题并提出政策建议。 |
| 邮政局 | 协助人民银行和银监会研究对邮政储蓄业务的反洗钱政策措施和可疑资金交易监测报告制度，研究对邮政汇款体系执行反洗钱规定情况实施监管。 |
| 外汇局 | 在人民银行的统一领导下，负责对大额、可疑外汇资金交易报告工作进行监督管理，制定和完善大额、可疑外汇资金交易报告制度；监测跨境资金异常流动情况，汇总、筛选和分析金融机构报告的大额和可疑外汇资金交易信息，对涉嫌外汇违规的行为进行查处，对涉嫌其他违法犯罪的，移交相关的执法部门和司法处理；与各行政执法部门和司法部门合作，打击“地下钱庄”等非法外汇资金交易活动及外汇领域的其他违法犯罪活动；管理和指导金融机构做好与外汇业务相关的反洗钱工作；参与研究本外币统一的可疑资金交易报告标准。 |

其他相关协调机制包括：国家禁毒委和其专门成立的由公安部、人民银行、最高人民法院、最高人民检察院等部门组成的涉毒反洗钱工作小组；国务院处置非法集资部际联席会议；国务院打击治理电信网络新型违法犯罪工作部际联席会议；全国打击走私综合治理部际联席会议；防范和打击出口骗税部际联席会议。

## 二、洗钱犯罪惩治的合作机制

### （一）金融情报协查

金融情报协查是指对于涉嫌洗钱的犯罪，法定的相关执法部门直接请求中国人民银行协助调查，由中国人民银行通过反洗钱监测分析中心或反洗钱调查手段将有关资料和分析结果反馈执法部门。反洗钱协查是金融情报使用的重要方式，通过人民银行协助调查，可显著提高执法机关获取和使用金融情报的范围和效率，最大限度发挥金融情报在刑事侦查工作中的作用。

### （二）执法数据共享

近年来，执法部门和反洗钱部门、金融监管部门不断探索完善利用数据平台实现金融情报的高效使用。具体包括但不限于以下几个方面：

一是公安部经济犯罪侦查局与中国人民银行反洗钱中心签订《电子化交换平台合作备忘录》，实现通过专线查询和在线反馈洗钱情报数据，提高了侦查和协查工作效率。

二是人民银行与公安部共同建立了电信网络新型违法犯罪资金查控平台，实现对诈骗资金的紧急止付和快速冻结，为公安机关查控银行业金融机构和非银行支付机构资金提供了有效途径。

三是银监会与公安部、最高人民检察院、国家安全部联合印发《银行业金融机构协助人民检察院公安机关国家安全机关查询冻结工作规定》，提出广泛运用现代信息技术开展查询、冻结工作，利用跨地区协作、大规模集中、银行内部协作查询等新方式，全面提升涉案资金查控效率，并逐步建立两级资金查控平台。金融情报在打击重点类型上游犯罪活动当中的作用日益显现。

### （三）反洗钱三年行动计划

2022 年，中国人民银行、公安部牵头 11 个中央机关联合印发了《打击治理洗钱违法犯罪三年行动计划（2022—2024 年）》，决定于 2022 年 1 月至 2024 年 12 月在全国范围内开展打击治理洗钱违法犯罪三年行动。

三年行动计划的主要任务包括四个方面：通过推动反洗钱法修订工作，修订相关司法解释，完善数据统计方法，完善数据信息共享机制，进一步完善法律制度；通过规范可疑交易情报线索移送管理，落实“一案双查”工作机制，加强情报线索研判和案件会商，进一步强化协同配合；通过强化洗钱类型分析，规范可疑交易线索移送标准和工作程序，提高移送线索质量，加强反洗钱调查协查，进一步提升实战效能；通过增强反洗钱义务机构洗钱风险防控能力，落实工作责任，加强问题通报和整改，增强洗钱风险防控能力，建立“以案倒查”工作机制，进一步深化源头治理。

# 第八章　刑事法律适用的难题

在我国，刑法第 191 条洗钱罪适用率一直较低，也是反洗钱国际组织金融行动特别工作组（FATF）在对我国反洗钱工作有效性评估中重点关注的问题。2021 年，《刑法修正案（十一）》对洗钱罪作出重大修订，为解决洗钱罪的适用问题作出立法回应。欲破解第 191 条洗钱罪的成罪难题，除了需要洗钱罪的立法完善，也需要司法机关准确把握洗钱罪的构成要件和证据标准。长期以来，理论界和实务界对洗钱罪的关注不足，司法案例积累不足，对洗钱罪的法律适用问题仍存争议，值得深入研究。

## 第一节　洗钱犯罪的上游犯罪

### 一、上游犯罪的刑法规定

通过对我国刑法关于洗钱罪的立法和修订历史回溯不难看出，洗钱罪的上游犯罪一直呈现扩张态势。从 1997 年我国刑法明文规定"洗钱罪"上游犯罪包含"毒品犯罪、黑社会性质的组织犯罪、走私犯罪"，将洗钱罪的上游犯罪从以前的毒品犯罪扩容到黑社会性质的组织犯罪、走私犯罪，并增加了单位这一犯罪主体。

2001 年，《刑法修正案（三）》将洗钱罪的上游犯罪进一步扩容到"毒品犯罪、黑社会性质的组织犯罪、恐怖活动犯罪、走私犯罪"，并提高了单位犯罪的法定刑。2006 年，《刑法修正案（六）》进一步增加了"破坏金融管理秩序犯罪、贪污贿赂犯罪、金融诈骗犯罪"这三个洗钱罪的上游犯罪。

《刑法修正案（十一）》对洗钱上游犯罪的范围未作修订，刑法第 191 条对洗钱罪的上游犯罪包括"毒品犯罪、黑社会性质的组织犯罪、恐怖活动犯罪、走私犯罪、贪污贿赂犯罪、破坏金融管理秩序犯罪、金融诈骗犯罪"。条文采取了概括性表述的方式，未明确到具体适用的罪名。

如何认定上游犯罪适用的具体罪名范围？对此，应当根据刑法解释的基本方法，在文义的可能范围内进行实质解释，不能对上游犯罪从文字本身做机械理解。

## 二、细分领域的讨论

### （一）毒品犯罪

毒品犯罪可以包括刑法第六章第七节规定的所有罪名，不应限缩至含有“毒品”字样的罪名。如在一起案件中，被告人甲于2021年5月23日至2022年3月29日期间，共计11次分别在四川、重庆等地将数量不等的毒品贩卖给不同的买家并收取数额不等的毒资。此外，甲还曾多次以钟点房、派对房等名义，将租用的某大厦301室提供给吸毒人员使用，并按小时向吸毒人员收取租用房间的费用。在此案中，被告人甲实施的贩卖毒品犯罪无疑可以成为洗钱罪的上游犯罪，而且容留他人吸毒所获收益也可以成为洗钱罪所清洗的对象，即容留他人吸毒罪可以成为洗钱罪的上游犯罪。

### （二）黑社会性质的组织犯罪

此处的黑社会性质的组织犯罪主要是指刑法第294条规定的3个罪名。也有观点认为，黑社会性质的组织犯罪是一个类罪名，归属于这一类犯罪之下的标准是犯罪组织的性质和特征，根据刑法第294条的立法解释精神，可以认为只要具备了解释中的四个方面特征的黑社会性质组织实施的具体犯罪都应该属于黑社会性质组织的犯罪。“黑社会性质的组织犯罪所得及其产生的收益”的范围，指出，包括在黑社会性质组织的形成、发展过程中，该组织及组织成员通过违法犯罪活动或其他不正当手段聚敛的全部财物、财产性权益及其孳息、收益。但如果相关上游犯罪人员未以黑社会性质组织相关犯罪定罪，恐引发争议。

**案例：曾某洗钱案**[①]

被告人曾某，系江西省众某实业有限公司（以下简称众某公司）法定代表人。

2009年至2016年，熊某（另案处理）在担任江西省南昌市生米镇山某

① 参见2021年《最高人民检察院、中国人民银行惩治洗钱犯罪典型案例》，载最高人民检察院官网，https：//www.spp.gov.cn/spp/xwfbh/wsfbt/202103/t20210319_513155.shtml#2，2023年7月28日最后访问。

村党支部书记期间，组织、领导黑社会性质组织，依仗宗族势力长期把持村基层政权，垄断村周边工程攫取高额利润，以暴力、威胁及其他手段，有组织地实施故意伤害、寻衅滋事、聚众斗殴、非国家工作人员受贿等一系列违法犯罪活动，称霸一方，严重扰乱当地正常的政治、经济、社会生活秩序。熊某因犯组织、领导黑社会性质组织罪、故意伤害罪、寻衅滋事罪、聚众斗殴罪、非国家工作人员受贿罪、对非国家工作人员行贿罪被判处执行有期徒刑 23 年，剥夺政治权利 2 年，并处没收个人全部财产。

2014 年，南昌市银某房地产开发有限公司（以下简称银某公司）为低价取得山某村 157.475 亩土地使用权进行房地产开发，多次向熊某行贿，曾某以提供银行账户、转账、取现等方式，帮助熊某转移受贿款共计 3700 万元。其中，2014 年 1 月 29 日，曾某受熊某指使，利用众某公司银行账户接收银某公司行贿款 500 万元，然后转账至其侄女曾某琴银行账户，再拆分转账至熊某妻子及黑社会性质组织其他成员银行账户。2 月 13 日，在熊某帮助下，银某公司独家参与网上竞拍，并以起拍价取得上述土地使用权。4 月至 12 月，熊某利用其实际控制的江西雅某实业有限公司（以下简称雅某公司）银行账户，接收银某公司以工程款名义分 4 次转入的行贿款，共计 3200 万元。后曾某受熊某指使，多次在雅某公司法定代表人陈某陪同下，通过银行柜台取现、直接转账或者利用曾某个人银行账户中转等方式，将上述 3200 万元转移给熊某及其妻子、黑社会性质组织其他成员。上述 3700 万元全部用于以熊某为首的黑社会性质组织的日常开支和发展壮大。

2016 年 11 月 16 日，熊某因另案被检察机关立案侦查，曾某担心其利用众某公司帮助熊某接收、转移 500 万元受贿款的事实暴露，以众某公司名义与银某公司签订虚假土方平整及填砂工程施工合同，将上述 500 万元受贿款伪装为银某公司支付给众某公司的项目工程款。

2018 年 11 月 28 日，南昌市公安局以涉嫌组织、领导、参加黑社会性质组织罪等六个罪名将熊某等 18 人移送起诉。检察机关审查发现在案查封、扣押、冻结的财产与该黑社会性质组织经济规模严重不符，大量犯罪所得去向不明，随即依法向中国人民银行南昌中心支行调取该黑社会性质组织所涉账户资金去向相关证据材料，并联同公安机关、人民银行反洗钱部门对本案所涉大额取现、频繁划转、使用关联人账户等情况进行追查、分析，查明曾某及其关联账户与熊某等黑社会性质组织成员的账户之间有大额频繁的异常资金转移。2019 年 3 月 30 日，南昌市东湖区人民检察院向南昌市公安局发出

《补充移送起诉通知书》，要求对曾某以涉嫌洗钱罪补充移送起诉。南昌市公安局立案侦查后，于5月13日移送起诉。

曾某到案后，辩称对熊某黑社会性质组织犯罪不知情，不具有洗钱犯罪主观故意。东湖区人民检察院介入侦查，引导公安机关进一步查证曾某协助转移资金的主观心态：一是收集曾某、熊某二人关系的证据，结合曾某对二人交往情况的相关供述，证明曾某、熊某二人同是生米镇本地人，交往频繁，是好友关系，曾某知道熊某在当地称霸并实施多种违法犯罪活动。二是收集曾某身份及专业背景的证据，结合曾某对工程建设的相关供述，证明曾某长期从事工程承揽、项目建设等业务，知道银某公司在工程未开工的情况下付给熊某3700万元工程款不符合工程建设常规，实际上是在拿地、拆迁等事项上有求于熊某。根据上述证据，东湖区人民检察院认定曾某主观上应当知道其帮助熊某转移的3700万元系黑社会性质的组织犯罪所得，于2019年6月28日以洗钱罪对曾某提起公诉。东湖区人民法院于同年11月15日作出判决，认定曾某犯洗钱罪，判处有期徒刑3年6个月，并处罚金300万元。曾某未上诉，判决已生效。

最高检在该案例的典型意义中明确了“黑社会性质的组织犯罪所得及其产生的收益”的范围，指出，包括在黑社会性质组织的形成、发展过程中，该组织及组织成员通过违法犯罪活动或其他不正当手段聚敛的全部财物、财产性权益及其孳息、收益。认定黑社会性质组织及其成员实施的各种犯罪所得及其产生的收益，可以从涉案财产是否为该组织及其成员通过违法犯罪行为获取、是否系利用黑社会性质组织影响力和控制力获取、是否用于黑社会性质组织的日常开支和发展壮大等方面综合判断。

**（三）恐怖活动犯罪**

恐怖活动犯罪包括刑法第120条及之一、之二、之三、之四、之五、之六等与恐怖活动相关的各个罪名。如为参加恐怖组织、接受恐怖活动培训或者实施恐怖活动，偷越国（边）境的，当行为人因涉恐怖而触犯刑法第322条“偷越国（边）境罪”时，该罪也应属于本罪规定的“恐怖活动犯罪”。

**（四）走私犯罪**

此处的走私犯罪主要是指刑法第三章第二节的犯罪，走私毒品罪已经包含在毒品犯罪之中。

**（五）破坏金融管理秩序犯罪和金融诈骗犯罪**

刑法第三章第四节、第五节规定的全部罪名。

值得探讨的问题是，如果行为人实施了刑法第225条规定的非法经营金融类犯罪，其行为对金融管理秩序实质上产生了破坏，此类犯罪能否认定为洗钱罪的上游犯罪？本书认为，不宜对上游犯罪进行过于宽泛地解释，刑法第225条不属于破坏金融管理秩序和金融诈骗类犯罪，不宜作为洗钱的上游犯罪。同理，当行为人实施了洗钱犯罪，其所得及其产生的收益，仍然可以成为下游洗钱犯罪的对象。

**（六）贪污贿赂犯罪**

贪污贿赂犯罪包括刑法第八章规定的全部罪名，不能因为具体罪名中没有出现“贪污、贿赂”就不作为上游犯罪，第八章规定的挪用公款罪同样是洗钱罪的上游范围。

非国家工作人员受贿罪和挪用资金罪是否为洗钱罪的上游犯罪？有学者认为，刑法第191条中的“贪污贿赂犯罪”不完全等同于刑法第八章的“贪污贿赂罪”，将非国家工作人员受贿罪作为洗钱罪的上游犯罪，不违反罪刑法定原则。从刑法解释的角度，理论上非国家工作人员受贿是受贿的一种类型，解释为贪污贿赂犯罪的一种，此种解释结论仍符合刑法条文文义可能范围，并不构成类推解释。本书认为，非国家工作人员受贿罪不宜作为洗钱罪的上游犯罪，而且司法实践中尚未纳入洗钱罪的上游犯罪范围。

## 三、上游犯罪审理进程对洗钱犯罪的影响

根据2009年《关于审理洗钱等刑事案件具体应用法律若干问题的解释》之规定，刑法第191条规定的犯罪，应当以上游犯罪事实成立为认定前提。上游犯罪尚未依法裁判，但查证属实的，不影响刑法第191条规定的犯罪的审判。上游犯罪事实可以确认，因行为人死亡、不具有刑事责任能力等原因依法不予追究刑事责任的，不影响刑法第191条规定的犯罪的认定。上游犯罪事实可以确认，依法以其他罪名定罪处罚的，不影响刑法第191条规定的犯罪的认定。

对于为上述七类上游犯罪之外犯罪行为的犯罪所得及其产生的收益进行洗钱的行为，虽然不能以刑法第191条定罪处罚，但可以适用刑法第312条定罪处罚。

如在前述陈某枝洗钱犯罪中，[①]上游犯罪集资诈骗罪的犯罪嫌疑人为陈某波，2018 年 11 月 3 日，上海市公安局 P 分局对陈某波以涉嫌集资诈骗罪立案侦查，涉案金额 1200 余万元，陈某波潜逃境外。在上游犯罪事实查证属实的情况下，上游犯罪嫌疑人陈某波尚未到案的情况不影响洗钱犯罪的侦查、审查和判决。

最高检在该案的典型意义中明确指出：上游犯罪查证属实，尚未依法裁判，或者依法不追究刑事责任的，不影响洗钱罪的认定和起诉。在追诉犯罪过程中，可能存在上游犯罪与洗钱犯罪的侦查、起诉以及审判活动不同步的情形，或者因上游犯罪嫌疑人潜逃、死亡、未达到刑事责任年龄等原因出现暂时无法追究刑事责任或者依法不追究刑事责任等情形。洗钱罪虽是下游犯罪，但是仍然是独立的犯罪，从惩治犯罪的必要性和及时性考虑，存在上述情形时，可以将上游犯罪作为洗钱犯罪的案内事实进行审查，根据相关证据能够认定上游犯罪的，上游犯罪未经刑事判决确认不影响对洗钱罪的认定。

## 第二节　洗钱犯罪的对象：如何厘定“上游犯罪所得”

刑事侦查和司法实践对洗钱罪的适用还有不少争议问题，特别是自洗钱入罪的背景下，洗钱“上游犯罪所得”的概念、范围和审查路径问题存在较大意见分歧。本节立足于刑事侦查和司法实践，在对学界关于洗钱“上游犯罪所得”认定思路和观点进行简要评述的基础上，从相近概念区分切入对洗钱“上游犯罪所得”的概念进行辩解，最后提出刑事侦查和司法审查的双层次判断路径，以合理判定行为人以一定的手段掩饰隐瞒的财物是否为洗钱“上游犯罪所得”。

### 一、走私洗钱“上游犯罪所得”聚讼不已

实践中有观点提出，向非直接走私人购买走私的成品油的，根据其主观故意，分别依照洗钱罪和掩饰、隐瞒犯罪所得、犯罪所得收益罪定罪处

---

① 《最高人民检察院、中国人民银行惩治洗钱犯罪典型案例》，载最高人民检察院官网，https://www.spp.gov.cn/spp/xwfbh/wsfbt/202103/t20210319_513155.shtml#2，2023 年 7 月 28 日最后访问。

罚。[①] 其思路是将刑法第 191 条洗钱上游犯罪所得理解为通过实施犯罪而直接或间接产生或者获得的任何财产。具体到走私洗钱犯罪中，将走私犯罪之物（即走私犯罪对象）也视为洗钱“上游犯罪所得”，从而出售购买走私之物的行为理解为洗钱犯罪。

本书认为，在《刑法修正案（十一）》将自洗钱纳入洗钱犯罪范围的背景下，上述观点不仅在理论上存在解释困难，而且与长期的刑事侦查和司法实践不符。

从理论解释方面，上述观点存在以下问题：（1）上述观点混淆了洗钱罪与上游犯罪的界限。将走私犯罪之物定义为走私犯罪所得，从而将购买走私之物行为定义为洗钱行为的观点，使得销售（购买）走私之物这一上游犯罪的延续行为和洗钱行为边界发生混淆。特别是在《刑法修正案（十一）》生效后，直接走私人向间接走私人出售走私成品油的行为，还可能构成自洗钱，则可能出现洗钱行为在先，走私行为在后的逻辑混乱。（2）有悖于事后不可罚。我国刑法理论界长期以来对排斥对自洗钱作独立刑事评价的重要原因是事后不可罚理论。事后行为之所以不可罚，是因为后行为与前行为侵犯的是同一法益，后行为不会扩大侵犯法益的范围与程度，因此被前行为的犯罪性所吸收。虽然此次《刑法修正案（十一）》将自洗钱入罪，但并不意味着所有的事后行为都要单独评价。对于符合要求构成不可罚的事后行为，当某一事后行为没有造成新的法益侵害时，予以单独的刑事法律评价需要特别谨慎。反观前述讨论，走私行为已经完整地符合一个犯罪构成要件，后续的出售行为是同一主体基于同一个犯罪故意而实施，侵害同一法益，是前犯罪行为的自然继续和顺延，同理购买走私犯罪之物行为亦没有造成新的法益侵害，更不要论及刑法第 191 条洗钱罪所保护的法益，因此法律不应再重复评价和处罚。（3）可能导致轻罪和重罪的犯罪处罚失衡。根据我国刑事法律规定和刑事侦查、司法实践，行为人走私毒品并贩卖的行为构成刑法第 347 条走私、贩卖毒品罪，由于该罪名是选择性罪名，即使行为人存在走私、贩卖多种行为方式，在罪名适用时根据其具体行为方式选择相应罪名，但仍以一

① 《最高人民法院、最高人民检察院、海关总署打击非设关地成品油走私专题研讨会会议纪要》（署缉发〔2019〕210 号）第 1 条“关于定罪处罚”：走私成品油，构成犯罪的，依照刑法第 153 条的规定，以走私普通货物罪定罪处罚。对不构成走私共犯的收购人，直接向走私人购买走私的成品油，数额较大的，依照刑法第 155 条第（一）项的规定，以走私罪论处。

罪处罚。如果按照前述思路，将走私的普通货物、物品视为走私罪的犯罪所得，行为人的出售行为涉及洗钱，则其走私和后续贩卖行为则可能构成数罪。而无论从刑事罪名设定和社会公众认知来看，毒品都是比普通货物、物品对社会危害性更大，举重以明轻，走私毒品并贩卖行为仅构成一罪的前提下，走私普通货物、物品行为构成走私罪、洗钱罪数罪并罚显然处罚失衡。

从刑事侦查和司法实践方面，上述观点亦难以被认同。一般而言，走私行为人不会长期保有走私犯罪之物，将其出售是获取不法利益的惯常选择，即行为人销售私物是走私犯罪的必然后续行为。上游犯罪行为人在实施上游犯罪之后，消极处置、消耗、窝藏是必然的后续行为，如在走私犯罪中不可能对犯罪人提出不处置走私进出口物品的期待可能性。虽然学术界对期待可能性理论的见解不一，但主流观点还是将其作为排除本犯作为妨碍司法犯罪主体的主要论据，因为自我防御乃是犯罪人的本能，考虑到一旦被抓获归案或犯罪事实被查证属实，其要面临财产、人身自由等被剥夺的严厉后果，因而很难对犯罪人提出遵从法律规范而不妨害司法、不逃避刑罚的行为期待。而此次《刑法修正案（十一）》在对刑法第191条作出重大修改的同时，并未修订刑法第312条掩饰隐瞒犯罪所得、犯罪所得收益罪，即自窝赃不存在入罪可能，即是对上述刑事侦查和司法实践观点的有力证明。

综上所述，上述观点不仅存在法理上的逻辑问题，而且与刑事侦查和司法实践大相径庭，因此引发了各界的广泛关注和热烈讨论，[①] 但仍难达成统一观

---

① 对此，2021年9月27日至28日，最高人民法院刑五庭、最高人民检察院第四检察厅、海关总署缉私局、中国海警局执法部联合召开研讨会，但会上呈现出“获利说”“总额说”“折中说”三种观点，对走私犯罪所得及其收益的范围问题但仍见仁见智，无法形成共识。其中，所谓“获利说”是指走私犯罪所得应为走私人通过走私犯罪所获得的非法利润。走私的无论是普通货物、物品还是禁止进口的货物、物品，均属供犯罪所用的本人财物，是走私犯罪的成本，而不是走私犯罪所得，在认定犯罪所得时应扣除这部分犯罪成本。所谓“总额说”是指走私犯罪所得应为实施走私犯罪直接或者间接产生、获得的任何财产，不扣除走私犯罪成本，包括走私货物本身（无论禁限类或普通类）、走私货物变现价款、走私劳务所得等，以及上述直接所得转变、转化后的财产。所谓“折中说”是指对于走私普通货物、物品罪，犯罪所得应以偷逃税款认定；对于走私国家禁止进出口的货物、物品，货物、物品本身属于走私犯罪所得；对于走私国家限制进口的货物，若行为人走私的货物在行政许可或者配额的数量之内，犯罪所得应为偷逃的应缴税款，若在行政许可或者配额的数量之外，则犯罪所得应为货物本身。

点。上述意见分歧反映出我国理论界和实务界对刑法第191条洗钱“上游犯罪所得”的关注和讨论不足，需进行进一步的研究和辨析。

## 二、洗钱“上游犯罪所得”和相邻概念的厘清

由于刑法总则和分则对“犯罪所得”概念没有作出具体的规定，不少学者提出，参照相邻概念对第191条洗钱“上游犯罪所得”进行体系解释。应该说，通过体系性解读来探寻刑法第191条洗钱“上游犯罪所得”涵义的思路可资借鉴，但需进一步讨论。

### （一）刑法第191条不等同于第312条“犯罪所得”

我国刑法分则条文中涉及“犯罪所得”罪名包括刑法第191条、第312条和第349条。2009年关于洗钱犯罪的司法解释亦没有对“犯罪所得”作出界定，只有关于312条司法解释中有过阐释。①

基于相关司法解释的规定②，我国的广义洗钱犯罪由刑法第191条、第312条和第349条组成，其中刑法第312条是洗钱犯罪的一般条款。3个法条的主要区别在于犯罪对象，基于特殊条款和一般条款的关系，刑法第191条和第312条两个罪名中的“犯罪所得及其收益”概念理解应保持一致，即通过犯罪直接得到的赃款、赃物都属于第191条洗钱“上游犯罪所得”的范围。

对此，本书认为，由刑法第191条和第312条的法条关系直接推演出两者在“上游犯罪所得”概念上具有一致性的结论尚显草率。两个罪名保护的法益存在明显差异，更为重要的是，从“清洗”手段而言，两者在行为手段上存在一定差异，刑法第312条的行为方式包括窝藏、转移、收购、代为销售以及其他掩饰、隐瞒方法，即“物理性变化”。相较于第191条的提供资金帐户、将财产转换为不同金融产品形式、通过转帐或者其他支付结算方式转移资金等“化学性变化”漂白手法，第312条犯罪手法的涵盖范围更广，

---

① 通过犯罪直接得到的赃款、赃物，应当认定为刑法第312条规定的“犯罪所得”。上游犯罪的行为人对犯罪所得进行处理后得到的孳息、租金等，应当认定为刑法第312条规定的“犯罪所得产生的收益”。

② 最高人民法院《关于审理洗钱等刑事案件具体应用法律若干问题的解释》（法释〔2009〕15号）第3条规定：“明知是犯罪所得及其产生的收益而予以掩饰、隐瞒，构成刑法第三百一十二条规定的犯罪，同时又构成刑法第一百九十一条或者第三百四十九条规定的犯罪的，依照处罚较重的规定定罪处罚。”

因此对上游“犯罪所得”的包容性更强。如前述讨论的走私之物，可以成为第312条所掩饰、隐瞒的上游犯罪“所得”，行为人明知是私物而为其窝藏、转移、收购、代为销售的，可以评价为第312条的掩饰、隐瞒行为，但不能成为第191条所指向的上游犯罪“所得”，重要原因就是其不能为通常的洗钱手法所“清洗”，这也是后文所要论述的重点问题。下面以案释义。

**案例：范某某掩饰、隐瞒犯罪所得罪**

2020年4月，被告人李某某等人为牟取非法利益，共同驾乘“MH18”轮从福建某港出发，通过更换船名、交替使用AIS系统的方式逃避海关监管，将中国台湾地区高雄港接驳装有冷冻品的集装箱20个及装有固体废物的集装箱20个走私入境，被海关查获的集装箱共40只，其中20只集装箱内装有我国禁止输入的各类冷冻品总计28000余件，总净重49吨余；另外20只集装箱内装有禁止进口的固体废物废旧，总重量51吨余。另查实，2020年3月至4月间，被告人李某某等人曾先后三次驾乘货轮至中国台湾地区高雄港接驳集装箱并绕关走私入境，所走私货物均经江苏某地某钢铁有限公司码头靠岸后，转运至国内各地。

在上述走私国家禁止进出口的货物罪、走私废物罪案件中，下游人员范某某作为江苏某地某钢铁有限公司码头经理，为牟取非法利益，在明知“MH18”轮装载货物来路不正的情况下，仍多次提供码头用于卸货，并收取每个集装箱400元装卸费，共获益57000元。

不可否认，范某某的行为具有明显的掩饰、隐瞒意图和作用，但案件中的冷冻品和废物虽源于走私行为，但不能评价为刑法第191条的上游犯罪“所得”，范某某提供码头装卸的行为手法亦不可能使其发生“化学性变化”，因此行为人范某某的行为评价为刑法第312条而非第191条。[①]

**（二）洗钱“上游犯罪所得”不等同于没收“违法所得”概念**

刑事领域讨论的“违法所得”，通常具有三种功能：一是作为本罪定罪量刑的依据，二是作为判处罚金的依据，三是作为没收违法所得的对象。而刑事没收制度中的“违法所得”的概念在刑法和刑诉法中均有涉及。刑法总则第64条对犯罪物品处理之规定：“犯罪分子违法所得的一切财物，应当予以追缴或者责令退赔；对被害人的合法财产，应当及时返还；违禁品和供犯

---

① 上海市第三中级人民法院刑事判决书（2020）沪03刑初177号。参见上海市高级法院刑事裁定书（2021）沪刑终58号。

罪所用的本人财物，应当予以没收。没收的财物和罚金，一律上缴国库，不得挪用和自行处理。”而2014年最高人民法院颁布的《关于刑事裁判涉财产部分执行的若干规定》第10条对“犯罪所得”及其投资收益如何处置作出了更加细化和明确的规定。与之相对应，我国刑事诉讼法第298条规定了没收的特别程序，相关司法解释则进一步对特殊程序中的“违法所得”范围进行界定。①

有实践观点基于刑事没收制度的思路，将刑法规定均应予以没收的“犯罪所得、违禁品和供犯罪所用的本人财物”均视为刑法第191条的犯罪所得，对此本书不能苟同。

首先，从立法本意来看，刑事没收制度的立法本意是为了剥夺，从而形成特殊阻遏和一般阻遏，因此没收的对象不仅包括犯罪所得及犯罪工具，甚至包括转化财产、收益财产和混合财产，甚至出现人和物的分离，例如特殊没收模式。但是洗钱罪设立的本意是为了阻遏特定上游犯罪对所获资金的掩饰、隐瞒行为，以截断上游犯罪的犯罪所得和资金“漂白”，因此对洗钱罪上游犯罪所得要紧紧围绕犯罪构成和法益。

其次，可从比较法角度得到借鉴。洗钱犯罪所得和没收对象的区别不仅在我国刑事法律中存在，在国际法律文件中，两者范围也存在较大差别。例如《联合国反腐败公约》中，“犯罪所得”系指通过实施犯罪而直接或间接产生或者获得的任何财产。同时，该公约第31条在规定冻结、扣押和没收的对象时，明确了没收的对象包括犯罪所得及犯罪工具。②除此以外，该公约还考虑到现实生活中，来源于犯罪所得或所产生的财产可以与其他合法财产混合在一起或者已经转化为其他形式，对“犯罪所得”的范围作了补充规

① 参见最高人民法院、最高人民检察院《关于适用犯罪嫌疑人、被告人逃匿、死亡案件违法所得没收程序若干问题的规定》第6条。

② 参见《联合国反腐败公约》第31条第1款规定：“各缔约国均应当在本国法律制度的范围内尽最大可能采取必要的措施，以便能够没收：（一）来自根据本公约确立的犯罪的犯罪所得或者价值与这种所得相当的财产；（二）用于或者拟用于根据本公约确立的犯罪的财产、设备或者其他工具。”

定，与犯罪所得相关的转化财产、收益财产、混合财产也属于没收的对象。[①]

由此，刑事没收制度中的“违法所得”包含三种类型：即犯罪直接所得、犯罪直接所得的孳息和转化物以及犯罪所得投资收益。从没收的对象范围来看，三者都属于没收对象，这是广义的“违法所得”，但是作为洗钱犯罪对象而言，至少有两大类需要剔除：一是违禁品和供犯罪所用的本人财物；二是源于上游犯罪，指经洗钱行为人处理后转化和收益的财物。由此，洗钱“上游犯罪所得及其收益”的数额以上游行为人对犯罪所得进行处理后得到的收益为限。[②]

综上，刑法第191条洗钱“上游犯罪所得”与刑法第312条“犯罪所得”和刑事没收制度中的“违法所得”应予区分，从原则上看，洗钱“上游犯罪所得”可界定为洗钱所针对的上游犯罪获取的非法利益，但应进行进一步的司法审查和个案核定，从而将虽源于上游犯罪，但不能成为上游犯罪的非法利益，或者不能成为洗钱犯罪对象的部分剔除。

## 三、基于双重审查的逆向剔除思路

通过前述讨论不难看出，仅从文字解释难以厘定“犯罪所得”的内涵外延问题，而在自洗钱入罪背景下，刑事侦查和司法机关在判断案件中涉嫌洗钱犯罪行为人的犯罪对象是否属于“上游犯罪所得”时，需要更加简洁明

---

① 根据《联合国反腐败公约》第31条第4款规定：如果这类犯罪所得已经部分或者全部转变或者转化为其他财产，则应当以这类财产代替原犯罪所得而对之适用本条所述措施。概括为“转化财产”第5款“如果这类犯罪所得已经与从合法来源获得的财产相混合，则应当在不影响冻结权或者扣押权的情况下没收这类财产，没收价值最高可以达到混合于其中的犯罪所得的估计价值”概括为收益财产；将第6款“对于来自这类犯罪所得、来自这类犯罪所得转变或者转化而成的财产或者来自已经与这类犯罪所得相混合的财产的收入或者其他利益，也应当适用本条所述措施，其方式和程度与处置犯罪所得相同”概括为混合财产。

② 洗钱犯罪所得财物包括洗钱犯罪直接所得及其孳息与洗钱犯罪直接所得的替代（财）物及其孳息，不包括非替代（财）物及其孳息类的合法生产、经营所得。洗钱犯罪直接所得包括物质与非物质利益、动产与不动产利益、有形与无形利益；替代（财）物包括利用洗钱犯罪直接所得所购买的股票、彩票、不动产等财物；替代（财）物的孳息包括股息、租金、利息等财物。冯文杰：《论洗钱犯罪所得财物中“所得”的实质解释——以〈刑法修正案（十一）〉为视角的分析》，载《政法论坛》2021年第4期。

了、具有操作性的标准和路径。

从正向角度判断洗钱犯罪行为对象的财物源于上游犯罪相对容易，本书建议采取灵活的逆向思维方式，将与洗钱上游犯罪存在关联，但不属于上游犯罪“所得”的财物排除，从而保证洗钱犯罪的准确适用，在惩处洗钱违法犯罪行为的同时坚守罪刑法定的基本原则。

具体而言，刑事侦查和司法机关在法律规定和司法解释的基础上，根据洗钱“上游犯罪所得”兼具上游犯罪的犯罪所得（或称犯罪收益）和洗钱犯罪的犯罪对象的双重属性，由此归纳出厘定洗钱上游犯罪范围的双重审查路径。

### （一）路径之一：“所得”需满足上游犯罪的罪质和罪量要件

洗钱罪被认为是典型的连累犯，应当以上游犯罪事实成立为认定前提。[①]上游犯罪成立，需满足相应的罪质罪量要件，基于此，在讨论下游洗钱犯罪对象时有两点值得关注：一是“所得”需与上游犯罪罪质相关，即应将虽与上游犯罪行为存在联结，但不符合上游犯罪罪质的部分剔除；二是“所得”需在上游犯罪罪量满足犯罪构成要件的前提之后。

1. 上游犯罪罪质要件

根据刑法第191条之规定，洗钱上游犯罪所得可分为三类：第一类是有组织犯罪的所得，例如黑社会性质组织犯罪、恐怖组织犯罪。黑社会性质组织的犯罪所得在司法解释中已经明确，恐怖组织犯罪的犯罪所得在认定中也可以参照适用。第二类是直接获取型，例如贪污受贿、非法集资、金融诈骗等犯罪，这些犯罪的所得是行为人通过犯罪行为直接取得财产。第三类是经营获利型犯罪，此类犯罪的特点是嵌套在经济活动中的犯罪。

直接获取型和经营获利型犯罪的罪质要件对下游洗钱犯罪对象的厘定具有重要影响。在直接获取型犯罪中，行为人取得财产与被害人（权利人）遭受损失、转移财产行为具有直接对应性，如国家工作人员收受贿赂，其贿赂财产等均为受贿罪“所得”，可直接列入下游洗钱对象范围。而经营获利型

---

① 最高人民法院《关于审理洗钱等刑事案件具体应用法律若干问题的解释》（法释〔2009〕15号）第4条第1款规定：“刑法第一百九十一条、第三百一十二条、第三百四十九条规定的犯罪，应当以上游犯罪事实成立为认定前提。上游犯罪尚未依法裁判，但查证属实的，不影响刑法第一百九十一条、第三百一十二条、第三百四十九条规定的犯罪的审判。”

犯罪则更为复杂，行为人取得财产与被害人（权利人）损失之间不具有直接关联，不具有完全对应性，行为人的违法所得的获取一般环节较多、链条较长，并且具有其他介入因素，甚至行为人（权利人）的违法所得与被害人的损失之间不具有正相关性，在此情况下，需要考虑罪质因素对“所得”的影响，将与上游犯罪罪质无关的部分剔除。

以上游走私犯罪为例，走私犯罪的违法性在于违反海关法规、逃避海关监管，具体表现为进出口环节逃税、逃证或者违规进出口不得进出口的货物、物品（包括违禁品）。就普通货物、物品而言，不排除行为人员采取合法手段获得相关货物、物品，如在境外采购大量货物，再以伪报贸易价格、伪报品名、伪报贸易性质等方式走私入境，因走私之物其本身并不具有非法性，本身可以合法入关，只因行为人的走私行为侵犯了国家对外贸易管制制度和税收法规，特别是偷逃关税，所以才成为走私犯罪所规制的对象，因此将所走私的普通货物、物品的整体价值都评价为犯罪所得于法无据。举个简单的例子，行为人通过低报价格走私进口货值2000万元的货物，偷逃税款100万元，货物出售后获利60万元，如果将2000万元全部作为洗钱行为“漂白”的走私犯罪所得是明显不合适的，需要立足于走私犯罪法益，将其中与犯罪行为不具有直接关系的部分扣除，否则可能造成罪刑失衡。[①]

需要说明的是，基于上游犯罪罪质审慎认定“所得”是罪刑法定基本原则在洗钱犯罪适用的具体体现，但并不是秉持对违法所得及其收益的模式扣除犯罪成本的“净额原则”[②]。所谓净额原则，是对违法所得及其收益没收时的原则之一，与之相对的是“总额原则”。[③] 世界上的一些国家和地区在进行

① 上述讨论并不意味着本书认为走私之物和偷逃税款可以直接成为洗钱罪中上游犯罪所得及其收益，而是首先对走私犯罪所得及其收益进行范围框定，在确定洗钱对象时，对于走私之物整体上具有非法性（禁止、限制类货物、物品和绕关走私），上游犯罪所得及其收益采取“获得说”，即销售走私货物、物品之后的全部收入均可计入洗钱罪的犯罪对象，而对于走私之物部分具有非法性（普通货物、物品和通关走私），上游犯罪所得及其收益采取“获利说”，需要将其中不具有非法性的部分扣除。

② 所谓净额原则，是指犯罪行为人因不法行为所得之利益得以成为剥夺之对象及范围者，仅限定在扣除行为人之初或损耗后剩余之净额部分，是属于得以没收或追征之范围。

③ 所谓总额原则，是指犯罪行为人因犯罪所得或所生之财产或非财产上之利益者，只要是犯罪所生或所得者，均为没收的对象。

“违法说”的没收时，多采取总额原则，主要是因为从本质上说，犯罪者选择犯罪都有一定的动机和目的，贪利型犯罪的主要目的则是通过犯罪来获取某种不法利益，而没收作为“禁止任何人从犯罪中获利”公平原则的体现，当然不应该在违法犯罪所得及其收益时扣除犯罪投入的成本和其他费用，因此如果采取“净额说”，等于与认可行为人为犯罪投入任何费用都合法，犯罪后的惩罚只是没收因犯罪增加的财物而其用于犯罪的物品则无须没收，这与制定没收制度的初衷是相违背的。

回到主题，围绕上游犯罪罪质要件将洗钱罪上游犯罪中不属于犯罪所得的违法收入扣除，与刑事没收制度中的“净额原则”的法理不同，主要是因为洗钱犯罪行为成立的前提条件是上游犯罪事实成立，而作为洗钱犯罪对象所清洗的“脏钱”，必须是源于被评价为犯罪的行为，如果财物虽与上游犯罪行为相关，但不具有违法性，或者上游行为只是触犯了行政管理法律法规或者治安处罚管理条例，[①] 则其收益包括孳息，不能作为洗钱的犯罪对象。

2. 上游犯罪罪量要件

刑法第 191 条洗钱罪的上游犯罪包括七类，不同上游犯罪既遂标准存在差异，如果要求上游犯罪成立方能产生下游洗钱罪的犯罪对象，面对不同上游犯罪是否缺乏合理性，是否会导致刑事处罚不公平的现象？例如，由于上游犯罪定罪数额标准的差异，行为人掩饰、隐瞒他人因贷款诈骗所得资金 5 万元构成洗钱罪，而掩饰、隐瞒他人集资诈骗所得资金 8 万元却不构成洗钱罪。本书认为，对于上游犯罪成立犯罪的数额差异性导致处理结果“不公平”问题，这种“不公平”是由上游犯罪数额标准不一致所造成的，有其自

---

① 如某黑社会性质的组织实施了组织卖淫、协助卖淫犯罪行为，并以刑法第 191 条所规定的手法，对此部分犯罪收益进行了“清洗”。司法审查确定洗钱犯罪对象——组织卖淫、协助卖淫犯罪所得时，需要根据 2017 年最高人民法院、最高人民检察院《关于办理组织、强迫、引诱、容留、介绍卖淫刑事案件适用法律若干问题的解释》，区分“非法获利”和“犯罪所得”：“非法获利”是指全部嫖资，而“犯罪所得”是指扣除卖淫人员分成后行为人实际获得的嫖资。卖淫人员分成系其个人违法所得，应在行政处罚中追缴，在刑事判决中不应重复追缴。之所以要从“非法获利”中将卖淫人员的分成剔除后再确定“犯罪所得”，根据罪刑法定原则，卖淫人员的卖淫行为不属于刑事法律调整的范围，也不是该罪名所保护的法益范围，因此该行为所导致的收益更不属于洗钱“上游犯罪所得”，而犯罪分子支付的房租租金、小工工资、购买性服务用品等支出均系犯罪成本，在计算犯罪所得时不予扣除。

身的合理性。洗钱罪（包括掩饰隐瞒犯罪所得、犯罪所得收益罪）与上游犯罪紧密相关，对上游犯罪有一定的依附性，如果上游犯罪不构成犯罪，则无掩饰、隐瞒上游犯罪所得及其产生的收益的来源和性质可言。而从行为的社会危害性来看，后续的掩饰、隐瞒犯罪所得来源和性质的行为会引起上游犯罪的类型而有所不同，行为受刑事处罚必要性的强弱也存在差别。

刑事侦查和司法实践中，存在"一对多"洗钱行为人现象，如行为人系以协助他人设立公司、开立公司账户进行转账等"清洗"赃款为业，在明知资金来源于刑法第 191 条所规定的上游犯罪情况下，为多个上游犯罪"清洗"资金，而上游犯罪均未达到立案追诉标准，其刑事处罚独立性问题值得讨论。对此有观点认为，无论上游犯罪单独是否构罪，这种专门从事"清洗"资金行为极大刺激了上游犯罪分子从事危害社会秩序的行为，在当前依法加大对洗钱罪打击力度的情况下，应对此类职业"洗钱人"行为作出单独刑事评价，而不论其上游犯罪单个行为是否构成犯罪。应当承认，此类行为的实质恶劣程度远超过针对个体上游犯罪的洗钱行为，但对其一律按照犯罪处理却可能不当扩大犯罪圈，违反了罪刑法定原则。罪量要素是我国刑法的一大特色，对大部分犯罪都有数额或情节、程度等的要求，从而将一般违法行为与犯罪行为区分开来。依照文理解释，法律明确规定的刑法第 191 条的犯罪对象应是七类上游"犯罪"所得之物，无论如何也不能解释为"一般违法行为"所得。举例而言，行为人提供公司账户为数个从事非法集资的公司进行转账等掩饰隐瞒行为，上游从事非法集资公司均未达到刑事立案标准，即使上游行为属于《防范和处置非法集资条例》中规定的"违法所得"，但不能认定为"犯罪所得"，对掩饰、隐瞒行为仍不能以洗钱罪定罪处罚。此问题在刑法第 312 条中也有体现，实践中一些专门收受违法物品的废品回收站的职业收赃行为危害明显，但在数个单独的上游行为（主要是盗窃）均未达到入罪标准的情况下，对收赃人不能以掩饰、隐瞒犯罪定罪处罚。

**（二）路径之二："所得"需具有以洗钱手法予以掩饰隐瞒的必要性和可能性**

1."所得"有掩饰隐瞒的必要：原则仅限正向犯罪收入

在洗钱罪的部分上游犯罪中，存在以避损或逃避缴纳税款等作为上游犯罪所得的情况，上述避损或逃避缴纳税款可否作为洗钱罪的犯罪对象值得研究。如内幕交易犯罪的"违法所得"是指通过内幕交易行为所获利益或者避免的损失，[①] 如果内幕交易行为人根据利空的内幕信息交易后，他人提供个人账户帮助其掩饰犯罪收益的行为是否认定洗钱?

**案例：周某内幕交易、洗钱案**

2012年10月23日至12月29日，行为人周某作为公司的市场营销部总监，在参加公司的内部会议及高管研商会时得知，公司出现生产停滞、贷款无法归还等经营困难，于是在12月11日至17日间，卖出其名下的C公司股票242万余股，成交金额总计人民币1000余万元，避免损失113万余元，同年12月20日该公司停牌，12月29日公告重大事项，2013年2月1日复牌。

被告人周某实施内幕交易犯罪，避免损失113万余元，即周某的犯罪所得即是消极的增值——避免损失。而周某的妻子明知周某实施了内幕交易行为，在事后提供了自己的银行账户，协助周某将证券账户中的100万元提现、转入其妻子银行账户，后用于购买房产并登记在妻子名下。对于周某妻子提供自己账户供丈夫进行转账、购买房产的100万余元可否认为为洗钱。

本书持否定观点。从法理上看，洗钱罪是掩饰、隐瞒上游犯罪所得及其收益的行为，对于上游犯罪所得，如果要进入洗钱犯罪的环节，需要同时具备“来源”和“去向”的特征，所谓“来源”，是指源于犯罪所得及其收益，而本案中，周某利用内幕信息交易所避免的损失113万余元是一个虚拟的、并未发生的损失，其计算方法是通过基准日的收盘价作为基准日虚拟市值的计算标准，再与周某实际卖出股票的金额进行比较，从而计算出避免的损失，即虚拟市值是一个假设性的事件，周某所避免的损失从未真正发生。[②] 而从现实来看，周某账户中的100万余元是有表面上的合法来源的，或为周某先前转入证券账户的资金，因此与经过这种方法计算出的避免损失不具有对应性，也就是其来源并非源于内幕交易犯罪，因此即使在数额上相对应，周某的妻子在上游犯罪既遂后也采取了刑法第191条所规定的掩饰隐瞒手法，

① 2012年最高人民法院、最高人民检察院《关于办理内幕交易、泄露内幕信息刑事案件具体应用法律若干问题的解释》第10条第1款规定，刑法第180条第1款规定的“违法所得”，是指通过内幕交易行为所获利益或者避免的损失。

② 具体的计算方法是按照该公司股票复牌打开跌停日2013年2月6日的收盘价4.23元计算，周某证券账户卖出该公司股票242万余股，股票转让收入为1027万余元，与周末实际股票转让收入1149万余元比较，减少股票转让收入121万余元，扣除相应税费以及加上政府企管公司奖励后，与周某转让的实际所得比较，减少股票转让所得113万余元。

但因此所转出的资金来源不符合洗钱罪的构成要件要求，因此不能认定为洗钱犯罪，这是其一。其二，从常理上看，正是由于避免损失类的上游犯罪所得，账户中的资金往往有真实合法的来源，因此行为人没有后续将其“漂白”的必要，也没有认定洗钱犯罪的具体行为要素。

类似的问题也出现在走私犯罪中，实务中有观点认为，走私普通货物、物品的犯罪所得应是偷逃的应缴税款，如前所述，应缴税款在确定走私上游犯罪所得数额范围具有重要意义，但是不能直接作为洗钱的犯罪对象予以“清洗”，因为偷逃的税款虽然客观上使行为人获益，但只是会计结算层面上的数量增加，行为实质是“未支出”，属于无形获取，对这部分应缴税款所对应的财产未必具有漂白的必要性。

2. 需为洗钱手法能够清洗：对“所得”种类物的类型化审查

在刑事侦查和司法实践中，对于案件中的犯罪对象是否属于“上游犯罪所得”问题并不限于走私犯罪领域，而且也符合上游犯罪的罪质罪量要件，对此是否能“照单全收”，认定为下游洗钱犯罪对象呢？下面以两个案件为例予以分析。

**案例：张某票据诈骗案**

被告人张某与A技术公司签订了购买企业路由器的合同，后张某以签发空头支票的方法骗取了A公司的一批企业路由器，价值人民币40万余元，之后，张某通过电子交易平台将所骗取的路由器予以分批销售，获利30万余元。该案中，张某以签发空头支票的行为构成票据诈骗罪，后续出售路由器的行为能否评价为洗钱？

**案例：易某某贩卖毒品案**

被告人易某某与顾某某、陈某某（均另案处理）等人密谋共同出资到云南购买毒品海洛因，并商定由陈某某到广州购买咖啡因作为底粉与海洛因勾兑后出售。粟某某先到云南联系好毒品货源后，易某某与顾某某携带毒资13万元到云南保山与粟某某会合，以每克65元的价格购买了2000克海洛因一起带回邵阳。易某某取走部分海洛因，其余部分由顾某某藏匿。[①] 案件中，易某某以转卖牟利为目的，结伙共同购买毒品海洛因和咖啡因，其行为已构成贩卖毒品罪。在贩卖毒品的共同犯罪中，易某某事前参与贩毒密谋，提供

① 本案系由真实案例改编，参见广东省高级人民法院刑事裁定书，（2009）粤高法刑三终字第342号易某某贩卖毒品案。

部分购毒资金，与同案人一同前往云南保山购买毒品海洛因，并在事后分得部分毒品，易某某后续出售毒品的行为能否认定为洗钱?

上述案件中的企业路由器和毒品均来源于上游犯罪，符合上游犯罪的罪质和罪量要件，但难以将其理解为洗钱犯罪的对象，究其原因，是因为洗钱“上游犯罪所得”的厘定，还应植根于洗钱罪所保护的法益，洗钱是隐藏（Conceal）相关收入存在、非法来源和非法用途的行为，以及对收入进行伪装（Disguise）使其表面合法化的过程。洗钱的本质是隐瞒、隐藏，因此，能不能为通常的洗钱手段所清洗以及如何清洗是判断是否归入洗钱上游犯罪所得的重要标准。

根据上游犯罪产生之物能不能为刑法第191条洗钱犯罪的犯罪手法所“清洗”的情况，将上游犯罪之物大致分为三类情况，实践中可以据此进行类型化审查：

一是货币。以货币主要形式的犯罪收入可构成洗钱的犯罪对象毋庸置疑。值得讨论的是，在我国比特币等虚拟货币能不能被清洗的问题。虽然我国监管部门明确将虚拟货币发行融资的行为界定为“一种未经批准非法公开融资的行为”，禁止任何组织和个人非法从事代币发行融资活动和兑换业务，禁止任何金融机构和非银行支付机构开展与代币发行融资交易相关的业务，但由于各国基于国情和监管目标，对虚拟货币采取监管政策存在差异，加上虚拟货币交易所的存在，在境外比特币作为一种合法的支付手段，或者实现比特币与外币的兑换，甚至较为便利地进行跨境资产转移，从而达到转移转换的目标。事实上，而且由于比特币等虚拟货币具有“去中心化”特点，各国监管机关当前对其监管难以达到传统金融机构和法定货币的严密程度，比特币更易成为行为人收取、转换犯罪所得的载体。如在2021年最高人民检察院、联合发布的一起洗钱典型案例——陈某枝洗钱案中，陈某枝就是利用虚拟货币，将上游非法集资犯罪所得转移至境外。

二是无法为洗钱行为手段所“清洗”的物品。刑法第191条所规定的上游犯罪中不少具体罪名会涉及违禁品，[①]而这些货物、物品从来源上看，除了通过走私外，基本是不可能通过合法途径得到的，从流通渠道看，其没有

① 如走私禁止进出口的货物、物品犯罪中，珍稀植物及其制品、古生物化石等禁止进出口的货物、物品外，其他禁止进出口的货物、物品主要包括国家禁止进出口或者严格限制进出口的有毒化学品即含有这类化学品的物质、来自境外疫区的动植物及其产品等。

正常的市场交易渠道，无法与合法合规之物产生“混同”，更无法通过金融系统或者类似系统进行“清洗”。因此，在走私违禁品犯罪中，虽然违禁品系通过走私犯罪直接获得之物，但行为人往往要通过地下渠道出售上述违禁品，这些渠道并不能使其表面合法化，也不能达到掩饰、隐瞒合法来源的目标，即不能被典型的洗钱手法将其“由黑洗白”，因此走私犯罪的违禁品不能直接作为下游洗钱犯罪的对象，毒品犯罪中的毒品亦如是，只有将其出售后的赃款方能为洗钱犯罪所“清洗”。

三是介于两者之间的犯罪对象。一些种类物由于其自身特质，被作为洗钱的工具或与特定非金融机构有密切关联，则可能成为洗钱犯罪的对象。如贵金属，行为人通过实施刑法第 191 条上游犯罪而非法获得的黄金、钻石等贵金属，能否直接被评价为洗钱犯罪所清洗的上游犯罪所得，本书持肯定观点。以黄金为例，黄金具有体积小且易于携带、高流通性以及来源和去向难以追踪等特点，使其易于转换、转移，因此既可以作为清洗对象转换转移，亦可以作为载体进行上游犯罪所得的转化。如二手黄金提供者与黄金收购网点之间可能存在钱货两清的场外现货交易，无法核查监控二手黄金来源的合法性、合理性，因此易通过黄金零售渠道的回收业务将贪贿、毒品犯罪、黑社会性质组织犯罪非法所得黄金变现，从而实现非法资金的转移和转换。[①]另外，黄金具有货币属性，是世界各国通用的储备货币之一，转换为各国法定货币的方式较为容易，甚至在某些特定市场可以作为货币直接交易。一般情况下，有组织的犯罪集团首先用大量非法所得的现金买入黄金，再通过合法交易将黄金卖出，从而实现犯罪所得资金的“清洗”和“漂白”。

另一个典型例子是艺术品。由于艺术品价值鉴定难、追踪环节多、取证难等侦查难点，艺术品与洗钱犯罪的联结近年来日益紧密，艺术品拍卖过程中隐藏着越来越多的洗钱犯罪行为。在贪污贿赂犯罪中，行贿人以具有较高经济价值的艺术品或古玩字画向受贿人行贿的现象并不少见，由于艺术品有比较完备的拍卖系统，现实中还出现了各种低买高卖式、关联式、佣金式等多种方式清洗，受贿人不仅可以顺利地将所获得艺术品顺利出手，甚至还可能以此为媒介获得更高犯罪收益，而艺术品本来的来源和性质也可以得以掩

① 根据最新调研，大型贵金属零售企业在开展回购、置换、加工维修等业务时一般会主动落实法律法规，要求客户出示身份证，落实验证登记制度。但小型黄金零售商因合规意识不足，可能存在回购引起的洗钱风险。

饰、隐瞒，因此艺术品完全可以成为洗钱犯罪所直接清洗的上游犯罪所得及其收益。

随着洗钱犯罪形态的变化，洗钱手段也在不断地“更新换代”，洗钱“上游犯罪所得”的类型和特定种类也在扩展。可以观察到洗钱行为从最初的金融机构和金融业务领域，逐渐向现金密集型行业、非金融机构等进行转移和蔓延，洗钱所利用的手段和业务领域也在不断扩张。因此，在满足洗钱罪上游犯罪所得及其收益判断原则的前提下，洗钱行为所能涵盖的犯罪收益及其孳息的种类和犯罪也可能不断扩大。

根据上述双重路径考察，从刑事侦查和司法实践的角度可对前述走私洗钱“上游犯罪所得”的概念进行讨论，首先，从上游犯罪层面对走私犯罪的“所得”进行框定，可将虽与走私行为相关，但不符合走私犯罪罪质和罪量要素的“所得”剔除；其次，从洗钱行为层面，将走私直接所得之物和应缴的偷逃税款直接作为“所得”的观点基本排除。因此，本书基本倾向于同意“获利说”的观点，但在走私黄金等特殊种类物时，走私之物可以直接作为上游犯罪“所得”予以清洗。

洗钱犯罪是对上游犯罪后续犯罪侵犯新的法益的刑法独立评价，特别是在《刑法修正案（十一）》生效后自洗钱单独刑事评价的背景下，对洗钱罪的犯罪对象应作更加谨慎和清晰界定。从理论研究和概念辨析的角度，应避免简单的采用相近罪名和刑事没收制度中广义的“违法所得”的定义对洗钱“上游犯罪所得”进行诠释，防止对洗钱对象进行不当扩张。在将洗钱“上游犯罪所得”限定于“洗钱所针对的上游犯罪获取的非法利益”的前提下，刑事侦查和司法机关应遵循上游犯罪的罪质、罪量要件和洗钱罪特质双重进路，对个案中的涉嫌洗钱对象进行实质化审查和个案核定，从而将表面与上游犯罪行为相关，但不属于洗钱保护法益的财物予以剔除，于此方能构建洗钱“上游犯罪所得”的概念和范围，以坚持罪刑法定的刑法基本原则。

## 第三节　洗钱罪的主观故意

在司法实践中，刑法第 191 条洗钱罪适用率比较低而对洗钱行为人主观“明知”的认定是症结问题之一，严重制约了司法机关对洗钱罪的惩处力度。本书将立足司法实践，对洗钱行为人“明知”的内容厘清和证明难题破解等问题进行讨论。

## 一、他洗钱犯罪“明知”的概念厘清

2021年3月1日生效的《刑法修正案（十一）》对洗钱罪作出重大修改，删除了“明知”要件，对此论者意见不一。[①]本书认为，修正案删除“明知”是与自洗钱入罪保持一致，上游犯罪行为人对犯罪所得的来源和性质是理所当然“明知”的，而对于帮助洗钱行为人（即他洗钱人），还是要以行为人主观上认识到所清洗的资金来源于刑法第191条规定的上游犯罪的所得及其收益为构罪前提。

### （一）明知的内容：犯罪事实与法律性质

2009年最高人民法院《关于审理洗钱等刑事案件具体应用法律若干问题的解释》对洗钱“上游犯罪成立”的含义进行阐释，[②]但仍需讨论的是，如何界定洗钱行为人“明知”的内容。是对上游犯罪的客观事实还是法律后果的认知？下面以案为例予以讨论。

**案例：赵某甲、周某洗钱案**

2015年初起，被告人赵某伙同他人，以非法占有为目的，通过伪造借款保函、假冒银行工作人员、使用伪造的公章、法人章等手法，先后三次诈骗M银行信贷资金7亿元人民币（以下币种均为人民币），骗取X银行信贷资金7亿元，S银行信贷资金4亿元，至案发尚有10.1亿余元未能归还，构成贷款诈骗罪。此外，2015年9月，赵某伙同他人冒用H银行名义，使用伪造公章等手法，将虚构的H银行的两年期理财产品出售给Z银行，骗取Z银行10亿元，尚有4.7亿元未能归还，构成合同诈骗罪。

---

① 北京大学王新教授认为，在上游犯罪行为人“自洗钱”的情形下，不存在对主观要件的证明问题；在他人协助洗钱情况下，依然需要证明主观要件的成立。东南大学刘艳红教授从形式刑法和实质刑法的角度予以讨论，认为从形式入罪角度，洗钱罪中的主观要件仍然是故意，但是在故意之外，无论是自洗钱还是他洗钱都不需要“明知”要件；出于实质出罪立场，“明知”可作为不成文的构成要件要素，在他洗钱行为的定罪量刑中发挥出罪作用。王新：《〈刑法修正案（十一）〉对洗钱罪的立法发展和辐射影响》，载《中国刑事法杂志》2021年第2期。刘艳红：《洗钱罪删除“明知”要件后的理解与适用》，载《当代法学》2021年第4期。

② 参见最高人民法院《关于审理洗钱等刑事案件具体应用法律若干问题的解释》（法释〔2009〕15号）第3条的规定。

被告人周某与赵某约定，由周某实际控制的D公司、R公司等公司账户协助赵某代收上述资金。被告人赵某甲为赵某向周某传达转账和提现指令，周某收取转账金额的0.5%、提现金额的1%作为手续费。2015年5月至2016年6月间，转入周某控制的上述公司账户的涉案资金共1.6亿余元，而后转出至指定账户9000余万元，提现7000余万元，周某从中收取手续费100余万元。转入周某控制账户的1.6亿余元，分别源于贷款诈骗骗取的M银行上海分行、S银行宁波分行资金以及合同诈骗骗取的Z银行资金等。所提现金由赵某甲单独或伙同他人驾车至北京从周某处取回。①

本案中，对被告人赵某实施的贷款诈骗和合同诈骗等行为数罪并罚，案件争议在于对下游的赵某甲、周某行为如何定性？

首先，根据赵某甲和周某与上游犯罪行为人赵某的亲属关系、长期业务往来合作关系等事实，可以认定此两人明知上游犯罪行为人赵某的资金来源和性质。在案证据显示，赵某甲是赵某的堂弟和下属，长期在赵某就职的公司金融部跟随赵某工作；周某和赵某有较长时间的合作，也到过赵某在廊坊的公司“洽谈”业务，赵某甲和周某应当明知赵某所从事的职务范围和业务情况，知晓赵某从事资金中介业务，联接银行的金融机构和资金需求方，加之两人接收资金的金额和方式，应认定两人明知资金来源于金融诈骗犯罪或破坏金融管理秩序的犯罪活动。从客观行为上看，周某、赵某甲协助赵某“清洗”资金，主要实施了提供资金账户接收资金、转账、提现和存取现金行为。综上，周某和赵某甲在主客观方面均符合洗钱的法律构成要件。

本案中，赵某所实施的犯罪事实，因为犯罪手法和骗取的资金性质的差别，被分别认定为贷款诈骗和合同诈骗，但赵某获取的资金均来源于银行等金融机构，对此客观事实周某和赵某甲均有认识，这是其一。其二，赵某上游犯罪的贷款诈骗和合同诈骗的行为时间有重合，钱是种类物，贷款诈骗和合同诈骗的资金存入周某提供的公司账户后存在混同，而周某和赵某甲协助清洗资金的行为也保持一致性，两人通过提供空壳公司账户接收资金、转账、提现和存取现金“清洗”上游犯罪资金，是同种类行为。因此，无法要求下游两名人员根据上游犯罪行为人的法律后果来认识自己实施的是第191条洗钱行为还是第312条掩饰、隐瞒犯罪所得、犯罪所得收益行为，如果要求行为人区分其掩饰、隐瞒的资金哪些是金融犯罪所得，哪些是合同诈骗犯

① 参见上海市第一中级人民法院刑事判决书（2018）沪01刑初15号。

罪所得，对行为人的主观认知要求过高。上述观点，在2009年司法解释中也可得到印证。[①]

因此，刑法第191条规定的“明知”，应限定为洗钱行为人对上游犯罪客观事实的认知，不要求其对上游犯罪的法律后果有具体、准确的认知。当有证据证明行为人在实施掩饰、隐瞒资金来源和性质行为时，明知所处理的资金来源于七类上游犯罪的犯罪所得及收益，即使上游犯罪被认定为其他罪名，也不影响对下游洗钱行为人的法律定性。例如，行为人明知其掩饰、隐瞒性质和来源的资金来源于上游行为人诈骗金融机构资金的行为，而上游犯罪因单位犯罪被认定为合同诈骗，或因为犯罪手法被认定为合同诈骗，不影响对下游犯罪行为人洗钱罪的认定。

在2022年最高检发布的惩治洗钱犯罪典型案例中，也肯定了这一点。

**案例：李某华洗钱案**[②]

李某华，女，黑社会性质组织的组织、领导者李某妻子。

2002年至2019年，李某组织、领导黑社会性质组织，非法霸占多个林场、采石场，非法组建“执法队”，垄断江西省宁都县石上镇林业并涉足采石场、房地产等领域攫取高额利润，以暴力、威胁及其他手段，有组织地实施强迫交易、敲诈勒索、滥伐林木、虚开增值税专用发票、虚开发票等系列违法犯罪活动，在江西省宁都县石上镇及周边区域、宁都县城为非作恶、欺压残害百姓，称霸一方，严重破坏当地经济、社会生活和管理秩序。2020年12月15日，江西省赣州市中级人民法院判决李某犯组织、领导黑社会性质组织罪、寻衅滋事罪、强迫交易罪、敲诈勒索罪、聚众斗殴罪、滥伐林木罪、非法占用农用地罪等15个罪名，数罪并罚，决定执行有期徒刑24年10个月，并处没收个人全部财产。

2018年9月至2019年4月期间，李某将在林场、采石场违法犯罪所得及其收益存入其控制经营的鑫某牧业公司、兴某牧业公司对公银行账户中。根据群众举报，江西省宁都县公安局于2018年8月17日、2019年3月26

---

① 最高人民法院《关于审理洗钱等刑事案件具体应用法律若干问题的解释》（法释〔2009〕15号）第4条第3款规定，上游犯罪事实可以确认，依法以其他罪名定罪处罚的，不影响刑法第191条、第312条、第349条规定的犯罪的认定。

② 《检察机关惩治洗钱犯罪典型案例》，载最高人民检察院官网，https：//www.spp.gov.cn/spp/xwfbh/wsfbt/202211/t20221103_591486.shtml#2，2023年9月30日最后访问。

日两次传唤李某，并于2019年3月对李某所涉多起犯罪立案侦查。2019年5月24日，宁都县公安局以涉嫌寻衅滋事罪对李某执行刑事拘留，并于当日通知其妻子李某华。被采取强制措施前，李某将对公银行卡和U盾交予李某华保管。在李某被刑事拘留后，李某华为掩饰上述保管的黑社会性质组织犯罪所得及其收益的来源和性质，于2019年5月25日要求他人提供银行账户供其使用，并分别于5月27日、28日从鑫某牧业公司对公账户分多笔转出340万元至他人银行账户。6月21日、24日，李某华又从兴某牧业公司对公账户分多笔转出400万元至他人银行账户。上述740万元转至他人账户后，李某华将其中的141万余元用于支付李某所办工厂工人工资、水电费、税费、贷款等，剩余598万余元由他人取现后交至其手中，李某华予以隐匿。

2021年5月26日，江西省宁都县人民法院以洗钱罪判处李某华有期徒刑5年，并处罚金60万元。宣判后，李某华提出上诉。同年8月27日，江西省赣州市中级人民法院裁定驳回上诉，维持原判。

江西省宁都县检察院介入侦查李某黑社会性质组织犯罪案后，引导公安机关对涉黑资金流向及流转过程中涉及的人员进行梳理，并会同公安机关商请人民银行反洗钱部门建立追踪洗钱犯罪资金去向的绿色通道，通过串联资金流向，查明鑫某牧业公司、兴某牧业公司对公银行账户中740万元犯罪所得的流转情况。

2020年8月17日，江西省宁都县公安局以李某华涉嫌洗钱罪移送起诉。李某华到案后不供认犯罪事实，辩称对李某涉嫌黑社会性质组织犯罪不知情，转移资金时公安机关仅认定李某涉恶，系以涉嫌寻衅滋事罪拘留，未认定为涉黑；将相关账户资金转移、提现均是用于李某名下公司经营及还款。针对其辩解，宁都县人民检察院引导公安机关对李某华与李某平时关系、信任程度、是否参与公司经营、帮助保管资金，对李某多次因涉恶被询问、采取强制措施的了解程度及转移资金账户的异常情况等进行补充侦查，以证明李某华是否知道李某从事了体现黑社会性质犯罪组织特征、经济特征、行为特征、危害性特征的相关违法犯罪。

公安机关补充侦查后，在案证据证明：（1）李某华与李某夫妻关系密切，育有多名子女，多名家庭成员参与了该犯罪组织，且实施了多起违法犯罪活动，其子也是该犯罪组织的参加者。（2）李某华是李某实际控制的鑫某牧业公司的股东。（3）在李某被刑事拘留后，李某华立即将李某交付的公司账户中的资金转移，并支付工人工资等费用，表明李某华平时也参与相关经营活动。（4）李某华曾为维护女儿的利益鼓动李某等组织人员殴打他人。（5）李某华知道多起李某等人实施的寻衅滋事等犯罪活动的前因后果。（6）李某华、李某之子多次组织人员在镇上公开场合对村民进行拦截、辱骂、威胁、“罚款”等。（7）李某为人霸道，其违法犯罪行径引发多起群众上访，声名在外。（8）扫黑除恶专项斗争期间，公安机关立案侦查前曾两次询问李某，发布扫黑除恶征集线索公告后，李某之子以林场名义发布公告对抗线索征集。

上述事实证明李某华应当知道李某等人形成了较稳定的犯罪组织，且李某是组织、领导者；应当知道李某及其组织成员有组织地实施了违法犯罪活动，欺压、残害群众；应当知道李某通过非法采矿、滥伐林木、开设赌场等违法犯罪手段获取经济利益，支持该组织活动；应当知道李某等人在当地形成了重大影响，严重破坏经济、社会生活秩序。李某华的辩解没有合理根据。

检察机关认为，李某华知道李某从事了反映黑社会性质组织的组织特征、经济特征、行为特征、危害性特征的相关事实，也知道李某在案发前交予的公司银行账户中的740万元系李某通过上述违法犯罪活动所得，仍然在李某被刑事拘留后次日将涉案账户中的740万元通过转账、取现等方式掩饰、隐瞒其来源和性质，构成洗钱罪。2020年11月10日，宁都县人民检察院以洗钱罪对李某华提起公诉。

宁都县人民法院经审理认为，李某华明知是黑社会性质的组织犯罪所得及其产生的收益而予以掩饰、隐瞒，情节严重，构成洗钱罪。支付李某所欠工人工资、水电费等141万余元不具有掩饰、隐瞒来源性质的故意，洗钱犯罪数额应当认定为598万余元，以洗钱罪判处李某华有期徒刑5年，并处罚金60万元。宣判后，李某华提出上诉。赣州市中级人民法院审理认为，犯罪所得款项一经转入他人的银行账户，洗钱罪已经既遂，最终款项如何处理不影响洗钱罪数额，洗钱罪数额应当认定为740万元，但综合李某华的犯罪事实及相关的犯罪情节，原判刑罚属罪刑相当，裁定驳回上诉，维持原判。

最高检在案例意义中强调，主观上认识到是黑社会性质组织犯罪所得及其产生的收益，是构成为他人的黑社会性质组织犯罪所得及其产生的收益洗钱的要件之一，认识内容是对黑社会性质组织犯罪事实的认识，而不是对法律性质的认识。对黑社会性质组织犯罪事实的认识，包括对上游犯罪人员从事的体现黑社会性质组织犯罪组织特征、经济特征、行为特征、危害性特征相关具体事实的认识。公安司法机关公开征集涉黑犯罪线索、发布涉黑犯罪公告、对相关黑社会性质组织成员采取强制措施后，仍帮助黑社会性质组织成员转移涉案资金的，可以认定其知道或者应当知道是黑社会性质组织犯罪所得及其产生的收益。

**（二）明知的范围：法定七类上游犯罪所得与违法犯罪所得**

实践中，即使司法解释对司法机关的证明要求仅限于法定七类上游犯罪的“面”而非特定上游犯罪的“点”，① 但司法机关证明他洗钱行为人的主观“明知”仍有很大困难。有观点认为，可以参考走私相关司法解释中“概括故意”作为洗钱犯罪行为人“明知”的认定依据，② 只要有证据证明行为人“概括性地认识”到资金系“犯罪所得”即可，掩饰、隐瞒资金来源和性质的行为性质根据资金的具体来源进行最终认定，若资金来源于刑法第 191 条洗钱罪的七类上游犯罪即认定下游“清洗”资金人员构成洗钱罪，否则认定构成刑法第 312 条掩饰、隐瞒犯罪所得、犯罪所得收益罪。

本书对此不能苟同，首先，参考走私司法解释中“概括性故意”应限于事实判断，走私犯罪中具体对象的认识，即究竟是违禁品和限制性物品，还是普通货物、物品或者废物，是一种事实判断，而刑法第 191 条洗钱罪的上游犯罪是一种基于事实的法律判断，两者不能完全等同；其次，根据罪刑法定和主客观相一致的原则，在刑法作出明确规定的前提下，司法机关必须证明行为人知道或应当知道所清洗的资金来源于七类上游犯罪；最后，根据最高法对《〈洗钱司法解释〉的理解与适用》以及最高法刑事审判参考第 286

① 2009 年最高人民法院《关于审理洗钱等刑事案件具体应用法律若干问题的解释》（法释〔2009〕15 号）第 1 条第 3 款规定，“被告人将刑法第一百九十一条规定的某一上游犯罪的犯罪所得及其收益误认为刑法第一百九十一条规定的上游犯罪范围内的其他犯罪所得及其收益的，不影响刑法第一百九十一条规定的‘明知’的认定”。

② 2002 年最高人民法院、最高人民检察院、海关总署《关于办理走私刑事案件适用法律若干问题的意见》第 6 条，就关于行为人对其走私的具体对象不明确的案件的处理问题有规定：走私犯罪嫌疑人主观上具有走私犯罪故意，但对其走私的具体对象不明确的，不影响走私犯罪构成，应当根据实际的走私对象定罪处罚。但是，确有证据证明行为人因受蒙骗而对走私对象发生认识错误的，可以从轻处罚。实践中，当行为人具有概括的走私犯罪故意，但对其走私的具体对象不明确，即查获的任何物品都不超出其主观认识范围的情况下，行为人对具体的犯罪对象没有建立明确的认识，不影响走私犯罪构成，应当根据实际的走私对象定罪处罚。

号指导性案例汪照洗钱案中对洗钱罪主观明知要件的阐释，关于刑法第191条洗钱罪的明知对象内容，行为人对七类上游犯罪的违法所得及其收益具有概括性认识即告充足，但同时，概括性认识也要局限于洗钱特定七类上游犯罪，在现有的立法框架内不存在将明知的对象扩大至所有犯罪所得的理解空间。因此，认定洗钱罪的明知对象内容的概括性认识还是有其边界范围，仍要限定于洗钱罪的七类上游犯罪。

**案例：汪照洗钱案**

被告人汪照于2001年底认识区丽儿（另案处理）后，在明知区丽儿的弟弟区伟能（另案处理）从事毒品犯罪并想将其违法所得转为合法收益的情况下，于2002年8月伙同区丽儿、区伟能到本市黄埔区广东明皓律师事务所，以区伟能、区丽儿的港元520万元（其中大部分为区伟能毒品犯罪所得），购入广州百叶林木业有限公司的60%股权。被告人汪照并协助区伟能运送毒资作为股权转让款。在取得公司控股权后，区丽儿、区伟能安排将该公司更名为广州市腾盛木业有限公司，由区丽儿任该公司法定代表人，直接管理财务。被告人汪照挂名出任该公司董事长，除每月领取人民币5000元以上的工资外，区丽儿、区伟能还送给被告人汪照一辆ML320越野奔驰小汽车。之后，腾盛木业有限公司以经营木业为名，采用制造亏损账目的手段，掩饰、隐瞒其违法所得的来源与性质，意图将区伟能的毒品犯罪所得转为合法收益。2003年3月16日，被告人汪照及同案人被公安人员抓获。广州市海珠区人民法院认为，被告人汪照受他人指使，为获得不法利益，明知是他人毒品犯罪的违法所得，仍伙同他人以毒资投资企业经营的方式，掩饰、隐藏该违法所得的非法性质及来源，其行为妨害了我国的金融管理秩序，已构成洗钱罪。被告人汪照曾因犯罪被判处有期徒刑，刑罚执行完毕后5年内再犯罪，是累犯，本应从重处罚。唯被告人汪照在共同犯罪中起辅助作用，是从犯，依法应当从轻处罚。被告人汪照的辩解及其辩护人的辩护意见因依据不足，本院不予采纳。依照《中华人民共和国刑法》第191条第5项、第65条、第27条之规定，以洗钱罪判决被告人汪照有期徒刑1年6个月，并处罚金人民币275000元；没收被告人汪照的违法所得ML320越野奔驰小汽车一辆。

本案阐述了“如何理解和认定洗钱罪的主观明知要件”，指出刑法第191条明知不以确知为限，既可以是确定性认识，也可以是可能性认识，被告人汪照对于本案所涉资金系毒赃存在可能性认识，应认定其具有主观明知。对于洗钱罪中明知的对象内容，行为人对属于四类犯罪的违法所得及其产生的收益具有概括性认识即告充足。[①] 首先，这是由我国刑事立法的特点决定的。不同于将是否属于特定的上游犯罪所得作为客观要件，以认识到系非法所得为主观要件的国外一些立法例，我国刑事立法对洗钱罪的明知对象作出了清楚的表述，在现有的立法框架内不存在将明知的对象扩大至所有犯罪所得的理解空间。其次，将明知对象内容严格限定为四类上游犯罪中的具体类别犯罪的违法所得及其产生的收益，与我国刑法关于认识错误的一般理论不符。行为人在四类上游犯罪的范围内将此类犯罪所得及收益误认为彼类犯罪所得，因两者在法律性质上是一致的，不属对犯罪构成要件对象的认识错误，故不应影响案件的定性。相反，如行为人将四类上游犯罪所得及收益误认为系其他犯罪所得及收益的，因存在法定构成要件的认识错误，则不应以洗钱罪定罪处罚。对于明知的程度，明知不等于确知，尽管确定性认识和可能性认识存在程度上的差异，但两者都应纳入明知的范畴。只要证明行为人在当时确实知道或者根据事实足可推定行为人对于所经手的财产系法律规定的七类上游犯罪所得的赃钱的可能性有所认识，都可成立明知。同时应注意避免以应当知道的证明取代对于可能性明知的证明，后者属于实然层面上的心理状态，前者属于应然层面上的注意义务，两者不可混为一谈。至于明知的具体认定，一般可以综合行为人的主观认识，接触赃物的时空环境，赃物的种类、数额、赃物交易、运送的方式、方法及行为人的一贯表现等主、客观因素进行具体判断。在本案中，主观方面，被告人汪照明知区丽儿的弟弟区伟能从事毒品犯罪，基于自己的分析和判断，其主观上对二区的投资款系毒资的可能性具有一定认识；客观方面，区伟能、区丽儿一次性支付港元 520 万元股权转让款，数额巨大且全部为现金支付，其间无偿赠与其 ML320 越野奔驰高档小汽车一辆，结合被告人汪照曾因犯偷税罪被判处有期徒刑 4 年的前科历史，故认定其对 520 万港元投资款属于毒品犯罪所得具有主观明知，是符合客观实际的。

**（三）明知的程度：确定 + 可能性认识说**

对他洗钱行为人主观明知状态，可从两个层面进行讨论，从法律适用的层面，行为人自身对资金系上游犯罪所得及其收益的来源性质可存在“确定性知晓”和“可能性认识”；从证据标准的层面，司法者可以将其概括为可

---

① 根据当时刑法对第 191 条洗钱罪的规定，上游犯罪为四类。

反驳的推定。

**案例：谭某某串通投标、洗钱案**

被告单位娱音公司为达到中标目的，其法定代表人被告人谭某某采取承诺给予招标单位负责人李某甲股份的非法手段，促使李某甲在标书制作、邀标公司的选择等方面帮助娱音公司，确保了娱音公司中标。之后，李某甲以买房为由向谭某某索要 200 万元，并要求谭某某为其在香港开设离岸公司账户，谭某某以其妻子和姐姐的名义注册了两家离岸公司，并分别在香港汇丰银行开设了账户提供给李某甲控制使用。在李某甲出逃后，谭某某安排其妻子和姐姐查询了李某甲使用的两个账户对账单，经过查询，根据香港汇丰银行提供的 A 账户对账单，自 2007 年 12 月 24 日起到 2010 年 8 月止，李某甲在控制该账户期间向该账户分别存、转入港元 398 万元、美元 160.566565 万元、加元 40 万元，欧元 16 万元；转出欧元 15.5 万元、港元 49 万元、美元 35 万元。至 2010 年 8 月，该账户尚余港元 367.6 万元、美元 125.6 万元、加元 40.6 万元、欧元 21 万元，共计港元 1865.8 万元。该账户内的 20.5 万欧元和 160.566565 万美元系李某甲分别收受谭某某和迅捷英翔科技公司的贿赂。根据香港汇丰银行提供的 B 账户对账单，李某甲在控制该账户期间向该账户分别存、转入港元 386 万元，无资金转出，至 2010 年 8 月该账户尚余港元 386 万元。谭某某对该两个账户做了挂失处理。李某甲发现账户无法使用后，电话联系谭某某。随后，谭某某安排娱音公司副总经理朱某将资金转回国内，朱某通过他人新开银行账户，再通过地下钱庄将资金转回国内，并分散存于娱音公司员工张某以其名义在 5 家银行开设的银行账户，共计 18971194 元。[①]

本案中，被告人谭某某辩称，其不明知李某甲要求其提供两个离岸公司账户的原因，也不明知账户中资金的来源和性质，因此不能认定其构成洗钱罪。对此，侦查和司法机关主要从几个方面予以证明：（1）谭某某与李某甲实施过串通投标行为的共同犯罪，对李某甲通过不正当手段为他人牟利并收受贿赂的行为有认知；（2）在李某甲出逃后，谭某某详细查询了李某甲控制的两个离岸账户的资金进出和留存情况，有明显的异常性；（3）李某甲发现账户无法使用电话联系谭某某时，曾告知谭某某账户里的资金是“洗过的”，非常安全，并且告知了谭某某其中两笔资金的来源。李某甲告诉谭某某 B 账户上的 386 万港元是李某乙给的，A 账户上有部分往来款是“迅捷”给的。

① 参见四川省德阳市中级人民法院刑事裁定书（2015）德刑二终字第 2 号。

通过以上证据，加上李某甲本身的职业、身份情况，以及谭某某关于提供账户时“当时已想到李某甲要用离岸公司账户做一些不正当的利益交换”的供述，足以认定谭某某明知李某甲资金来源于贪贿类犯罪。对此司法机关表示，主观上的“明知”不要求确知，即不要求确切地、确实地知道特定上游犯罪所得及其收益，只要有这种认识的可能性足可成为本罪的“明知”。从理论研究角度，不仅在洗钱罪中，学者在论述窝赃、销赃罪中的“明知”时也提出，“明知”包括明知肯定是赃物和明知可能是赃物，即窝赃、销赃罪中的故意，既可以是确定的故意，也可以是不确定的故意。[①]

在此基础上，可以进一步区分行为人主观故意的状态，行为人明知是特定七类上游犯罪所得及其收益，只能是直接故意犯罪，如果行为人明知可能是特定七类上游犯罪所得及其收益，则可能是直接故意或者间接故意。对于间接故意可以构成洗钱罪应无太大争议，当行为人认为对方资金来路不明，可能属于法定七类上游犯罪所得，为不得罪客户、谋取私利或者其他原因，仍为其提供账户、转账等，进而放任侵害金融管理秩序时，其间接故意的心理事实上是可以被认定的。[②]

在故意犯罪之外，过失洗钱能否成立的问题比较复杂，[③]考虑到刑法如果规制过失洗钱罪（或称轻率洗钱罪），从否定评价的角度看，应予以谴责的是行为人没有在交易中履行应察觉的义务，不要求行为人认识到自己的行为对象可能与非法所得有关，因此在现行刑法规定下，处罚过失洗钱罪于法无据，违背罪刑法定的基本原则。

---

① 张明楷：《如何理解和认定窝赃、销赃罪中的“明知”》，载《法学评论》1997年第2期。

② 周道鸾、张军主编：《刑法罪名精释》，人民法院出版社2013年版，第378页。

③ 对于过失洗钱罪可借鉴德国的立法例和德国联邦法院的阐释。在《德国刑法典》第261条中，不仅规定了（故意）洗钱罪，也区分规定了轻率洗钱罪。根据《德国刑法典》第261条第5款的规定，行为人因出于轻率而不知悉第1款所述物品来源的，处以2年以下的监禁刑或者罚金。德国刑法理论界对于上述第261条第5款的规定存在不同意见，德国联邦最高法院对于过失洗钱罪中的关键词“轻率”之认定作出了阐释：行为人对于源于上游行为的所得财物，出于特别的漠不关心或者重大的不注意而使得该财物自然地完全处于违法的状态，却依然予以处理的心态。王新：《德国反洗钱刑事立法述评与启示》，载《河南政法大学学报》2012年第1期。

## 二、“为掩饰、隐瞒”的理解：洗钱犯罪是否为目的犯

在自洗钱犯罪中，对主观明知的证明难题很少存在，主观要素的争议点在于刑法第191条所规定的“为掩饰、隐瞒”的罪状表述的理解和证明。

### （一）目的犯的基本构造

刑法理论中的目的犯是指以主观的超过要素为罪责要素的犯罪。目的犯之目的属于犯罪的主观要素，从犯罪构成理论分析，目的犯之目的是故意之外的主观要素（以下简称目的Ⅱ），它与故意之内的目的（以下简称目的Ⅰ）是有所不同的，目的Ⅰ是指犯罪人希望通过实施犯罪行为达到危害社会结果的心理态度，是主观预期的犯罪结果，而目的Ⅱ与本罪的犯罪结果并无必然联系，是可以独立于与犯罪故意中的目的另一种主观心理要素。如刑法第152条所规定的走私淫秽物品罪，目的Ⅰ是淫秽物品得以非法入境，目的Ⅱ是牟利或者传播。

从客观行为来看，目的犯的目的Ⅰ由于包含在故意之内，因而与该罪构成要件的客观行为（以下简称行为Ⅰ）是存在对应关系的；而目的Ⅱ与客观行为则不存在对应关系，尚需进一步实施一定的行为（以下简称行为Ⅱ）方能实现目的Ⅱ。如在走私淫秽物品罪中，将淫秽物品走私入境是行为Ⅰ，而将淫秽物品销售牟利或传播是行为Ⅱ，但是行为Ⅱ并不是本罪的构成要件，即行为人只要有牟利或传播的意图即可，并非一定要将这一意图付诸实施。因此从这个意义上说，目的犯之目的是一种主观的超过要件。[①]

### （二）洗钱罪的“为掩饰、隐瞒”是否为犯罪目的

一种代表观点认为，刑法第191条的“为掩饰、隐瞒”系犯罪目的，洗钱罪是非典型法定目的犯，[②]而另一种代表观点认为，“为掩饰、隐瞒”实际上是对刑法所列举的五种具体方式所加的限制，不同于刑法理论上的目的犯。[③]“为掩饰、隐瞒”是否理解为犯罪目的，直接关乎洗钱罪的刑事立法是否属于目的犯的模式，应从法理解释、刑事政策把握等方面予以审慎论证。

通过上述对目的犯的讨论，反观洗钱罪，洗钱罪构成要件的客观行为无

---

① 陈兴良：《目的犯的法理探究》，载《法学研究》2004年第3期。

② 付立庆：《中国刑法中的典型的法定目的犯：描述、追问与评价》，载《法学杂志》2006年第1期。

③ 周宜俊：《涉走私洗钱犯罪司法适用问题研究》，载《青少年犯罪问题》2022年第1期。

论如何“更新换代”，其核心都是行为人对上游犯罪所得及其收益的“掩饰和隐瞒”，使得“脏钱”披上合法化的外衣，而行为人主观上也要认识到自己所处理的是源于上游犯罪的“脏钱”并决意要实施“掩隐”行为，除此以外，我们无法剥离出独立存在的目的Ⅱ和行为Ⅱ。申言之，“掩饰、隐瞒”既是行为人犯罪故意的构成要素（目的Ⅰ），也是行为人构成要件客观行为的本质特征（行为Ⅰ），再将这一内容当作主观的超过要件——目的犯的目的就不甚妥当了。此外，目的犯的目的因是行为人的一种主观心理内容，是长期困扰司法机关的证明难题，在洗钱罪本不属于法定目的犯的情况下，更无须将其解释限缩为目的犯的范畴，否则会不当增加司法机关的取证负担、无异于自缚手脚。

值得高度关注的是，最高检在发布的冯某才等人贩卖毒品、洗钱案的典型意义中强调，“为掩饰、隐瞒上游犯罪所得及其产生的收益的来源和性质”和“有下列行为之一”都是构成洗钱罪的必要条件，主观上具有掩饰、隐瞒犯罪所得及其产生的收益来源和性质的故意，客观上实施了掩饰、隐瞒犯罪所得及其产生的收益的来源和性质的行为，同时符合主客观两方面条件的，应当承担刑事责任，并与上游犯罪数罪并罚。该案例从最高司法机关的角度，肯定了“为掩饰、隐瞒”是洗钱罪主观故意的内容和客观行为的特征，当主观罪过和客观行为均满足刑法规定的犯罪构成条件，司法机关应秉持主客观一致的原则准确认定洗钱罪。

## 第四节　洗钱客观行为

### 一、洗钱行为罪质构造和上下游犯罪的“分割线”

#### （一）洗钱行为的罪质构造

洗钱行为一般通过放置、培植和融合等三个步骤将“脏钱”转换为表面合法收入。洗钱犯罪所触犯的法益和严重的社会危险性，正是依托于其洗钱行为手段得以实现，而自洗钱得以独立构罪，也是因为其超越了简单的以持有、消费、消耗等方式享受上游犯罪成果的行为，而是以一定的掩隐手段，使得上游犯罪所得及其产生的收益与上游犯罪的关联性被模糊或割断，从而形成外观合法的行为。

根据“物理反应”和“化学反应”可对洗钱行为做大致划分，[①] 对于接收犯罪所得及其产生的收益后的转账、支付结算、投资、购买房产等行为，一般可以认定为洗钱行为，而日常生活中消费、消耗型使用上游犯罪收益的，以不认定洗钱行为为宜，未改变财物形态的占有、保管、藏匿等行为，一般不认定为洗钱行为。[②] 从证明角度，应着眼于使得上游犯罪所得及其收益发生存在形态的变化，改变其性质和来源，从而为“脏钱”披上“合法”外衣的本质特征，这是认定所有洗钱犯罪手法的原则指引，亦是准确适用刑法罪名的要求。

**（二）划清上游犯罪和洗钱犯罪“分割线”**

根据禁止重复评价的基本原则，在定罪量刑时禁止对同一犯罪构成事实予以二次或二次以上的法律评价，当某一要素（包括行为、结果等）已经被一个犯罪构成所评价，不能再将该要素在另一个犯罪构成中重复评价。具体到自洗钱犯罪时，最高检在发布的冯某才等人贩卖毒品、洗钱案中强调：“认定上游犯罪和自洗钱犯罪，都应当符合各自独立的犯罪构成，上游犯罪行为人完成上游犯罪并取得或控制犯罪所得后，进一步实施的掩饰、隐瞒犯罪所得及其产生的收益的来源和性质的行为，属于自洗钱行为。”

因此，自洗钱犯罪的成立，需要收集证据能够证明存在上游犯罪和自洗钱犯罪两个独立的行为过程，从而足以认定各自独立的犯罪构成，且上游犯罪已经既遂，如果证据显示“清洗”资金的行为是发生在上游犯罪实施过程中，如上游犯罪实施过程中的接收、接受资金行为，属于上游犯罪的完成行为，是上游犯罪既遂的必要条件，不宜重复认定为洗钱行为，帮助接收、接受犯罪所得的人员可以成立上游犯罪的共犯，对于连续、持续进行的上游犯罪和洗钱犯罪，应当逐一分别评价，准确认定。下面以最高人民检察院发布的典型案例为例，进行进一步的分析。

在 2022 年最高检发布的洗钱犯罪典型案例中，反复强调了如何区分上游犯罪的构成行为还是下游洗钱（自洗钱）行为。如前述李某华洗钱案中，[③] 最

---

① 王新：《〈刑法修正案（十一）〉对洗钱罪的立法发展和辐射影响》，载《中国刑事法杂志》2021 年第 2 期。

② 黎宏：《“自洗钱”行为认定的难点问题分析》，载《法学评论》2023 年第 3 期。

③ 《检察机关惩治洗钱犯罪典型案例》，载最高人民检察院官网，https：//www.spp.gov.cn/spp/xwfbh/wsfbt/202211/t20221103_591486.shtml#2，2023 年 9 月 30 日最后访问。

高检认为，为掩饰、隐瞒刑法第 191 条规定的七类上游犯罪所得及其产生的收益的来源和性质，将上游犯罪所得及其收益在不同账户中划转，或者转换为股票、金融票据，或者转移到境外的，即属刑法规定的洗钱犯罪，转移、转换的资金数额即为洗钱犯罪数额。要注意区分洗钱行为与洗钱后使用犯罪所得及其收益行为的不同性质，犯罪所得及其收益经转移、转换后的资金使用行为不影响洗钱罪的成立，转移、转换后的资金用途不影响洗钱数额的认定。

**案例：马某益受贿、洗钱案**①

马某益，男，新疆维吾尔自治区某投资有限公司原法定代表人。

2002 年至 2019 年，马某益之兄马某军（已判决）在担任某地国有石化公司物资采购部副经理、主任等职务期间，利用职务便利，在多家公司与该石化公司签订合同中提供帮助，收受贿赂。其中：2001 年，马某军利用职务便利，为徐某控制的公司与马某军任职公司签订供货合同提供帮助。2002 年下半年，马某军收受徐某给予的人民币 100 万元，并用于购买理财产品。2015 年 8 月，马某军利用职务便利，为赵某控制的公司与其任职公司签订采购合同和资金结算方面提供帮助，收受赵某给予的现金美元 8 万元（折合人民币 49.66 万元）。

2004 年上半年，马某军使用收受徐某贿赂的人民币 100 万元投资的理财产品到期后，马某益使用本人的银行账户接收马某军给予的上述本金及收益共计 109 万元，后马某益将此款用于经营活动。

2015 年 8 月，马某军收受赵某贿赂的 8 万美元现金后，马某益直接接收了马某军交予的 8 万元美元现金，后分 16 次将上述现金存入本人银行账户并用于投资理财产品。

马某益除为马某军洗钱外，还与马某军共同受贿：（1）2001 年至 2010 年，马某军利用职务便利为张某公司经营提供帮助，并介绍马某益与张某认识。2002 年，张某为感谢马某军的帮助提出给予其好处，马某军授意张某交给马某益现金 40 万元。2008 年，马某军再次授意张某将 50 万元存入马某益的银行账户。马某益收款后均告知马某军。（2）2005 年，马某军利用职务便利为徐某公司经营提供帮助，并介绍马某益与徐某认识。2008 年 7 月、9 月，马

---

① 《检察机关惩治洗钱犯罪典型案例》，载最高人民检察院官网，https：//www.spp.gov.cn/spp/xwfbh/wsfbt/202211/t20221103_591486.shtml#2，2023 年 9 月 30 日最后访问。

某军授意徐某，分别向马某益的银行账户汇款45万元、20万元。2010年8月，因马某益做生意需要资金，马某军与马某益商议后找到徐某帮忙，徐某通过公司员工银行账户向马某益的银行账户汇款100万元。马某益收款后均告知马某军。（3）2011年10月至2012年5月，马某军利用职务便利为王某公司经营提供帮助，为感谢马某军，王某表示在苏州购买一处房产送给马某军，马某军与马某益商议后，由马某益前去看房并办理相关购房手续，该房产落户在马某益名下，价值106万元。（4）2012年至2013年，马某军利用职务便利为苏某公司经营提供帮助，后苏某对马某益说要感谢马某军，马某益授意苏某使用他人身份证办银行卡，将感谢费存在卡内。2013年9月，苏某将其子名下存有29.5万元的银行卡送给马某益。马某益收款后告知马某军，该款由马某益用于日常花销。

2020年12月22日，黑龙江省大箐山县人民法院以受贿罪判处马某益有期徒刑10年，并处罚金50万元；以洗钱罪判处马某益有期徒刑2年，并处罚金10万元；数罪并罚，决定执行有期徒刑10年6个月，并处罚金60万元。马某益未上诉，判决已生效。

本案由最高人民检察院、最高人民法院指定黑龙江省大箐山县人民检察院、大箐山县人民法院管辖。大箐山县人民检察院于2020年2月13日以被告人马某益犯受贿罪，掩饰、隐瞒犯罪所得罪提起公诉。伊春市人民检察院依托检察业务应用系统对辖区开展洗钱线索排查工作中，对关联重点案件倒查发现大箐山县人民检察院已提起公诉的马某益一案可能涉嫌洗钱罪。

伊春市人民检察院、大箐山县人民检察院两级检察院根据犯罪事实会商研判后认为:（1）在马某益按照马某军的授意，直接收受请托人现金、银行转账汇款、银行卡及房产等行为中，马某益具有与马某军共同受贿的故意，其犯意产生于受贿行为实施前或实施过程中，属于帮助接收受贿款的行为，构成受贿罪共犯，检察机关以受贿罪起诉，适用法律正确。（2）马某益在马某军收受贿赂款即受贿完成后，使用本人银行账户接收马某军转入的受贿所得并用于投资经营的行为，属于掩饰、隐瞒马某军受贿款来源和性质的行为，综合马某益是马某军的弟弟，收到的款项中既有人民币又有美元，且曾多次与马某军伙同受贿等事实，可以认定马某益知道马某军交予的钱款为受贿所得，构成洗钱罪。检察机关以掩饰、隐瞒犯罪所得罪起诉系适用法律错误，应当变更起诉。经与监察机关沟通，监察机关同意检察机关提出的变更起诉为洗钱罪的意见。

2020年10月19日，黑龙江省大箐山县人民检察院依法变更起诉，将起诉书指控的马某益掩饰、隐瞒犯罪所得罪变更为洗钱罪，洗钱罪数额为人民币109万元、美元8万元。

最高检在案例的典型意义中强调：根据事实、证据和刑法规定的犯罪构成，准确区分洗钱罪与上游犯罪的共犯。洗钱罪是在上游犯罪完成、取得或控制犯罪所得及其收益后实施的新的犯罪活动，与上游犯罪分别具有独立的构成。在上游犯罪实行过程中提供资金账户、协助转账汇款等帮助上游犯罪实现的行为，是上游犯罪的组成部分，应当认定为上游犯罪的共犯，不能认定洗钱罪。上游犯罪完成后掩饰、隐瞒犯罪所得及其收益的来源和性质的行为，才成立洗钱罪。办案当中要根据行为人实施掩饰、隐瞒等行为所发生时间节点及其与上游犯罪关系，准确区分上游犯罪与洗钱罪，不能将为上游犯罪提供账户、转账等上游犯罪共犯行为以洗钱罪追诉。

最高检指出，刑法第191条规定的洗钱罪与刑法第312条规定的掩饰、隐瞒犯罪所得、犯罪所得收益罪是刑法特别规定与一般规定的关系，掩饰、隐瞒犯罪所得及其产生的收益，构成刑法第191条规定的洗钱罪，同时又构成刑法第312条规定的掩饰、隐瞒犯罪所得、犯罪所得收益罪的，依照刑法第191条洗钱罪的规定追究刑事责任。

## 二、提供资金账户型行为洗钱犯罪认定

转账行为是当前洗钱犯罪中比较多见的行为方式，但对此能否认定洗钱犯罪行为，应注意以下几方面：

在司法实践中，最常见的洗钱方式莫过于提供资金账户，此类行为也多见于既判毒品洗钱犯罪案件中。因此有观点认为，只要在毒品犯罪中存在提供资金账户接收、转移毒赃行为，均应评价为洗钱，此观点值得斟酌，下面以案说明。

**案例：陈某聪等人贩卖毒品、洗钱、非法经营、容留他人吸毒案**

2021年7月至8月期间，陈某聪为牟取非法利益，将含有合成大麻素的电子烟油与普通烟油进行勾兑，以一支150元至300元的价格出售给赵某龙、齐某豪等人，并通过跑腿或快递的形式寄送给勾兑人员，上述人员将购买的毒品加价或勾兑后，对外以高价售卖，赚取差价。陈某聪、赵某龙为掩饰、隐瞒贩卖毒品所得的非法性质和不法来源，通过宗某、刘某、段某哲、段某豪、许某翔等人的微信账户或支付宝账户收取毒资，要求上述人员通过微信

转账功能或支付宝“口令支付”功能转移毒品资金。[①]

**案例：姚某某洗钱案**

2021年7月，被告人王某某、刘某某通过姚某某联系到方某某购买毒品。当日，王某某通过支付宝转毒资给刘某某，随后姚某某使用其亲属的支付宝账户接收刘某某的毒资，然后再通过该账户将毒资转给方某某，通过多方转移资金的方式完成毒品交易。姚某某从中获利2200元，之后，姚某某继续使用该账户将获利的2200元用于个人消费支出。检察机关经审查认为，姚某某通过使用他人账户转移毒资并获利，并使用他人账户将获利消费支出，属于刑法第191条规定的“通过转账或其他支付结算方式转移资金”情形，姚某某的行为构成洗钱罪（自洗钱）。[②]

**案例：刘某洗钱案**

2022年1月，刘某卖给李某500元毒品，为躲避公安侦查，刘某将他人的支付宝收款码发给李某，李某扫码付款500元，刘某收款后将毒品交付给李某，刘某将用他人支付宝收取的款项用于个人开支，后公安机关将李某抓获，搜缴毒品0.12g。[③]

上述案例体现了当前在毒品洗钱犯罪的侦查、司法实践中，对“提供账户型”洗钱行为的刑事追责样态。本书认为，应从洗钱犯罪整体构成要件和具体行为模式进行分析，方能判断是否构成洗钱行为，避免机械地理解和适用法律，不当扩大洗钱罪的评价范围。主要考虑有三个方面：

1. 提供资金账户行为应在上游犯罪既遂后。根据刑法通说，洗钱罪是典型的连累犯，因此洗钱罪被认为是典型的连累犯。洗钱犯罪行为只能在上游犯罪既遂后，对犯罪所得及其收益予以“清洗”，提供资金账户型洗钱行为也不例外，行为人只有在上游犯罪既遂之后提供资金账户方能构成洗钱行为。在刘某洗钱案中，刘某使用他人身份注册微信，收取毒资后再将犯罪所

---

① 《芜湖鸠江：新型毒品“自洗钱”案件被提起公诉》，载百度网，https：//baijiahao.baidu.com/s?id=1726058613809749962&wfr=spider&for=pc，2022年3月1日最后访问。

② 《涉毒品交易！瑞金办理首起“自洗钱案”》，载网易，https：//www.163.com/dy/article/H76PLKHS0545AXJJ.html，2022年5月16日最后访问。

③ 《用他人支付宝收取毒资构成“洗钱罪”获刑？》，载襄阳市樊城区人民检察院微博，2022年7月13日，https：//weibo.com/ttarticle/p/show？ id=2309404790807839506838。

得转移的行为，能否认定为洗钱需要斟酌。刑法第347条走私、贩卖、运输、制造毒品罪中的“贩卖”，是指明知是毒品而非法销售或者以贩卖为目的而非法收买的行为，如果刘某用他人支付宝收款码收取毒资的行为是上游贩卖毒品犯罪的构成要件，其收到毒资并交付毒品后，贩卖毒品罪方才既遂，就不能认为刘某利用他人账户收钱构成洗钱，即对利用他人账户收取毒资不能作出上游犯罪构成要件和下游洗钱行为的双重评价，否则将会混淆上下游犯罪的行为边界。姚某某洗钱案存在同样问题，姚某某系王某某、刘某某向方某某购买毒品的中介，姚某某和方某某构成贩卖毒品罪的共同犯罪，姚某某通过他人微信收取毒资的行为仅能被认为是掩饰、隐瞒上游贩卖毒品犯罪行为，而不能认为是掩饰、隐瞒上游犯罪所得，因为上游犯罪尚未既遂，犯罪所得尚未形成，更不要论及“清洗”上游犯罪所得，否则会出现先洗钱、再贩卖毒品的上下游犯罪倒置的逻辑混乱。

2. 提供资金账户需出于掩饰、掩瞒上游犯罪所得之主观故意。虽然通说认为洗钱犯罪不是目的犯，无须独立证明行为人为掩饰、隐瞒上游犯罪所得及其收益的来源和性质，但在具体案件审查时，需要重视行为人辩解并予以具体审查。如在一起案件中，丈夫甲向妻子乙谎称自己在外地打工，实际上系与他人共同从事贩毒，妻子乙根据甲的要求提供了银行账户，接收了甲参与贩毒犯罪所得的分赃后，并根据甲的要求进行了部分资金转账、提现。乙到案后辩解称，自己不知道丈夫贩毒，之所以提供自己的银行账号是因为要用此账号还房贷和支付家庭支出，自己没有掩饰、隐瞒毒品犯罪所得的意图。侦查机关和司法机关应对行为人的辩解充分重视、实质审查，对于行为人提供资金账户但确实没有“清洗”上游犯罪所得主观意图的，应阻却其洗钱犯罪的成立。

3. 提供资金帐户需具有掩饰、隐瞒上游犯罪所得之客观行为。前述刘某洗钱案中，行为人刘某用其妹妹账户收取毒资的行为倾向于不构成自洗钱犯罪，除了因为利用他人账户收取毒资是上游犯罪构成要件外，还有一个重要原因就是在上游犯罪既遂后，行为人刘某将用他人支付宝收取的款项直接用于个人日常消费，属于“不可罚的事后行为”，不能评价为洗钱。

在此需要讨论的是，如果刘某将用他人支付宝收取的毒赃转移至自己名下账户后再用于日常消费，“由他人支付宝向自己名下账户转账”能否认定为洗钱存在一定争议。本书倾向于认为，虽然毒赃从他人名下支付宝账户转入刘某自己名下账户，使得赃款“表面”所有权人发生了变化，客观上起到了转移的效果，但洗钱罪应当以上游犯罪事实成立为认定前提，所谓上游犯罪事实成立是指确有上游犯罪事实并已有相应的证据予以证明，即追究洗钱罪时，应已有证据证明上游犯罪行为人系刘某而不是支付宝名义账户持有人，在此情况下毒资并没有和上游犯罪行为人脱离表面上的关系，因此没有发生隐瞒、隐藏上游犯罪所得的客观效果，因此收取毒资后“由他人支付宝向自己名下账户转账”不宜评价为洗钱犯罪。

## 第五节　洗钱共同犯罪的认定

### 一、自洗钱入罪对共犯区分标准的实质性影响

共同犯罪是指二人以上共同故意犯罪，需要有共同犯罪故意和共同犯罪行为。根据法律规定和既往司法实践，在《刑法修正案（十一）》之前，是否存在事前通谋是区分上游犯罪共犯和洗钱犯罪的重要标准，即行为人与刑法第 191 条所规定的七类上游犯罪的犯罪分子事前有通谋，应视分工不同以共犯论处；如果事前无通谋，只是实施了洗钱行为，则构成洗钱罪。

《刑法修正案（十一）》对洗钱罪作出重大修改，将自洗钱行为纳入刑事惩治的范围。自洗钱行为与一般的犯罪收益处置行为存在明显差别，可以将其归纳为“犯罪所得及其收益使用的特殊情形，即上游犯罪人将犯罪所得及其收益投入金融体系等合法领域以掩饰隐瞒来源和性质；用于支持犯罪活动；跨国转移规避打击的行为”。应该说，洗钱行为经过发展演变，早已脱离了与单一上游犯罪的依附关系，开始呈现出明显的侵害法益的新特征，其较为明显的独立法律属性，与上游犯罪的法律保护内容完全不同，也不能为上游犯罪独立评价，因此有单独评价的必要性和可能性，对其单独入罪不违反“禁止重复评价”和“禁止双重惩罚”原则。

自洗钱入罪不仅对上游犯罪行为人行为方式评价和罪数认定产生影响，而且对存在他人协助洗钱情况下对共同犯罪的认定产生实质性影响，由于上游犯罪行为人可能同时涉及上游犯罪和洗钱罪，在考虑认定共犯时需要考察共同犯罪的共谋内容具体指向和共同行为，这与《刑法修正案（十一）》生效实施之前存在实质性的差别。

**案例：邱某私募基金洗钱案**

2021 年 8 月 31 日，深圳市中级人民法院判决邱某犯非法吸收公众存款罪，判处有期徒刑 3 年，并处罚金人民币 20 万元；犯洗钱罪，判处有期徒刑 5 年，并处罚金人民币 80 万元，数罪并罚，决定对邱某执行有期徒刑 7 年，并处罚金人民币 100 万元。

2012 年 11 月，徐某和康某发起成立广东孟成金融控股集团有限公司。2014 年 3 月至 2019 年 10 月期间，该公司通过举办公司年会、参与金融博览会、开展财富沙龙、在微信群里发布产品信息等方式，向非特定人员承诺保本付息，公开宣传并销售私募基金产品。先后发行 88 只私募投资基金产品，向 1607 人募集资金累计 86.5 亿元。徐某、康某采取借新还旧等模式，虚构或隐瞒项目事实，大部分资金主要用于发放高息贷款及个人挥霍，致使到期未能兑付投资，涉及 702 人 29.44 亿元，造成投资人实际损失 23.5 亿元。2018 年，邱某加入广东孟成金融控股集团担任首席财务官，协助徐某、康某实施非法集资犯罪活动。2018 年 9 月，邱某明知徐某、康某所获资金为非法募集投资款所得情况下，仍主动联系地下钱庄及提供自己的账户协助康某转移资金 1.85 亿元。2021 年 8 月 31 日，深圳市中级人民法院作出上述判决。

在此案中，邱某明知徐某等所获资金为非法募集投资款所得情况下，仍主动联系地下钱庄，提供个人银行账户接收地下钱庄公转私交易后的资金，协同地下钱庄非法改变公众投资款的来源和性质，刻意掩饰、隐瞒资金来源和运用，构成洗钱罪。[①]

## 二、上游犯罪与洗钱共犯的具体认定路径

由于上游犯罪行为人的后续洗钱行为成为刑法单独评价的内容，导致共同犯罪的认定思路发生重大变化。存在他人帮助洗钱的情况下，就可能存在两个共同犯罪共谋内容指向的可能，也需要具体考察协助洗钱行为人具体实施的行为。从司法实践的角度，应更加细致地审查共同犯罪行为人共同故意的内容和共同行为的具体指向，具体划分为以下情况：

1. 行为人事前就上游犯罪的实行行为与上游犯罪分子进行通谋，并实施上游犯罪的，构成上游犯罪的共犯。由于行为人和上游犯罪分子事前通谋和

① 王宝运：《金融机构洗钱犯罪类型分析与经典案例评析》，中国出版集团有限公司 2023 年版，第 180 页。

共同行为均指向上游犯罪，此种情况认定上游犯罪共犯应无异议。

2. 行为人事前就洗钱行为与上游犯罪分子进行通谋，并实施刑法第 191 条规定的洗钱犯罪的，构成洗钱罪的共犯。在此情况下，是否限定洗钱行为人与上游行为人共谋的时间要在上游行为既遂之后？本书倾向于认为，因为行为人与上游行为人共同故意和实施行为的指向均是洗钱犯罪，而洗钱行为是发生在上游行为既遂之后，因此只需要考虑对于洗钱的共谋是否发生在洗钱犯罪事前或者事中即可。

3. 行为人事前就上游实行行为和洗钱行为与上游犯罪分子进行通谋，并实施上游和洗钱犯罪的，同时构成上游犯罪和洗钱罪的共犯，应予以数罪并罚。司法实践中，如果行为人知晓上游犯罪的行为，但与其共谋内容仅是在上游行为后为其提供的“清洗”资金的帮助，其行为也局限于掩饰、隐瞒资金的来源和性质，行为人帮助行为和作用宜限定在洗钱犯罪，其洗钱行为不宜认定为对上游行为的帮助。只有行为人与上游人员既有关于上游和洗钱的事前共谋，也同时实施了上游和洗钱的帮助行为，方能对该行为人认定同时构成上游犯罪和洗钱罪的共犯。

## 三、他洗钱和上游犯罪共犯的区分

在一些案件中，对提供资金账户、帮助转移资金等行为人，究竟按照洗钱罪处理还是按照上游犯罪的帮助犯处理，经常产生意见分歧。理论上，洗钱罪属于上游犯罪的连累犯。所谓连累犯，是指事前与他人没有通谋，在他人犯罪以后，明知他人犯罪的情况，而故意以各种形式予以帮助，依法应受处罚的行为，其明显区别于共同犯罪，两者只能成立其中之一。[①] 对犯罪人、犯罪所得等进行包庇、窝藏、洗钱的，都属于连累犯。

因此，就洗钱罪而言，洗钱行为是上游犯罪既遂后对财物的事后处理行为，不能成立上游犯罪的帮助犯。反之，如果行为人与上游犯罪人构成共同犯罪，则其具有洗钱性质的行为（如帮助上游犯罪行为人提供资金账户、转移转换资金等行为）不再单独成立刑法第 191 条的洗钱罪。具体可从主客观两方面进行区分：

主观上，洗钱犯罪人与上游犯罪人是否对上游犯罪存在事前通谋，是判

---

① 陈兴良：《共同犯罪论》（第 2 版），中国人民大学出版社 2006 年版，第 426 页。

断共同犯罪还是洗钱罪的关键要件。如果行为人与上游犯罪人事前通谋，通过提供资金账户等方式掩饰、隐瞒上游犯罪所得及其产生的收益来源和性质的，此种行为对于上游犯罪的实施具有物理上和心理上的因果性，构成共同犯罪。在刑法第156条、第349条关于走私罪，包庇毒品犯罪分子罪和窝藏、转移、隐瞒毒品、毒赃罪等规定中，都明确将事前通谋的作为共犯论处。2015年最高人民法院《关于审理掩饰、隐瞒犯罪所得、犯罪所得收益刑事案件适用法律若干问题的解释》第5条明确规定：事前与盗窃、抢劫、诈骗、抢夺等犯罪分子通谋，掩饰、隐瞒犯罪所得及其产生的收益的，以盗窃、抢劫、诈骗、抢夺等犯罪的共犯论处。根据体系解释的原则，与上游犯罪人事前通谋的，不构成洗钱罪，而是与上游犯罪构成共同犯罪。在自洗钱入罪后，对于他洗钱与上游犯罪的关系需要重新梳理。他洗钱行为人通常受到上游犯罪行为人的授意或指使，他洗钱行为人与上游犯罪行为人一般构成洗钱的共同犯罪，不宜认定为上游犯罪的共同犯罪。

从客观行为来看，洗钱罪是在上游犯罪完成、取得或控制犯罪所得及其收益后实施的新的犯罪活动，与上游犯罪分别具有独立的构成，即构成他洗钱的行为应发生在上游犯罪既遂之后，正如最高检在案例中所强调："在上游犯罪实行过程中提供资金账户、协助转账汇款等帮助上游犯罪实现的行为，是上游犯罪的组成部分，应当认定为上游犯罪的共犯，不能认定洗钱罪。上游犯罪完成后掩饰、隐瞒犯罪所得及其收益的来源和性质的行为，才成立洗钱罪。"①

综上，司法机关在办案当中应综合主客观两方面因素，根据行为人实施掩饰、隐瞒等行为所发生时间节点及其与上游犯罪关系，准确区分上游犯罪与洗钱罪，不能将为上游犯罪提供账户、转账等上游犯罪共犯行为以洗钱罪追诉。

## 第六节　罪名竞合和罪名选择

法条竞合指一个犯罪行为同时符合多个犯罪规定，依法只适用其中一个法条定罪量刑的情形。从广义角度上看，我国规制洗钱违法犯罪的刑事罪名

① 《检察机关惩治洗钱犯罪典型案例》，载最高人民检察院官网，https://www.spp.gov.cn/spp/xwfbh/wsfbt/202211/t20221103_591486.shtml#2，2023年9月30日最后访问。

主要包括刑法第312条掩饰、隐瞒犯罪所得、犯罪所得收益罪①，刑法第191条洗钱罪②和刑法第349条第1款窝藏、转移、隐瞒毒赃罪③。3个法条之间存在法条竞合关系。

## 一、广义洗钱罪的法条关系

全国人大常委会在起草《刑法修正案（六）》过程中指出，刑法第191条规定的洗钱犯罪……是针对一些通常可能有巨大犯罪所得的严重犯罪而为其洗钱的行为所作的特别规定；除这一条规定的对几种严重犯罪所得进行洗钱的犯罪外，按照刑法第312条的规定……都可按犯罪追究刑事责任，只是具体罪名不称为洗钱罪。因此，通说认为，刑法第312条是洗钱罪罪名群中的一般规定，刑法第191条和刑法第349条是特别规定。一般规定和特别规定的主要区别在于犯罪所得及其收益是否来自于特定的上游犯罪，当然也包括掩饰、隐瞒的手段，对于上游犯罪系刑法第191条法定七类上游犯罪的，但没有采取“化学变化”转换犯罪所得、仅单纯改变财物物理储藏空间的不能依据第191条，认定属于窝赃行为。

值得关注的是，最高人民法院2009年、2015年先后发布《关于审理洗钱等刑事案件具体应用法律若干问题的解释》和《关于审理掩饰、隐瞒犯罪

---

① 《中华人民共和国刑法》第312条规定：“明知是犯罪所得及其产生的收益而予以窝藏、转移、收购、代为销售或者以其他方法掩饰、隐瞒的，处三年以下有期徒刑、拘役或者管制，并处或者单处罚金；情节严重的，处三年以上七年以下有期徒刑，并处罚金。

单位犯前款罪的，对单位判处罚金，并对其直接负责的主管人员和其他直接责任人员，依照前款的规定处罚。”

② 《中华人民共和国刑法》第191条规定：“为掩饰、隐瞒毒品犯罪、黑社会性质的组织犯罪、恐怖活动犯罪、走私犯罪、贪污贿赂犯罪、破坏金融管理秩序犯罪、金融诈骗犯罪的所得及其产生的收益的来源和性质，有下列行为之一的，没收实施以上犯罪的所得及其产生的收益，处五年以下有期徒刑或者拘役，并处或者单处罚金；情节严重的，处五年以上十年以下有期徒刑，并处罚金：（一）提供资金帐户的；（二）将财产转换为现金、金融票据、有价证券的；（三）通过转帐或者其他支付结算方式转移资金的；（四）跨境转移资产的；（五）以其他方法掩饰、隐瞒犯罪所得及其收益的来源和性质的。单位犯前款罪的，对单位判处罚金，并对其直接负责的主管人员和其他直接责任人员，依照前款的规定处罚。”

③ 《中华人民共和国刑法》第349条第1款规定：“包庇走私、贩卖、运输、制造毒品的犯罪分子的，为犯罪分子窝藏、转移、隐瞒毒品或者犯罪所得的财物的，处三年以下有期徒刑、拘役或者管制；情节严重的，处三年以上十年以下有期徒刑。”

所得、犯罪所得收益刑事案件适用法律若干问题的解释》，分别对第 191 条、第 312 条规定的洗钱行为方式进行了扩展，进一步淡化行为方式差异，强调两罪对不同阶段洗钱行为的适用性。

最高人民法院在 2009 年洗钱司法解释的理解与适用中强调，第 312 条和第 191 条两个法条的区分界限应落脚在是否为特定上游犯罪，而非具体的行为方式。实践中存在所有洗钱行为，包括通过商业银行等银行类金融机构，证券公司、保险公司等非银行类金融机构，商品交易、企业收购、投资等非金融途径以及地下钱庄、赌博、购彩、走私等非法途径实施的洗钱犯罪，只要其对象属于刑法第 191 条规定的上游犯罪的犯罪所得及收益，即应以刑法第 191 条规定的洗钱罪定罪处罚。①

**表 7　广义洗钱犯罪罪名竞合关系 ②**

| 法条 | 第 191 条 | 第 312 条 | 第 349 条 | 3 个法条比较 |
|---|---|---|---|---|
| 犯罪主体 | 个人和单位 | 个人和单位 | 个人 | 第 191 条、第 312 条犯罪主体包括单位，第 349 条不包括单位 |
| 犯罪客体 | 金融管理秩序 | 司法秩序 | 司法秩序 | 第 191 条与第 312 条、第 349 条侵害的客体不同 |
| 犯罪主观方面 | 故意犯罪 | 故意犯罪 | 故意犯罪 | 第 191 条和第 312 条要求主观明知，而且第 191 条要求是七类上游犯罪所得及收益；第 349 条隐含故意犯罪要求 |
| 犯罪客观方面 | 上游犯罪：特定七类上游犯罪 | 上游犯罪：所有犯罪 | 上游犯罪：毒品犯罪 | 第 312 条最广，包括所有犯罪，第 191 条限定为特定上游犯罪；第 349 条仅为毒品犯罪 |
|  | 行为方式：提供资金帐户；将财产转换为现金、金融票据、有价证券；通过转帐或者其他支付结算方式转移资金，跨境转移资产等 | 行为方式：窝藏、转移、收购、代为销售或者以其他方法掩饰、隐瞒的 | 行为方式：窝藏、转移、隐瞒毒品或者犯罪所得的财物 | 第 312 条最广，包括了第 191 条和第 349 条的行为方式，第 191 条包括转移、转换等“清洗”行为，不包括第 312 条和第 349 条的收受或者窝藏行为 |

① 刘为波：《〈关于审理洗钱等刑事案件具体应用法律若干问题的解释〉的理解与适用》，载《人民司法》2009 年第 23 期。

② 该表参见中国人民银行课题组：《〈刑法〉洗钱犯罪法条竞合问题研究》，载《金融时报》2021 年 9 月 7 日，理论周刊头版。

续表

| 法条 | 第 191 条 | 第 312 条 | 第 349 条 | 3 个法条比较 |
|---|---|---|---|---|
| 罚则 | 对个人：没收实施以上犯罪的所得及其产生的收益，处 5 年以下有期徒刑或者拘役，并处或者单处罚金；情节严重的，处 5 年以上 10 年以下有期徒刑，并处罚金。<br>对单位：对单位判处罚金，并对其直接负责的主管人员和其他直接责任人员，依照前款的规定处罚 | 对个人：处 3 年以下有期徒刑、拘役或者管制，并处或者单处罚金；情节严重的，处 3 年以上 7 年以下有期徒刑，并处罚金。<br>对单位：对单位判处罚金，并对其直接负责的主管人员和其他直接责任人员，依照前款的规定处罚 | 处 3 年以下有期徒刑、拘役或者管制；情节严重的，处 3 年以上 10 年以下有期徒刑 | 从刑期看，第 191 条最重，第 349 条次之，第 312 条最轻<br>从罚金看：第 191 条和第 312 条有罚金规定，第 349 条无罚金规定 |

## 二、罪名竞合的处理方式

### （一）特殊法条和一般法条的竞合

对于洗钱罪名群内部的法条发生竞合时，2009 年《关于审理洗钱等刑事案件具体应用法律若干问题的解释》规定了“重法优于轻法”的处理原则。2009 年《关于审理洗钱等刑事案件具体应用法律若干问题的解释》和 2015 年《关于审理掩饰、隐瞒犯罪所得、犯罪所得收益刑事案件适用法律若干问题的解释》均规定，在构成第 312 条规定犯罪的同时，又构成其他犯罪的，“依照处罚较重的规定定罪处罚”。此观点在实践中存在一定的适用难点，因为刑法第 312 条有明确的量刑标准，而刑法第 191 条没有，因此在数额比较巨大情况下，司法机关倾向于适用第 312 条定罪处罚。

当然，也有观点认为，对于“洗钱罪”上游犯罪领域内的洗钱行为，由于刑法第 191 条的法定刑重于第 312 条，应当优先适用第 191 条。同时，第 191 条相对于第 312 条是特别法，这也符合特别法优先一般法适用的法律原则和立法目的。[①]在2022年最高检发布的惩治洗钱犯罪典型案例中予以明确。如在前述马某益受贿、洗钱案中，[②]最高检指出，刑法第191条规定的洗钱罪与刑法第312条规定的掩饰、隐瞒犯罪所得、犯罪所得收益罪是刑法特别规定与一般规定的关系，掩饰、隐瞒犯罪所得及其产生的收益，构成刑法第191条规定的洗钱罪，同时又构成刑法第312条规定的掩饰、隐瞒犯罪所得、犯罪所得收益罪的，依照刑法第191条洗钱罪的规定追究刑事责任。

除此以外，在行为人对于属于刑法第191条上游犯罪的违法所得，既有清洗行为，又有窝藏行为时，如何适用罪名，存在一定争议。一种观点认为，刑法第191条和刑法第312条在犯罪手法上还是存在一定区分，[③]掩饰、隐瞒犯罪所得罪规定的是“窝藏、转移、收购、代为销售或者以其他方式掩饰、隐瞒”，洗钱罪要求“为掩饰、隐瞒……以其他方式掩饰、隐瞒”。而洗钱罪列举的行为以及兜底条款更侧重于利用金融机构、金融手段或者特定非金融机构掩饰、隐瞒犯罪所得；掩饰、隐瞒犯罪所得罪所列举的窝藏、转移、收购以及兜底条款，明显范围和外延更大，且不存在对方式、手段的侧重。因此不宜将没有“化学性”变化，只有“物理性”变化的行为认定为刑法第191条的洗钱行为，当行为人有数个行为，应该依法数罪并罚。另一种观点认为，只要上游犯罪属于第191条规定的上游犯罪，无论行为人采取什么手法，都认定为第191条的洗钱罪。本书持第一种观点。

**案例：马某等人集资诈骗、非法吸收公众存款、洗钱及掩饰、隐瞒犯罪所得、窝藏案**[④]

2016年9月，犯罪嫌疑人马某等人租用上海浦东新区某广场办公室，以上海某电子有限公司的名义，以某某信息有限公司设立的商户和以徐某的名

---

① 最高人民法院《关于审理洗钱等刑事案件具体应用法律若干问题的解释》（法释〔2009〕15号）第3条规定：“明知是犯罪所得及其产生的收益而予以掩饰、隐瞒，构成刑法第三百一十二条规定的犯罪，同时又构成刑法第一百九十一条或者第三百四十九条规定的犯罪的，依照处罚较重的规定定罪处罚。”

② 《检察机关惩治洗钱犯罪典型案例》，载最高人民检察院官网，https://www.spp.gov.cn/spp/xwfbh/wsfbt/202211/t20221103_591486.shtml#2，2023年9月30日最后访问。

③ 吴晓蓉等：《洗钱罪与掩饰、隐瞒犯罪所得、犯罪所得收益罪的区分》，载《人民司法》2022年第20期。

④ 《2018年上海市检察机关金融检察十大典型案例》，载澎湃网，https://www.thepaper.cn/newsDetail_forward_4266609，2023年7月28日最后访问。

义开设的银行账户作为收付款账户，虚构投资珠宝和境外黄金、原油的“日日赢”理财产品，并雇用犯罪嫌疑人黄某某在惠南镇等地设点销售上述理财产品。通过上述方法，马某、黄某某等人共骗取1000余名投资人投资人民币1亿余元，造成795名投资人损失人民币5000余万元。犯罪嫌疑人张某某、马某某、金某某等人帮助转移、藏匿马某集资诈骗所得钱款。犯罪嫌疑人程某使用虚假身份在马某等人逃跑途中租用房屋供两人居住。

马某、黄某某等人以集资诈骗、非法吸收公众存款罪，分别被判处有期徒刑13年6个月，有期徒刑1年6个月、缓刑2年不等，并处没收财产人民币10万元至200万元不等；张某某、马某某、金某某等人以洗钱、掩饰、隐瞒犯罪所得罪，分别被判处有期徒刑3年6个月，有期徒刑1年、缓刑1年不等，并处没收财产人民币2万元至87万元不等；程某以窝藏罪，被判处有期徒刑10个月，缓刑1年。

随着非法集资类案件的不断高发，为金融违法犯罪活动处置、转移犯罪所得的洗钱犯罪近年来也频频出现，该案就是典型案例之一。本案中，行为人大多明知是集资诈骗所得，仍然积极协助犯罪分子掩饰、隐瞒来源与性质，形成利益产业链条。张某某、马某某、金某某等人既有“清洗”资金的洗钱行为，也有物理性藏匿行为，因此以洗钱及掩饰、隐瞒犯罪所得罪数罪并罚。

除此以外，刑法第312条和第191条还存在着“明知”内容的区别，尽管洗钱罪删除了“明知”，但是在他洗钱行为中，主观方面亦要求犯罪人对上游犯罪属于法定七类上游犯罪存在明知。而掩饰、隐瞒犯罪所得罪的主观方面仅要求明知其犯罪对象属于犯罪所得或所得收益即可。因此在共同犯罪中，可能出现不同行为人因为主观“明知”状态不同，区分认定不同的罪名。

**案例：徐某某等人贷款诈骗、洗钱及掩饰、隐瞒犯罪所得罪**[①]

被告人徐某某伙同或相互交叉伙同被告人章某某等人，以非法占有为目的，虚构他人购车的事实，以支付首付款贷款购车的方式，先后购买43辆汽车，骗取多家汽车金融公司、银行等机构的贷款共计2485110元。贷款购买汽车后不再偿还贷款，且将涉案汽车转手销售。被告人袁某某、龚某某、杜

① 江苏省兴化市人民法院刑事判决书（2021）苏1281刑初253号，江苏省泰州市中级人民法院刑事判决书（2021）苏12刑终120号。

某某在明知是犯罪所得的情况下，先后对涉案车辆进行转移、收购、代为销售。一审法院判决徐某某等人犯贷款诈骗罪；杜某某、龚某某、袁某某3人犯掩饰、隐瞒犯罪所得罪。

一审宣判后，徐某某等人上诉，认为犯罪事实认定有误。江苏省泰州市人民检察院出具书面审查意见认为，一审判决认定事实清楚，证据确实、充分，定性准确，量刑适当，唯认定原审被告人龚某某、袁某某掩饰、隐瞒犯罪所得罪定性错误，应依法认定为洗钱罪。鉴于3人量刑适当，建议对2人依法改判定性，其他维持。二审法院依法改判原审被告人龚某某、袁某某犯洗钱罪，维持一审判决主文的第一项至第七项、第十项、第十一项。

本案的争议焦点在于下游犯罪3名被告人龚某某、杜某某、袁某某的行为应当构成掩饰、隐瞒犯罪所得罪还是洗钱罪。对此，一审法院认定3人均为掩饰、隐瞒犯罪所得罪，二审时检察机关认为3人均应改判为洗钱罪。二审审理中对杜某某等3人的犯罪定性进行了区分，并作出了具体阐释：刑法第191条规定的洗钱罪与刑法第312条规定的掩饰、隐瞒犯罪所得、犯罪所得收益罪是刑法特别规定与一般规定的关系，主要区别在于，洗钱罪上游犯罪为毒品犯罪、黑社会性质的组织犯罪、恐怖活动犯罪、走私犯罪、贪污贿赂犯罪、破坏金融管理秩序犯罪、金融诈骗犯罪，且要求行为人对上游犯罪类型存在主观明知。对上游犯罪的明知可以是概括性的认识，即认识到上游犯罪的类型，无需认识到具体的性质和罪名。而掩饰、隐瞒犯罪所得、犯罪所得收益犯罪对上游犯罪的类型没有限定，仅要求行为人对属于违法所得的情况存在概括性认识即可。本案中，龚某某、袁某某、杜某某的主观明知情况存在差异。龚某某、袁某某在收购、转移、销售案涉车辆时，清楚该车是徐某某等人贷款诈骗所得，对上游犯罪的行为、类型、性质均存在明知。而杜某某虽曾经怀疑过车辆是从非法途径获得，但对于上游犯罪的类型不存在明知。杜某某本人和上游犯罪被告人徐某某、章某某等人并不熟悉，对车子的具体来源也不清楚，在明知车辆可能来路不正的情况下，贪图车价便宜，觉得利益空间较大决定收购涉案车辆，其不具有犯洗钱罪的主观故意，但具有掩饰、隐瞒犯罪所得的主观故意。

**（二）特殊法条之间的竞合**

1. 毒品领域的第191条和第349条的竞合

值得注意的是，刑法第191条洗钱罪和第349条窝藏、转移、隐瞒毒品、毒赃罪的上游犯罪均涉及毒品犯罪，因此，两者也存在法条竞合关系。在涉及毒品洗钱犯罪中，刑法第 191 条和第 349 条的罪名适用存在较大争议。通说认为，刑法第 349 条的客观方面表现为窝藏、转移、隐瞒毒品或者毒品犯罪所得财物的行为。其中，“窝藏”“转移”主要指将犯罪分子的毒品、毒赃在自己的住所或者其他隐蔽的场所，或者将犯罪分子的毒品、毒赃从一地转移到另一地，以逃避司法机关的追查的行为，与刑法第 191 条洗钱罪不存在竞合的可能。关于“隐瞒”如何理解的问题，理论界和实务界主要存在两种争议观点：

观点一认为，“隐瞒”是指在司法机关询问调查有关犯罪分子的情况时，自己明知犯罪分子的毒品、毒赃藏在何处，而有意对司法机关进行隐瞒。[①]如王新教授撰文表示，刑法第 191 条和第 349 条虽然“在表面上存在法条竞合的关系”，“但在立法的侧重点、犯罪对象、行为方式、目的要件、犯罪主体等方面”存在明显区别。[②]从既判案例角度，在指导案例汪照洗钱案中，案例指导意见明确表示刑法第 191 条、第 349 条在犯罪对象、行为方式、主观目的方面存在区别，如果行为人的意图不仅仅是对毒赃进行物理上的隐匿或者转移，而是将毒赃的非法性质和来源予以合法化，则应属于洗钱，而非隐瞒毒赃。

观点二认为，“隐瞒”毒赃行为包括改变毒赃来源和性质的转移、转换行为，可能造成刑法第 191 条和第 349 条的法条竞合。有学者采取了法条竞合的分析法，针对行为人采取隐瞒毒赃的方法进行洗钱行为予以阐释，认为“掩饰、隐瞒毒品等犯罪非法所得及其产生收益的性质和来源，也同样是为了对抗司法机关的追查，因此针对毒品犯罪所得而实施洗钱行为，往往同时也是一种窝藏、转移、隐瞒毒赃的特别行为”，并由此得出刑法第 191 条和第 349 条之间并非全部包容，而是部分交叉，属于交叉关系的法规竞合，而不是特别法条和普通法条之间的特别竞合关系，因此应适用重法优于轻法的原则。[③]

2021 年，最高人民检察院、中国人民银行联合发布的洗钱犯罪典型案例之一林某娜、林某吟等人洗钱案的案例解读中，也表达了类似的倾向观点。刑法第 349 条窝藏、转移、隐瞒毒赃罪主要适用于单纯的物理隐藏、转移毒

---

① 胡云腾：《刑法罪名精释》（第 5 版），人民法院出版社 2022 年版。

② 王新：《洗钱罪与窝藏、转移、隐瞒毒品、毒赃罪的界限》，载《检察日报》2010 年 3 月 8 日，第 3 版。

③ 王作富：《刑法分则实务研究》（第三版），中国方正出版社 2013 年版。

资毒赃的行为。同时，隐瞒毒赃罪与洗钱罪存在竞合，在犯罪手法上都是可以改变毒赃来源和性质的转移、转换行为，可以根据从一重原则认定。[①]

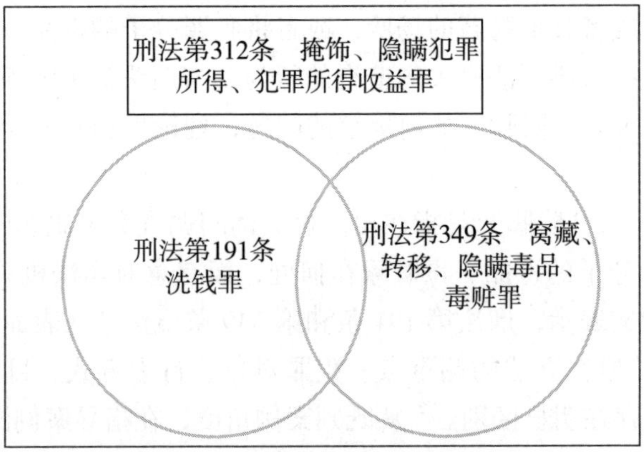


**图 10　毒品洗钱犯罪罪名关系厘分**

2. 罪名适用原则和立法建议

本书认为，宜将刑法第 191 条和第 349 条理解为相对于刑法第 312 条的特殊法条，且第 191 条和第 349 条之间不存在竞合，因为将刑法第 349 条的“隐瞒”包括清洗资金性质的行为，可能造成第 191 条和第 349 条的竞合，在司法实践中可能造成以下弊端：一是从内容上看，同样是隐瞒毒赃行为，可能根据其主观上对抗司法机关的追查或者掩饰、隐瞒毒品犯罪所得及其收益的性质和来源，而被区分认定为刑法第 349 条或者第 191 条，而这两种目的本身就存在重合性，后者必然以前者为前提，在这种情况下，两罪分设的必要性就十分可疑。[②] 二是可能造成处罚失衡。当行为人采取物理隐藏和以洗

① 本案基本案情：林某娜明知是毒品犯罪及收益，仍帮助哥哥林某永将毒赃用于购房、投资，并提供账户帮助转移资金共计 1743 万元。此外，林某娜三次为林某永窝藏毒赃，包括在其住处为林某永保管现金，一次从林某永的住处将现金转移至其住处保管，保管、转移毒赃共约 2460 万元。法院认为林某娜的行为分别构成洗钱罪和窝藏、转移毒赃罪，对其数罪并罚。罗曦：《关于最高人民检察院、中国人民银行联合发布惩治洗钱犯罪典型案例的解析》，载《人民检察》2021 年第 20 期。

② 陈兴良、金赛波：《刑法洗钱罪的定罪和量刑》，载金赛波等编：《中国法院审理洗钱罪实务和案例判决书精选》，法律出版社 2016 年版。

钱手法隐瞒毒赃并设法处理毒赃时，隐瞒毒赃行为可能根据案件情节、量刑幅度适用第 191 条，导致造成第 191 条和第 349 条并罚，前述林某娜等人洗钱案即是如此。但刑法第 349 条本身是选择性罪名，如统一适用刑法第 349 条，即使行为人以不同方式处理了不同笔的毒赃，也是按照同种数罪的基本处罚原则进行数额累加，进而选择适当的量刑幅度，不存在数罪并罚的情况。因此，对行为人以第191条和第349条并罚，实质上造成了“双重从重”：一是在第 191 条和第 349 条罪名发生竞合时，选择了处罚较重的罪名，二是放弃了选择性罪名而采取数罪并罚，数罪并罚一般情况下量刑会重于单一罪名，“双重从重”处罚方法对被告人可能有失公平。

综上所述，本书认为，应对刑法第 191 条和第 349 条予以界分：一是在侦查和司法实践中，对第 349 条窝藏、转移、隐瞒毒赃罪进行限缩解释，将隐瞒毒赃限定为单纯的物理隐瞒行为，当行为人采取隐瞒毒赃的方法进行洗钱的时候只能评价为洗钱罪。二是从长远立法角度，将第 349 条和第 191 条进行整合，取消第 349 条窝藏、转移、隐瞒毒赃罪，将物理性窝赃和化学性“清洗”毒赃分别归入刑法第 312 条和第 191 条的处罚范围之内，并可考虑将毒赃作为适用第 312 条的加重情形即可，这样更有利于法条之间的协调统一，也更符合国际反洗钱的立法趋势。

## 第七节　洗钱罪罪数问题：自洗钱是否数罪并罚

### 一、自洗钱入罪对罪数影响和观点争议

在《刑法修正案（十一）》之前，刑法第 191 条中所规定的上游七类犯罪行为人在实施上游犯罪之后，再进行的洗钱行为是不作独立刑事评价的，也就是说，法律规定了上游行为人实施上游犯罪行为和后续洗钱行为的，应评价为一罪。上游行为人实施的洗钱行为因为“事后不可罚”理论，被不予刑事单独评价。从法律规定的角度，上游犯罪行为人不属于洗钱犯罪的犯罪主体。在《刑法修正案（十一）》生效实施后，上游犯罪行为人也属于洗钱罪的犯罪主体，其行为被评价为自洗钱行为。

自洗钱行为与上游犯罪如何处罚，在实践中还有不同观点。从刑法理论

角度，“罪刑相适应原则基本要求是一罪一罚，数罪并罚”。[①]《刑法修正案（十一）》生效实施后，自洗钱行为与上游犯罪构成数罪，应采取并罚原则，但实践中仍有观点认为，自洗钱与上游犯罪应择一重罪处罚，甚至有观点表示，对上游犯罪行为人又实施洗钱行为进行数罪并罚可能导致量刑不平衡。

## 二、对自洗钱是否并罚的法理剖析

上游犯罪行为人既有上游犯罪行为又有后续洗钱行为是否数罪并罚，可从两个层面论述，一是行为人究竟成立一罪还是数罪？二是对于数罪是实行并罚还是不并罚？

首先，一罪与数罪。罪数是指一人所犯之罪的数量，区分罪数，也就是区分一罪与数罪。刑法理论对于罪数区分的标准有不同看法，[②]由于刑法的目的是保护法益，犯罪的本质是侵害法益，本书根据法益说进行罪数判断，即根据行为所侵犯的法益数量评价其符合几个犯罪构成或者几个犯罪。[③]

其次，并罚与否的判断。行为侵犯了数个犯罪的保护法益，并不意味着必然并罚。如行为虽然侵害了数个法益，但仅适用一个重法定刑就可以全面清算（评价）数罪的不法与责任时，就不必实行并罚。如故意杀人的同时将被害人衣服毁坏的行为，虽然存在两个法益侵害行为，但仅认定为故意杀人罪即可，没有必要另认定为故意毁坏财物罪。再如盗窃电力设备的同时破坏了电力设备，危害公共安全的，虽然构成数罪，但由于只有一个行为，适用一个重罪的法定刑即可。这是因为，“罪数论·竞合论是在实体法上经过了对某一行为的违法、责任的判断阶段后，为量刑提供基础的领域的讨论”。[④]也就是说，罪数论和竞合论是为了解决量刑问题，即“正确的刑法裁量终究

---

① 陈兴良主编：《刑法总论精释》（第三版），人民法院出版社2016年版，第872页。

② 刑法理论中区分罪数的标准存在着行为说、法益说（结果说）、犯意说（主观说、意思说）、构成要件说、个别化说等不同标准。张明楷：《刑法学》（第五版），法律出版社2016年版，第456页。

③ 当一个犯罪保护的法益为复数时，侵害该复数法益的行为仅成立一罪。

④ ［日］只木诚：《罪数论·竞合论》，载［日］山口厚、甲斐克则编：《21世纪日中刑事法的重要课题》，成文堂2014年版，第73页，转引自张明楷：《刑法学》（第五版），法律出版社2016年版，第458页。

是整个竞合理论的目的”。[①] 此外，犯罪现象非常复杂，侵犯数个犯罪构成保护法益的数罪，事实上会存在密切的关联性乃至存在重合的部分，如果一概实行并罚，必然导致量刑畸重（在某些情况下，也可能导致量刑畸轻）。所以，即使是数罪，也需要区分不并罚的数罪与并罚的数罪。在科处刑罚的意义上，可以将仅适用一个法定刑而不并罚的数罪，归入包括的一罪或者科刑的一罪。[②]

对照上述两个标准，反观自洗钱行为，可以得出以下结论：

一是自洗钱行为侵犯了不同于上游犯罪的新的法益。《刑法修正案（十一）》生效后，上游行为人属于洗钱罪的犯罪主体，其实施的洗钱行为符合洗钱罪的构成要件。如王新教授所评价“自洗钱入罪使传统赃物犯罪有新解”，[③] 自洗钱入罪是因为洗钱行为所侵犯的法益不能为上游犯罪所评价，洗钱罪有着区别于上游犯罪的独立法益。因此，立足于法益角度，上游行为人的上游行为和洗钱行为应成立数罪。

二是洗钱犯罪和上游犯罪并罚不会必然导致量刑失衡问题。从量刑合理化的角度，仅适用一个法定刑而不并罚的数罪主要分成归入包括的一罪或者科刑的一罪。与自洗钱行为有可能关涉的主要有两类，其一，包括的一罪中的共罚的事后行为（或称不可罚的事后行为），其二，科刑的一罪中的牵连犯。由于《刑法修正案（十一）》明确将自洗钱行为单独评价，因此不可能构成包括的一罪，下面重点探讨牵连犯的问题。

刑法理论通说认为，牵连犯是指犯罪的手段行为或结果行为，或者目的行为或原因行为分别触犯不同罪名的情况。牵连犯有两个特征，一是必须是其手段行为或结果行为又触犯了其他罪名，二是数行为之间存在手段行为与

---

① ［德］Ingeborg Puppe：《基于构成要件结果同一性所形成不同构成要件实现之想象竞合》，陈志辉译，载《东吴法律学报》第17卷第3期，第321页，转引自张明楷：《刑法学》（第五版），法律出版社2016年版，第458页。

② 所谓包括的一罪，是指对行为进行孤立的评价，可能得出数罪的结论，但如果进行整体的评价，只需要使用一个刑法分则的条文的情形，如连续犯、多次犯、集合犯等；科刑的一罪，是指行为构成数个犯罪，应当适用数个刑法分则条文，但只需要适用一个重法定刑的情形，如想象竞合犯、牵连犯。

③ 王新：《自洗钱犯罪：传统赃物罪理论有新解》，载《检察日报》2021年5月12日，第3版。

目的行为、原因行为与结果行为的牵连关系。[①]关于自洗钱行为与上游犯罪是否构成牵连犯从而不并罚的问题，本书采取否定观点。一方面，洗钱行为与上游犯罪很难被认定具有类型化的手段与目的、原因与结果的关系，更为重要的是，洗钱行为必须发生在上游犯罪之后，无论将其评价为手段还是目的，抑或结果还是原因，似乎都很难自圆其说。另一方面，牵连犯也不意味着必须从一重处罚，或者从一重从重处罚，我国刑法条文对牵连犯的处罚原则没有明文规定，从处理原则来看，本书倾向于采取张明楷教授的观点，刑法分则对牵连犯规定独立的较重的法定刑的情形，也应当排除在牵连犯概念之外。综上两方面，本书认为自洗钱行为与上游犯罪不构成牵连犯，应采取数罪并罚的处罚原则。

## 三、对自洗钱数罪并罚的司法案例

最高人民法院在2022年6月25日所发布的最高人民法院2022年十大毒品（涉毒）犯罪典型案例之一的万昊能等贩卖毒品、洗钱案中所指出的，贩卖含有合成大麻素成分的电子烟油并“自洗钱”，依法数罪并罚。[②]

**案例：万昊能等贩卖毒品、洗钱案**

被告人万昊能，男，汉族，1998年1月2日出生，无业。

被告人黄云，男，汉族，2000年10月4日出生，无业。

被告人刘智勇，男，汉族，2001年8月14日出生，无业。

2021年7月1日至8月21日，被告人万昊能在明知合成大麻素类物质已被列管的情况下，为牟取非法利益，通过微信兜售含有合成大麻素成分的电子烟油，先后6次采用雇请他人送货或者发送快递的方式向多人贩卖，得款共计4900元。被告人黄云两次帮助万昊能贩卖共计600元含有合成大麻素成分的电子烟油，被告人刘智勇帮助万昊能贩卖300元含有合成大麻素成分的电子烟油。为掩饰、隐瞒上述犯罪所得的来源和性质，万昊能收买他人微信账号并使用他人身份认证，收取毒资后转至自己的微信账号，再将犯罪所得提取至银行卡用于消费等。同年8月23日，公安人员在万昊能住处将其抓

---

① 张明楷：《刑法学》（第五版），法律出版社2016年版，第490页。

② 《最高人民法院发布2022年十大毒品（涉毒）犯罪典型案例》，载最高人民法院官网，https://www.court.gov.cn/zixun-xiangqing-363401.html，2023年7月28日最后访问。

获，当场查获电子烟油 15 瓶，共计净重 111.67 克。次日，公安人员在万昊能租赁的仓库内查获电子烟油 94 瓶，共计净重 838.36 克。经鉴定，上述烟油中均检出 ADB-BUTINACA 和 MDMB-4en-PINACA 合成大麻素成分。万昊能、黄云到案后，分别协助公安机关抓捕吴某某（另案处理）、刘智勇。

最高人民法院在该案例的典型意义中强调，毒品犯罪是洗钱犯罪的上游犯罪之一。洗钱活动在为毒品犯罪清洗毒资的同时，也为扩大毒品犯罪规模提供了资金支持，助长了毒品犯罪的蔓延。《刑法修正案（十一）》将“自洗钱”行为规定为犯罪，加大了对从洗钱犯罪中获益最大的上游犯罪本犯的惩罚力度。本案中，被告人万昊能通过收购的微信账号等支付结算方式，转移自身贩卖毒品所获毒资，掩饰、隐瞒贩毒违法所得的来源和性质，妄图“洗白”毒资和隐匿毒资来源。人民法院对其以贩卖毒品罪、洗钱罪数罪并罚，以同步惩治上下游犯罪，斩断毒品犯罪的资金链条，摧毁毒品犯罪分子再犯罪的经济基础。

## 第八节　洗钱犯罪的刑事责任

### 一、洗钱犯罪的刑罚规定

刑法第 191 条对洗钱罪规定了两档刑罚。为掩饰、隐瞒毒品犯罪、黑社会性质的组织犯罪、恐怖活动犯罪、走私犯罪、贪污贿赂犯罪、破坏金融管理秩序犯罪、金融诈骗犯罪的所得及其产生的收益的来源和性质，构成洗钱犯罪的，没收实施以上犯罪的所得及其产生的收益，处 5 年以下有期徒刑或者拘役，并处或者单处罚金；情节严重的，处 5 年以上 10 年以下有期徒刑，并处罚金。

刑法第 191 条第 2 款是关于单位洗钱罪的处罚规定。对单位洗钱罪，本条规定了实行双罚制，既处罚单位又处罚有关的责任人员。本条根据犯罪情节规定了两档刑罚：对于单位实施洗钱行为构成犯罪的，对单位判处罚金，并对其直接负责的主管人员和其他直接责任人员，没收犯罪的所得及其产生的收益，处 5 年以下有期徒刑或者拘役，并处或者单处罚金。情节严重的，除对单位判处罚金外，对其直接负责的主管人员和其他直接责任人员，没收犯罪的所得及其产生的收益，处 5 年以上 10 年以下有期徒刑，并处罚金。

需要注意的是，刑法条文未如其他罪名一样将“数额较大”或“情节严重”等作为入罪门槛，原则上只要为上游犯罪的犯罪所得及其产生的收益洗钱，即可构成犯罪。但在具体案件中，仍应根据洗钱行为的社会危害性判断追诉的必要性。比如，综合考虑上游犯罪的性质、洗钱行为的情节、后果及社会危害程度等作出判断。

## 二、刑事责任的司法案例分析

### （一）如何区分单位犯罪和个人犯罪的刑事责任

**案例：张某某洗钱案**[①]

2014 年 8 月起，赵某某（另案处理）分别创立 B 金融信息服务有限公司（以下简称 B 公司）线上“P2P”平台和 C 财富（上海）投资管理有限公司线下门店，在未经国家相关部门批准的情况下，承诺支付 8%—12% 不等的年化投资收益，采用广告、拨打电话、口口相传等宣传方式，使用 200 余家空壳公司发布虚假借款标的，对外销售债权转让类理财产品，向社会不特定公众非法募集资金 59 亿余元。

2017 年 1 月至 2018 年 8 月，被告人张某某在担任被告单位上海 W 电子商务有限公司（以下简称 W 公司）实际控制人期间，明知 B 公司线上“P2P”平台未取得国家相关部门批准而非法集资，仍听从赵某某指使，以被告单位 W 公司名义与赵某某指定的第三人李某（已判决）签订虚假循环额度借款合同，将 B 公司所吸收的资金通过被告单位 W 公司账户转入赵某某指定的李某个人账户及其他公司账户。经鉴定，2017 年 1 月 11 日至 2018 年 8 月 9 日，B 公司通过相关账户向 W 公司转账共计人民币 3023 余万元，W 公司转回相关账户共计人民币 3018 余万元。

2020 年 9 月 21 日，浦东公安分局以犯罪嫌疑人张某某涉嫌非法吸收公众存款罪将案件移送审查起诉，同年 11 月 26 日，浦东新区检察院以洗钱罪对被告单位 W 公司、被告人张某某提起公诉。2021 年 6 月 10 日，浦东新区法院以洗钱罪分别判处被告单位 W 公司罚金人民币 300 万元，判处被告人张某某有期徒刑 6 年。张某某不服，提出上诉。2021 年 10 月 29 日，上海市第一中级人民法院作出终审裁定，驳回上诉，维持原判。

---

① 《六年实刑！实控人利用公司为他人洗钱获罪》，载微信公众号“上海检察”，2022 年 8 月 31 日。

本案中，司法机关准确区分了单位犯罪和自然人犯罪，加大对单位洗钱犯罪的打击力度。惩治单位洗钱犯罪是我国当前打击洗钱犯罪的重点工作之一。刑事立法通过提高单位洗钱犯罪中直接负责的主管人员或者其他直接责任人员处罚力度的方式加大对单位洗钱犯罪的打击力度，司法实践应当准确区分单位犯罪和自然人犯罪。本案中，首先，根据工商登记材料和相关证人证言，张某某确系W公司的实际控制人；其次，张某某以W公司账户为B公司、赵某某“清洗”非法集资资金，主要出于W公司具有通过赵某某进行融资的迫切需要；最后，涉案虚假循环额度借款合同系以W公司名义签订，非法资金流转系由公司财务操作W公司账户完成。综上，涉案洗钱行为代表单位意志，为了单位的利益，以单位名义实施，应当认定为单位犯罪。

从反洗钱行政监管角度，要充分关注空壳公司、对公账户被利用洗钱的违法犯罪现象，深挖洗钱犯罪线索。近年来，空壳公司、对公结算账户等逐渐成为上游犯罪分子从事非法集资、“清洗”赃款等犯罪的工具，相比个人账户，对公结算转账限额更高。中国人民银行、国家市场监督管理总局已就《市场主体受益所有人信息管理暂行办法（草案公开征求意见稿）》向社会公开征求了意见，通过明确受益所有人备案提高市场透明度，从源头上防范空壳公司、虚假注资和嵌套持股。检察机关在办理相关案件时，也应高度重视对空壳公司和资金账户的穿透式核查，深度挖掘洗钱犯罪线索，遏制金融乱象和犯罪。

**（二）洗钱犯罪认定中的罪责刑统一**

**案例：詹某某洗钱案**①

被告人詹某某，无业，系上海某投资管理有限公司（以下简称某投资公司）B店负责人俞某某（另案处理）的妻子。

2016年7月至2019年5月，俞某某担任某投资公司B店店长期间，未经国家有关部门批准，谎称销售银行理财产品，公开宣传承诺保本保息，许诺投资人4.8%—8.5%年化收益率，先后与500余人签订《债权及收益权转让与回购协议》，共计吸收资金人民币5亿余元，尚有1亿余元未兑付。俞某某以集资诈骗罪被追究刑事责任。

---

① 《检察官“火眼金睛” 甄别洗钱犯罪》，载澎湃新闻网，https://m.thepaper.cn/baijiahao_13974154,2023年7月28日最后访问。

2016年8月至2019年2月期间，被告人詹某某明知其丈夫俞某某作为某投资公司B店店长从事非法集资犯罪，仍提供其个人资金账户用于接收、转移违法所得。经审计，被告人詹某某的某银行账户从该投资公司负责人陈某某（另案处理）账户共计接收转移非法集资款人民币6000余万元。

B区检察院在办理俞某某等人涉嫌集资诈骗、非法吸收公众存款一案中，发现俞某某妻子詹某某名下某银行卡在案发期间接收转移大量某投资公司资金，可能涉嫌洗钱罪或者非法集资共犯。B区检察院将相关线索移送B公安分局，B分局遂以涉嫌非法吸收公众存款罪对詹某某刑事拘留，并邀请检察机关提前介入，后以涉嫌洗钱罪提请批捕，B区检察院以涉嫌洗钱罪对詹某某批准逮捕，并围绕詹某某的主观明知程度、客观参与情况及钱款去向要求公安机关继续侦查。后B区检察院以涉嫌洗钱罪对詹某某提起公诉，建议法院判处有期徒刑5年，并处罚金人民币600万元。B区法院全部采纳检察机关公诉意见，并作出判决。詹某某提出上诉，认为原判量刑过重。上海市第二中级人民法院经审理裁定驳回上诉，维持原判。

根据法律规定和犯罪情节，精准确定量刑建议。《刑法修正案（十一）》对洗钱罪进行了修订，对本罪财产刑作出调整，从比例罚金修改为不定额罚金，检察机关在提出量刑建议时依法用足用好财产刑，从经济上制裁洗钱犯罪分子，做到罪责刑相适应。对于洗钱数额巨大、多次洗钱、拒不配合追缴、造成严重后果等情形应当认定为洗钱罪中的“情节严重”，依法建议处5年以上10年以下有期徒刑，并处罚金。

# 第九章　洗钱犯罪刑事证据和证明体系

证据裁判原则作为现代证据法的一项基本原则，要求对案件争议事实的认定应当依据证据。司法机关在认定洗钱犯罪时，应坚持证据主导地位，构建以证据为中心的刑事指控体系，以符合诉讼规律的方法和模式强化证据审查，注重书面审查与调查，不仅要加强对侦查机关移送的案卷材料和证据进行全面、严格、准确的审查和判断，而且要在审查中注重核实、听取多方意见，特别是被告人辩解及其辩护律师的意见，确保证据体系的完整性，提高指控犯罪的精准度。同时应推动证据标准的明确性，由于长期司法案例积累不足，对洗钱罪罪名构成要件中某些概念的内涵和外延存在认识上的争议和分歧，从而导致证据标准不够统一，可通过总结研讨典型案例、制定类案取证指引等方式，明确洗钱罪的证据标准，并向侦查机关传导，避免认定犯罪证据标准也不统一。

## 第一节　洗钱犯罪的主要证据

### 一、证明上游犯罪所得及其产生的收益的证据

洗钱的对象是刑法第 191 条规定的七类上游犯罪所得及其产生的收益。

首先，调取上游犯罪的判决书，确认上游犯罪事实成立，上游犯罪未判决的，应当调取证明上游犯罪查证属实的相关证据材料。其次，调取证明洗钱对象与上游犯罪所得及其产生收益联系的相关证据，以证明掩饰、隐瞒的对象即上游犯罪所得或者其产生的收益，重点是根据上游犯罪所得及其收益的形式，收集转移、转换全过程的相关证据。比如，上游犯罪所得是存款、现金的，调取涉案资金转账、取现、存款等相关证据，包括银行对账单、银行监控录像等视频资料，行为人办理相关业务的留存材料等；上游犯罪所得是房产、贵金属、车辆等实物，或者转换为实物的，调取相关实物的购买、

转让合同、注册登记证明、过户手续证明等证据；上游犯罪所得系虚拟货币的，按照虚拟货币交易流程，收集行为人将赃款转换为虚拟货币、将虚拟货币兑换成法定货币或者使用虚拟货币的交易记录等证据，包括比特币地址、密钥，行为人与比特币持有者的联络信息和资金流向数据等。对于上游犯罪所得资金流向复杂的，可以商请中国人民银行反洗钱部门提供协助，排查可疑交易，穿透资金链条，分析涉案资金的来源、流转过程和最终去向。

## 二、证明主观故意的证据

### （一）他洗钱主观“明知”的证明

1. 洗钱“明知”的证明标准：可反驳的推定

实践中，认定洗钱罪行为人“明知”的证据情况呈现出两大类：一是有直接证据证明行为人确定、明确知道，二是根据间接证据构建证据体系，足以认定行为人知晓（可能性知晓）是犯罪所得。[①] 前者情况下，刑事证明标准没有太大争议，而后者是司法实践中更为常见的情况，司法者往往要面对通过证明的手段来认定事实会遭遇到认定不能的无奈局面，在司法实践中往往需要运用推定的手段。

推定是指在诉讼过程中，根据经验法则或法律规定，从某一已查明的事实推断存在另一难以证明的事实，并允许当事人举证推翻的一种证据法则。[②] 应该说，推定对于解决洗钱犯罪主观明知的证明困难具有积极意义，但推定毕竟是通过降低控方证明责任的方式来实现事实认定，天生存在侵蚀被告人权益的内在倾向，所以司法者在运用时必须遵循一定的准则和路径，以确保在允许刑事推定的情形下，故意的范围不被任意扩大、无罪推定原则得以顺利贯彻、被告人人权得以切实保障。

---

① 对此，有学者提出，刑法第 191 条洗钱罪行为人的“明知”包括知道和应当知道，所谓“知道”是指确定、明确知道，而“应当知道”是指根据行为人的年龄、知识、生活经验以及行为的时间、地点、特殊交易方式等，有充足的理由和根据怀疑是犯罪所得。但也有专家学者对“应当知道”持质疑态度，认为“应当知道”是过失心理状态的表现，是属于过失的范畴。考虑到 2009 年《关于审理洗钱等刑事案件具体应用法律若干问题的解释》中所表达的观点，在此不再纠结于“应当知道”的概念。赵新彬：《洗钱罪主观问题研究》，载《河南师范大学学报（哲学社会科学版）》2007 年第 7 期。张明楷：《如何理解和认定窝赃、销赃罪中的“明知”》，载《法学评论》1997 年第 2 期。

② 沈志先主编：《刑事证据规则研究》，法律出版社 2014 年版，第 273 页。

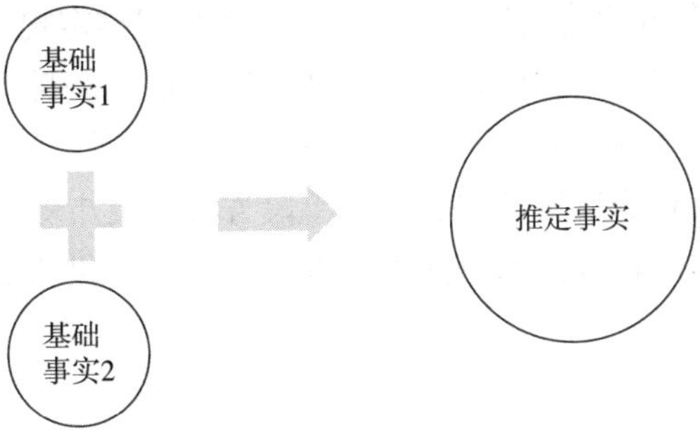


图 11　刑事推定的基本过程

（1）基础事实必须真实并且已被证明。基础事实指已经被证明的事实，与之相对应的是“推断事实”，是由“基础事实”推断出的事实，本书中即为洗钱行为人应当知道资金的来源和性质。基础事实必须是被证据直接证明的事实，不可以推定。特别是在刑事诉讼中，严格禁止二次推定。

（2）推定依据须可靠。根据推定依据的不同，推定可分为事实推定和法律推定，其中，以法律或司法解释的规定为依据的推定称为法律推定。具体到洗钱犯罪领域，司法者在寻找推定依据时，可以首先关注《关于审理洗钱等刑事案件具体应用法律若干问题的解释》中明确列举的，并从中归纳总结出基础事实和推定事实之间的常态的关联关系，在应对新型洗钱犯罪手段案件，需要适用《关于审理洗钱等刑事案件具体应用法律若干问题的解释》中“其他可以认定行为人明知的情形”兜底条款时，保证从基础事实到推定事实的推定依据可靠。

（3）推定事实允许反驳。当司法者要推定行为人“明知”时，必须重视行为人的辩解理由，以充分保障被告人的诉讼权利不因推定而被不当剥夺。需要说明的是，“由于刑事推定毕竟是通过让控方证实较易证明的事实来替代难以证明的事实，使待证事实的证实强度由绝对确定性降为高度盖然性，从这一角度来看，推定必然会降低证明标准”。[①] 但受推定不利影响的一方当事人可对推定事实进行反驳，并且只需要反驳到使推定处于真伪不明的状态即可，这就给推定的准确性提供了补充性的保障措施。

2. 洗钱“明知”的推定路径

对他洗钱行为人主观明知的证明，关键在于准确把握刑事诉讼证明标

① 沈志先主编：《刑事证据规则研究》，法律出版社 2014 年版，第 279 页。

准，[①] 合理运用证明方法构建证明体系，借助于前述推定规则进行判断。司法机关要在准确把握司法解释的认识方法和认定方法的基础上，根据行为人的认知能力，接触他人犯罪所得及其收益的情况，犯罪所得及其收益的种类、数额，转移、转换犯罪所得及其收益的手段方式违反市场规律的异常性，上游犯罪人的职业与财物数额的不匹配性以及行为人的供述等主客观因素进行综合判断。

在比较复杂的案件中，对他洗钱行为人主观"明知"的认定，可根据案件情况分步骤实现：

步骤一："明知"系犯罪所得及其收益。从 2009 年《关于审理洗钱等刑事案件具体应用法律若干问题的解释》第 1 条所列举的六种情形来看，判断明知的基础事实的取证方向。可以聚焦两个"异常性"方面的证据：

（1）财物来源的异常性，如与其职业或者财产状况明显不符的财物，最为典型的是帮助贪贿犯罪洗钱的行为人，根据所接收、转移的钱款金额数量往往就能推定其明知资金的来源和性质。如在许某受贿、王某洗钱一案中，王某将其丈夫许某交给她的 943 万余元受贿款，以本人或者他人的名义先后用于购买房产、投资金融理财产品或者存入银行。尽管许某让王某处理这些现金时未告诉其来源，但凭借许某、王某二人的夫妻关系，王某足以判断这些现金属于许某受贿所得，王某本人也供称肯定不是正当途径得来的，应该是许某的受贿所得，故法院认定王某构成洗钱罪。[②]

（2）流转过程的异常性，如低价收购、高额手续费、频繁划转、非法途径等。在司法实务中，应结合个案事实进行综合判断，2009 年《关于审理洗

---

① 根据刑事诉讼法（2018 年修正）第 55 条第 2 款的规定，"证据确实、充分，应当符合以下条件：（一）定罪量刑的事实都有证据证明；（二）据以定案的证据均经法定程序查证属实；（三）综合全案证据，对所认定事实已排除合理怀疑"。应该说，刑事诉讼法通过对传统证明标准的修正和细化，在"证据确实、充分"的理念性标准中加入"排除合理怀疑"的技术性成分，无疑使得证明标准更具实践性。司法实践中，案件证据短缺情况并不少见，整个案件或者案件客观事实的某一部分只有间接证据的情况比比皆是，运用刑事推定的过程可客观化为试错并进而推进的合理怀疑排除过程，只要遵循程序和推定规则，通过推定来认定事实几乎同通过证据认定案件事实一样安全、可靠，能比较客观地反映事实真相。

② 刘为波：《〈关于审理洗钱等刑事案件具体应用法律若干问题的解释〉的理解与适用》，载《人民司法》2009 年第 23 期。

钱等刑事案件具体应用法律若干问题的解释》在明确列举的基础事实中，也没有设定具体的标准以规定何为“明显低于市场”或者“明显高于市场”。如前述案件中，周某为赵某转账、提现手续费率标准为转账金额的0.5%、提现金额的1%，但其与上游行为人保持长期“业务”往来，多次帮助该金融犯罪分子转账、提现，时间长达一年多，共计转款1.6亿余元，个人获利100万余元。周某因帮助上游犯罪转账、提现，所收佣金虽然比例不高，但绝对数额巨大，且被告人长期以此为业、逃避金融监管，故可推定其存在主观明知。再如另一起贪污洗钱案件中，检察机关不依赖口供，重点查证了洗钱行为人对上游犯罪行为人职业、身份、收入的知悉程度，以及双方的交往关系、微信聊天记录、交易过程等，梳理出钱款均是打入上游人员个人账户、均不要求提供发票给上游人员等明显异常的事实，综合分析排除了洗钱行为人关于明知的不实辩解。

步骤二：“明知”系七类上游犯罪所得及其收益的证据。根据司法解释列举的推定规则，无法直接推定出系七类上游犯罪的违法所得及其产生的收益。是否明知七类上游犯罪，同样需要根据七类犯罪的常见特征对证据进行综合分析判断。洗钱罪所涉七类上游犯罪均具有一定的特殊性，通过归纳七类上游犯罪的特殊表征，结合与犯罪嫌疑人认知能力相关的证据，可以判断其是否明知系七类犯罪的所得及其产生的收益。

通常需要收集、审查、运用的证据包括：

（1）上游犯罪人的职业特征，如毒品下游洗钱案件中，上游犯罪行为人多为毒品重点地区居民，且个人职业一般为无业或处于待业状态。

**案例：张某等操纵证券市场洗钱案**

2021年8月12日，浙江金华中级人民法院一审判决被告人犯洗钱罪，判处张某有期徒刑3年3个月，并处罚金人民币20万元；判处李某有期徒刑3年1个月，并处罚金人民币15万元。

2016年以来，吕某搭建www.Q8ug.com等多个境外网站。提前买入股票建仓，通过境外网站向散户推广已建仓股票，诱导大量散户跟风买入，拉升股票价格后迅速卖出股票。吕某等人实施快进快出的“抢帽子”交易操纵证券市场，通过连续交易、对倒等方式影响股票价量，违法获利54519.93万元，犯操纵证券市场罪，被判处有期徒刑8年，并处罚金人民币6000万元。2018年6月，吕某公司员工张某明知自己交由吕某控制使用的证券账户内资金系操纵证券市场的违法犯罪所得，仍按照指示划转证券账户中的3100万元至某商业银行账户，并将其中的2795万元用于购买黄金100公斤，转移藏匿。2018年7月，吕某的司机李某明知交由吕某控制使用的银行账户里的资金系操纵证券市场的违法犯罪所得，仍从该账户提取2775万元现金交给吕某指定的人，最后该笔现金被转移到外地，存入吕某控制的他人银行账户。法院审理认为，张某、李某掩饰、隐瞒犯罪所得，破坏金融管理秩序，其行为均已构成洗钱罪。2021年8月12日，金华市中级人民法院一审作出上述判决。

张某是吕某公司员工，李某是吕某的司机，两人与吕某接触频繁。两人十分清楚吕某的主要收入来源是非法证券交易的情况下，不仅主动将自己的证券、银行账户交由吕某控制使用，还通过多种方式积极协助其转移犯罪所得。张某得知自己提供的某商业银行账户被有关部门冻结后，迅速告知吕某并划转资金3200万元至其他账户。李某把自己的证券账户和银行卡密码告知吕某，方便其使用，还多次从账户提现后将资金交付吕某指定的人员。吕某指使张某、李某洗钱，通过银行转账、提取现金、购买黄金等转移违法所得，存在洗钱的犯罪故意，系自洗钱行为。但因该行为发生在《刑法修正案（十一）》施行前，适用从旧兼从轻原则，不予追究洗钱刑事责任。[①]

**案例：张某某洗钱案**[②]

2014年8月起，赵某某（另案处理）分别创立B金融信息服务有限公司（以下简称B公司）线上“P2P”平台和C财富（上海）投资管理有限公司线下门店，在未经国家相关部门批准的情况下，承诺支付8%—12%不等的年化投资收益，采用广告、拨打电话、口口相传等宣传方式，使用200余家空壳公司发布虚假借款标的，对外销售债权转让类理财产品，向社会不特定公众非法募集资金59亿余元。

2017年1月至2018年8月，被告人张某某在担任被告单位上海W电子商务有限公司（以下简称W公司）实际控制人期间，明知B公司线上“P2P”平台未取得国家相关部门批准而非法集资，仍听从赵某某指使，以被告单位W公司名义与赵某某指定的第三人李某（已判决）签订虚假循环额度借款合同，将B公司所吸收的资金通过被告单位W公司账户转入赵某某指定的李某

① 王宝运：《金融机构洗钱犯罪类型分析与经典案例评析》，中国出版集团有限公司2023年版，第178页。

② 《六年实刑！实控人利用公司为他人洗钱获罪》，载微信公众号“上海检察”，2022年8月31日。

个人账户及其他公司账户。经鉴定，2017年1月11日至2018年8月9日，B公司通过相关账户向W公司转账共计人民币3023余万元，W公司转回相关账户共计人民币3018余万元。

2020年9月21日，浦东公安分局以犯罪嫌疑人张某某涉嫌非法吸收公众存款罪将案件移送审查起诉，同年11月26日，浦东新区检察院以洗钱罪对被告单位W公司、被告人张某某提起公诉。2021年6月10日，浦东新区法院以洗钱罪分别判处被告单位W公司罚金人民币300万元，判处被告人张某某有期徒刑6年。张某某不服，提出上诉。2021年10月29日，上海市第一中级人民法院作出终审裁定，驳回上诉，维持原判。

检察机关在办理他洗钱案件中，要注意审查他洗钱犯罪嫌疑人与上游犯罪人员的交往细节、密切程度、身份背景、从业经历等证据，关注其主观明知的辩解，补强其了解、知悉上游犯罪所得来源和性质的证据。本案中，被告人张某某辩称其不知晓相关资金系上游非法集资犯罪所得。检察机关引导侦查机关重点收集相关证据，证明张某某与赵某某相识多年，曾数次通过赵某某控制的B公司的“P2P”平台借款后归还，并且张某某作为公司高级管理人员，具备金融知识和公司管理经验，在无真实业务情况下进行账户间巨额资金划转具有明显的异常性，可以认定张某某明知W公司所接收、转移的B公司资金系非法集资犯罪所得。

（2）上游犯罪人及洗钱犯罪人所处的周边环境，如针对毒品犯罪，该地区是否为毒品犯罪重点地区（包括毒品整治重点地区、境内外流贩毒问题突出地区等），再如走私犯罪在国内也有比较明显的地域性特点，主要高发于珠三角、长三角、环渤海地区，绕设关地走私主要集中于东南沿海，特别是珠江口、北部湾以及东北、西南边境等地区。①

**案例：袁某等地下钱庄洗钱案**

2021年5月31日，经延边州中级人民法院审定，被告人袁某、袁某有明知他人实施走私犯罪，仍提供资金账户洗钱，依照刑法第191条洗钱罪规定，判处地下钱庄组织者袁某有期徒刑3年，缓刑4年，并处罚金人民币20万元，判处地下钱庄组织者袁某有有期徒刑3年，缓刑3年6个月，并处罚金人民币10万元。

① 冯怡：《金融机构可疑交易监测与洗钱犯罪类型分析》，中国商业出版社2020年版，第177、199页。

2018年5月至2020年7月间，犯罪嫌疑人袁某、袁某有明知赵某民、李某等人以一般贸易及跨境电商方式低报货物价格，走私帝王蟹等俄罗斯海产品，仍然通过其控制的144张银行卡，为赵某民、李某等人担任法人代表的珲春信某国际贸易有限公司、哈尔滨信某国际贸易有限公司、珲春金某湾国际贸易有限公司、珲春海某润进出口贸易有限公司提供资金账户，向境外非法汇兑人民币2560万元，其中袁某非法汇兑人民币1878.32万元，非法获利26610元；袁某有非法汇兑人民币681.98万元，非法获利9735元。

2020年12月26日，第十三届全国人大常委会第二十四次会议表决通过《刑法修正案（十一）》，自2021年3月1日起施行。《刑法修正案（十一）》对洗钱罪作出重大修改。一是将实施一些严重犯罪后的“自洗钱”明确为洗钱犯罪。二是《刑法修正案（十一）》修改说明中，增加了“地下钱庄”作为通过“支付”结算方式洗钱，旨在为有关部门有效预防、惩治洗钱违法犯罪以及境外追逃追赃提供充足法律保障。袁某在俄罗斯从事换汇生意，其所控制的转账账户多为袁某、袁某有的亲属、朋友开立，办卡完成后交其使用，或者听从其调度指挥，在特定时间向目标账户转账。赵某民、李某等人与境外运输公司签订“阴阳合同”，合同注明的价格低于实际境外运输价格，犯罪嫌疑人袁某、袁某有协助其在境外通过“袁氏钱庄”提取部分现金卢布，用于支付运输合同价款与实际运输费用的差额。袁某、袁某有在明知赵某民、李某等人低报货物价格、偷逃税款，仍向其提供银行账户，用于支付海关申报价格与实际成交价格的差额。袁某、袁某有的行为属于刑法第191条“（四）跨境转移资产的”，构成洗钱罪。

（3）上游犯罪人的财产状况，例如在上游为贪贿案件的洗钱案件中，“清洗”资金往往明显与上游行为人正常收入不相符，再结合上游犯罪行为人的公职身份等证据，可以认定洗钱行为人的主观明知。

（4）洗钱犯罪人与上游犯罪人之间的关系，比如不少集资诈骗、非法吸收公众存款犯罪相关洗钱人均为上游犯罪的近亲属或密切关系人，甚至与上游犯罪行为人共同生活，对上游犯罪行为人获得的巨额资金来源和性质明知。①

---

① 王宝运：《金融机构洗钱犯罪类型分析与经典案例评析》，中国出版集团有限公司2023年版，第128页。

**案例：张某洗钱案**

被告人张某，原系江苏某机关工作人员。

2007 年至 2012 年间，被告人张某的前夫陈某（另案处理）以个人或者徐州泰某投资管理有限公司等单位的名义，以投资生产蓄电池、硅导体等需要大量资金为由，通过虚构专利产品、夸大生产规模和效益等手段，在南京、徐州地区向社会公众非法集资人民币 10 亿余元，造成集资参与人损失 7 亿余元。陈某因犯集资诈骗罪被判处无期徒刑，剥夺政治权利终身，没收个人全部财产。

2007 年至 2012 年间，被告人张某明知陈某从事非法集资活动，先后开立 6 个银行账户，提供给陈某使用，共接收陈某从其个人及其实际控制的亲友银行账户转入的非法集资款 6.6 亿余元。张某前往银行柜台将其中的 67 万余元转账至陈某控制的其他银行账户，1156 万元以开具本票的方式支取并汇入陈某控制的其他银行账户、取现给陈某或者用于购物付款；张某还将网银 U 盾提供给陈某，由陈某及其公司会计将其余 6.5 亿余元使用 U 盾陆续转出。另外，2009 年 3 月至 2011 年 8 月间，张某将工资卡账户提供给陈某，接收陈某转入的非法集资款共计 307 万元，张某将转入资金与工资混用，用于消费、信用卡还款、取现等。

在陈某集资诈骗案审查起诉过程中，集资参与人返还投资款诉求强烈。经两次退回补充侦查，仍有部分集资诈骗资金去向不明，南京市人民检察院决定自行侦查，并依法向中国人民银行南京分行调取证据。中国人民银行南京分行通过监测分析相关人员银行账户交易情况，发现陈某本人及关联账户巨额资金流入其前妻张某账户。经传讯，张某辩称其名下银行卡由陈某开立并实际使用，且已与陈某离婚多年，对陈某非法集资并不知情。针对张某辩解，检察机关进一步调取相关证据，并取得相关证据证明张某应当知道陈某从事非法集资活动。检察机关自行侦查查明了陈某非法集资款的部分去向，同时发现张某明知陈某汇入其银行账户的资金来源于非法集资犯罪，仍然提供资金账户，协助将非法集资款转换为金融票证，协助转移资金，涉嫌洗钱罪。

南京市人民检察院依法对陈某以集资诈骗罪提起公诉后，将张某涉嫌洗钱罪的线索和证据移送公安机关立案侦查。南京市公安局鼓楼分局经立案侦查，于 2016 年 3 月 21 日对张某以涉嫌洗钱罪移送起诉。2016 年 9 月 26 日，南京市鼓楼区人民检察院以洗钱罪对张某提起公诉。2017 年 8 月 9 日，南京市鼓楼区人民法院作出判决，认定张某犯洗钱罪，判处有期徒刑 7 年，并处罚金 4000 万元。宣判后，张某提出上诉。2017 年 12 月 25 日，南京市中级人民法院裁定驳回上诉，维持原判。

该案中，针对张某辩称其名下银行卡由陈某开立并实际使用，且已与陈某离婚多年，对陈某非法集资并不知情，检察机关在开展自行补充侦查中开展了针对性的取证工作，主要包括两个方面：一是调取银行卡开户申请、本票申请书、转账凭证等书证，并委托检察技术部门对签名进行笔迹鉴定，确认签名系张某书写，证明全部涉案银行卡、本票以及柜台转账均为张某本人前往银行办理。二是询问陈某亲属、公司工作人员证实，张某与陈某离婚不离家，仍然以夫妻名义共同生活、对外交往，公司员工曾告知张某协助陈某吸储的工作职责，张某曾向公司负责集资的员工表示将及时归还借款。

也正是因为检察机关的有效运用自行侦查追缴违法所得，切实维护了人民群众合法权益。非法集资案件中，犯罪分子往往通过各种违法手段转移非法集资款，集资参与人损失惨重。以追踪资金为导向，严惩转移非法集资款的洗钱犯罪，有利于及时查清资金去向，有效截断资金转移链条，提高追缴犯罪所得的效率。在依法查办陈某集资诈骗案过程中，检察机关主动作为，依法自行侦查、立案监督、追诉张某洗钱罪，会同公安机关及时查清、查封涉案资产，追缴犯罪所得，返还集资参与人，有力维护了人民群众合法权益。

（5）其他有关洗钱犯罪人对上述情形认知程度和参与活动相关证据，比如黑社会性质组织犯罪的特点是已形成较稳定的犯罪组织，人数较多，有明确的组织者、领导者，骨干成员基本固定，犯罪行径实际上处于公开和半公开的状态，当地人民群众直接受其危害，对下游洗钱人的主观明知也可从这方面取证和认定。

对于上述两个步骤，有两点需要说明：

（1）上述证据的收集和证明体系的构建是一个综合判断的过程，很难有某一方面的证据可以独立指控行为人明知所“清洗”的资金系特定七类上游犯罪所得及其收益。

在前述曾某洗钱案中，洗钱行为人曾某辩称其对所“清洗”资金的来源和性质不明知，检察机关就从多方面引导侦查，包括从曾某和上游黑社会性质组织犯罪行为人熊某的关系，曾某指导熊某在当地称霸并实施多种违法犯罪活动、曾某自身的从业经历以及对银某公司预先支付 3700 万元工程款的异常性等多方面收集、固定基础事实，从而构建了比较完整的证据体系，推定其明知系黑社会性质组织犯罪所得及其收益。

（2）相对于步骤一，步骤二普遍更为困难，司法机关更需要审慎，否则可能出现从步骤一向步骤二跨越的“危险断层”，导致刑事指控和证明停留于洗钱行为人明知资金系违法犯罪所得，而无法指向洗钱罪法定的七类上游犯罪。

**案例：杨某洗钱案**

被告人杨某（女）与唐某（已判刑）系男女朋友同居关系，杨某无工作和经济收入。唐某纠集陈某等人在四川省某地制造甲基苯丙胺60余公斤用于贩卖。其间，唐某将毒品犯罪所得640万元交给杨某，杨某通过利用他人账户多次转账、取现等方式隐匿钱款的来源、性质，其中用140万元购买住房一套、用80万元购买轿车一辆、用420万元购买理财产品。

检察机关认为，杨某明知以上资金为唐某毒品犯罪所得，而帮助其掩饰、隐瞒，应当以洗钱罪追究其刑事责任。杨某辩称知道唐某在做工程，不知钱款是制毒所得，且大部分购买理财产品的钱是他人赠予，并非唐某所给。一审法院认为，杨某对唐某的工作及收入了解，应当明知仅凭唐某的合法收入，拿不出高额现金来买房买车，故杨某知道或应当知道唐某的钱来源不合法，认定杨某构成掩饰、隐瞒犯罪所得罪，判处有期徒刑4年6个月，并处罚金人民币5万元。四川省犍为县人民检察院认为一审判决定性错误，提出抗诉，同时积极引导侦查机关取证，进一步获取了唐某同案犯陈某等人的证言，证实杨某曾参与讨论制造毒品用塑料桶和铁桶哪个容易损坏等问题，证明杨某明知唐某从事毒品犯罪；进一步调取了银行转账记录，证实买理财产品及买车买房的资金均来源于唐某。乐山市中级人民法院采纳抗诉意见，认定杨某犯洗钱罪，判处有期徒刑5年，并处罚金人民币60万元。①

一审阶段检法意见存在较大分歧，法院认为杨某对男友唐某的工作及收入了解，应当明知唐某给她的高额现金来源不合法，但是根据在案证据无法

① 《检察机关依法惩治和预防毒品犯罪典型案例》，载最高人民检察院官网，https：//www.spp.gov.cn/spp/xwfbh/wsfbt/201906/t20190625_422741.shtml。

认定杨某明知系毒品犯罪所得，[①] 因此认定杨某构成刑法第312条掩饰、隐瞒犯罪所得罪。检察机关认为一审判决定性错误，提出抗诉，并且引导侦查机关取证，进一步获取了唐某同案犯陈某等人的证言，证明杨某曾经参与讨论制造毒品用塑料桶和铁桶哪个容易损坏等问题，从而证明了杨某明知唐某从事毒品犯罪。二审法院采纳了检察机关的抗诉意见，以洗钱罪对杨某改判。

在他人为上游犯罪行为人实施掩饰、隐瞒前述七类上游犯罪所得及其产生的收益的情况下，主观上认识到“清洗”之财物系刑法第191条规定的七类上游犯罪所得及其产生的收益，是构成本罪的必要条件。对于自洗钱行为，在上游犯罪行为人自己实施掩饰、隐瞒毒品犯罪、黑社会性质的组织犯罪、恐怖活动犯罪、走私犯罪、贪污贿赂犯罪、破坏金融管理秩序犯罪、金融诈骗犯罪的所得及其产生的收益的来源和性质的情况下，其对资金来源和性质明知无须特别证明。而对于为他人洗钱的行为，仍需要收集相关证据进行证明。2009年，最高人民法院《关于审理洗钱等刑事案件具体应用法律若干问题的解释》第1条对此作了专门规定：应当结合被告人的认知能力，接触他人犯罪所得及其收益的情况，犯罪所得及其收益的种类、数额，犯罪所得及其收益的转换、转移方式以及被告人的供述等主、客观因素进行认定。并列举了七种可以推定被告人明知系上游犯罪所得及其收益的具体情形：（1）知道他人从事犯罪活动，协助转换或者转移财物的；（2）没有正当理由，通过非法途径协助转换或者转移财物的；（3）没有正当理由，以明显低于市场的价格收购财物的；（4）没有正当理由，协助转换或者转移财物，收取明显高于市场的“手续费”的；（5）没有正当理由，协助他人将巨额现金散存于多个银行账户或者在不同银行账户之间频繁划转的；（6）协助近亲属或者其他关系密切的人转换或者转移与其职业或者财产状况明显不符的财物的；（7）其他可以认定行为人明知的情形。但是，列举的情形总是有限的，不能覆盖实践中所有可能的洗钱手段，而且所能证明的对象只能达到明知是犯罪所得及其产生的收益这一层次。存在相反证据的情形下，刑事推定的结论仍可以被推翻，这些规定主要的作用在于为证据判断提供指引。在办理洗钱案件中，司法者在面对行为人主观明知不可直接为外人所知性的证明难题时，

---

① 该案中，唐某虽然制毒但不吸毒，因此没有吸毒者的外表体貌特征，杨某虽与唐某是男女朋友关系但未同居，法院认为根据在案的基础证据，尚不能推定出杨某明知资金是毒品犯罪所得。

需要发挥司法能动性，构建更加科学有效的证据体系，需要避免两种极端，一方面避免过度敬畏无罪推定的理念而不敢使用刑事推定，另一方面避免过分追究有罪判决而随意使用刑事推定。而要在理解法律和司法解释规定的基础上，准确而审慎地适用司法解释列举的推定规则，并根据案件的具体情况，根据经验法则或法律规则作出综合判断，于此方能有效破解对洗钱“明知”的证明难题。

**（二）“为掩饰、隐瞒”主观故意的证据**

对“为掩饰、隐瞒”术语理解的厘清，对于准确把握司法机关的证明内容和证明责任具有积极意义。对洗钱罪目的犯属性之否定，意味着司法机关只需证明本罪的客观行为与主观故意即可，无需额外地证明特定目的的存在。

对洗钱行为人是否有“为掩饰、隐瞒”的主观故意，司法机关多需要依据间接证据予以综合判断，在审查时应特别关注两个方面：

1. 根据洗钱行为的特质进行类型化审查，不同类型的洗钱行为各具特征，因此对“为掩饰、隐瞒”的证明要求存在一定差异。比如“跨境转移资产”的行为，因为不同司法管辖权对资金的查控范围和能力存在区别，如果行为人将违法犯罪资金进行跨境转移，基本可以推断其具有掩饰、隐瞒的主观意图，而提供资金账户、转账、支付结算等行为，因其可能与一些日常生活中经常出现的处理资金行为发生重合或混同，行为人也可能提出其不具有掩饰、隐瞒主观故意的辩解，因此需要更加审慎，进一步收集证据。

2. 关注行为人涉及洗钱行为的异常性，如果行为人具有明显超过日常需求的交易行为和交易数额，或者不计成本地进行交易行为等，一般可以认定其具有掩饰、隐瞒的主观故意。

以黄金等贵金属领域洗钱行为为例，如案件中涉嫌洗钱的行为人将上游犯罪所得用于购置黄金首饰，往往辩解其并非出于掩饰、隐瞒的主观故意，而是出于日常消费或者保值增值的需要，包括购买金饰自用、赠予亲友、迎新嫁娶等。对此，司法机关在认定其“为掩饰、隐瞒”的主观故意时，需要重点收集和审查以下证据：

一是购买行为和过程“异常性”的证据。由于贵金属交易场所和交易商的反洗钱义务规则已有明确法律规定，贵金属交易场所、交易商负有客户身份识别义务，与客户进行超过一定数量的交易数额时需向行政主管机关进行大额交易报告。[1]案件中，洗钱行为人在利用黄金等贵金属进行洗钱时，往往需要通过指使他人、使用他人身份证件和银行卡进行大额黄金的买卖，方能实现上游犯罪赃款的“清洗”和转移、转换，若案件中出现类似情况，包括行为人要求亲朋好友购买黄金、提供身份证件和银行卡，甚至在网上招募人员或买卖他人银行卡等行为，一般应认定其具有掩饰、隐瞒的主观故意。

二是关于购买数量和贵金属用途、去向的相关证据，从购置数量上，需要查明行为人购置的贵金属、首饰的具体数量和价值数额，是否超出一般家庭和个人的正常需求等；从去向方面，查明行为人购置的贵金属、首饰等是自用、赠送亲友，还是转手出售转化为现金或其他资产形式。

三是关于转移、转化为现金或其他资产的方式的证据，如果行为人购买了贵金属后又将其变卖，转化为现金或其他资产，应查明持有的时间，是否通过正规的回收途径变现等事实，如果行为人购入大额贵金属后迅速将其变卖，或通过不正规的回收途径，甚至出现明显的折价销售，足见其变现的迫切需求，一般可以证明其具有掩饰、隐瞒的主观故意。

3. 对被告人常见辩解的审查和证伪

在不少案件中，涉嫌洗钱的行为人会声称其不具有掩饰、隐瞒的主观故意，司法机关对此类辩解应予以重视并进行实质性审查，构建相应的证据体系予以证伪，但行为人的辩解合理并确有证据证明时，应排除洗钱行为的认定。

## 三、洗钱客观行为的证据

### （一）洗钱行为手法和数额的证明

1. 证明洗钱行为手段的证据

洗钱行为手段是认定洗钱犯罪证据的重要组成部分，在司法实践中需要收集和审查的洗钱手段行为有关的证据主要包括两类，一是证明洗钱对象——赃款赃物的来源，此部分证据应聚焦于资金、财产和财产性利益的统一性；二是证明行为人实施的具体转移、转换等“清洗”手法的证据。

首先，司法机关应调取和审查证明洗钱对象与上游犯罪所得及其产生收益联系的相关证据，以证明掩饰、隐瞒的对象即上游犯罪所得或者其产生的

① 详见中国人民银行《关于加强贵金属交易场所反洗钱和反恐怖融资工作的通知》。

收益，重点是根据上游犯罪所得及其收益的形式，收集转移、转换全过程的相关证据。比如，上游犯罪所得是存款、现金的，调取涉案资金转账、取现、存款等相关证据，包括银行对账单、银行监控录像等视频资料，行为人办理相关业务的留存材料等；上游犯罪所得是房产、贵金属、车辆等实物，或者转换为实物的，调取相关实物的购买、转让合同、注册登记证明、过户手续证明等证据。

其次，司法机关应调查和审查具体洗钱行为的证据，在此方面需要关注的是，近年来，信息网络技术被不法分子用来实施洗钱，虚拟货币、游戏币等成为新型洗钱载体，洗钱活动更趋隐蔽。利用虚拟货币实施洗钱犯罪案件不断增加，在证明思路和方法上要重视收集证明从上游犯罪所得转换为虚拟货币的证据，包括比特币地址、密钥等，行为人与比特币持有者的联络信息和资金流向等，以及行为人将比特币兑换成法定货币或者使用比特币的证据等，对于利用虚拟货币洗钱犯罪数额的认定，一般以兑换成虚拟货币的法定货币数额计算。

2. 洗钱犯罪数额的相关证据

行为人洗钱的具体数额是反映行为人罪行轻重、社会危害性大小的一个重要要素，在认定时需特别关注两个问题：

第一，在部分案件中，洗钱行为持续时间长、方法复杂多样，行为人采用多种手法对一笔赃款进行清洗的情况下，在证据收集时应严格区分涉案资金的进账与出账，对于同一笔资金，无论其后续是否多次转换，都只按进账的部分计算一次洗钱数额。

第二，在行为人将刑法第 191 条洗钱罪所规定的七类上游犯罪违法所得与合法财产混同时，首先要查清上游犯罪所得和合法财产的准确金额，其次要考虑到此类行为本身就是比较典型的洗钱行为，因此当行为人转账、取现的数额不超过混入的犯罪数额的，都应当认定为洗钱数额。

**（二）证据标准和对被告人辩解的审查**

1. “清洗”行为的证据标准

实践中有观点认为，涉及洗钱行为要达到掩饰、隐瞒的效果往往需要通过多层次、多账户或者多类型的动态转移和混同，因此司法机关需要收集足够的证据，证明行为人的客观行为达到“由黑洗白”的效果，对司法机关侦查产生了实质影响，方能认定为洗钱行为。

对此，本书认为洗钱行为的本质在于使上游犯罪所得“表面合法化”，是否最终成功掩盖犯罪所得的非法性不是其构成要件，即认定洗钱违法犯罪行为时无需达到完全逃避监管和侦查的客观效果。虽然理论界和实务界对洗钱的定义各有侧重，但通说认为，洗钱行为特征要素在于模糊或割裂违法所得与上游犯罪的关系，如国际货币基金组织（International Money Fund）的规定，“洗钱是转移、隐藏得自于或产生于犯罪活动的资产以模糊其犯罪关联的过程”①。因此，洗钱行为特征在于利用资产、资金转换、转移过程中所造成的信息缺失、信息隐蔽、信息不完整、信息不真实、信息复杂，从而使司法机关无法追查资金的来龙去脉，是否成功掩盖其非法性并不影响洗钱罪的成立。从刑事认定角度，完整的洗钱过程包括从犯罪所得到合法财产“由黑到白”的系列过程，刑法列举的具体洗钱方式，都是洗钱过程中的典型行为，是完整洗钱过程中的部分具体行动，行为人只要实施了转移、转换、混同等使上游犯罪所得“无痕”的行为，即使未实现完全“洗白”的机能，也应属于刑法规定的洗钱行为。②

2. 如何构建证据体系和实质审查行为人辩解

在 2022 年最高检、中国人民银行联合发布的洗钱犯罪典型案例冯某才等人贩卖毒品、洗钱案中，被告人冯某才通过贩卖毒品 3 次收取他人毒赃共计 12350 元，随后通过微信将大部分或者全部毒赃转给其姐姐冯某，3 次转账金额共计 8850 元，检察机关认定冯某才构成贩卖毒品罪、洗钱罪。

冯某才提出向冯某转账是为了偿还借款而非洗钱行为的辩解，实际是对其转账行为性质的辩解，如果冯某才的转账行为真系还款，根据前述对洗钱客观行为罪质构造的讨论，还款一般倾向认定为对上游犯罪所得的消耗性个人使用，一般不能将其认定为洗钱。对此，检察机关立足于借款金额固定、借款理由明确、借款还款频次不会过高等正常借款、还款行为应具有的一般特征，来重点收集和比对证据，包括冯某才接受毒赃和向冯某转账的时间、金额，冯某才和冯某对于所谓“借款”“还款”的金额、次数等供述和证言，以及冯某才和冯某之间资金往来的其他记录等，以上述证据来揭示冯某才所

① See the IMF and the Fight Against Money Laundering and the Financing of Terrorism, accessed from https://www.imf.org/en/About/Factsheets/Sheets/2023/Fight-against-money-laundering-and-terrorism-financing, last visited at May1, 2022.

② 聂建华等：《关于检察机关办理洗钱案件有关问题的调研报告》，载《刑事检察工作指导》（2021 年第 4 辑），中国检察出版社 2021 年版，第 233 页。

谓“还款”行为的三个明显异常，以破除其并非实施“清洗”资金行为的辩解。

一是转账时间的明显异常。冯某才每次收到毒赃后均全部或大部转账，在作案时间段内呈现即收即转的特点。

二是转账原因的明显异常，冯某才虽然辩称转账给姐姐冯某系还款，但两人对于借款金额、次数、已偿还金额以及未偿还金额等情况的陈述均含糊不清，且双方陈述的欠款数额差距较大。冯某才供称“我现在还欠她（冯某）一万多块钱”，而冯某称：“应该还有（欠）几万块钱吧。”

三是其他资金往来的明显异常。除已经查明的 3 次毒赃转账外，2021 年 1 月至 4 月间，冯某才还有 11 次收取他人转账资金后即全部或大部分转给冯某，其中有 4 笔共计 13480 元来自确定的毒品购买者。

通过上述证据和归纳出的明显异常，冯某才关于归还借款的辩解不符合常理，且没有合理根据，因此检察机关和法院排除了冯某才收取毒赃后将赃款转移至他人的资金账户系正常还款、借款的行为辩解，而将其认定为掩饰、隐瞒上游贩卖毒品罪违法所得的行为，遂认定冯某才构成洗钱罪。

## 第二节　跨境取证问题研究

洗钱由于其犯罪手法特点，经常涉及跨境犯罪。跨境洗钱犯罪不仅造成上游犯罪赃款追缴困难，而且严重危害国家金融安全，必须依法严惩。因此，最高人民检察院在发布典型案例中强调，“办案当中发现跨境洗钱线索的，要着力查清资金流向和流转过程，加强对境内相关资金交易记录等证据的收集。要注重引导公安机关查明资金流出的起始账户、途经账户和跨境转移的具体方式，为认定洗钱犯罪和追赃挽损夯实证据基础。对于资金流转账户多、流转过程复杂的案件，要加强与人民银行反洗钱部门等专业机构的协作，提升侦查取证和审查质效”。[①]

当前洗钱违法犯罪中利用虚拟资产等信息网络载体的手法不断变化，跨境洗钱、资金出境情况多发，境外取证特别是电子证据取证的要求日渐凸

① 《检察机关惩治洗钱犯罪典型案例》，载最高人民检察院官网，https：//www.spp.gov.cn/spp/xwfbh/wsfbt/202211/t20221103_591486.shtml#2，2023 年 9 月 30 日最后访问。

显。另一方面，随着境内打击力度加大，不法人员倾向于将站内服务与财务业务置于境外，组织内的通信联络也尽量避免使用境内服务。这种行为趋势以电信网络诈骗犯罪表现最为典型，洗钱犯罪中也多有出现。

## 一、当前跨境电子证据的主要取证模式

### （一）跨境协助取证模式

所谓跨境协助取证，通常是指一国司法机关通过双边或多边刑事司法协助程序收集、调取存储于境外的电子数据。[①]2020年4月8日，最高人民检察院发布了第十八批指导性案例引导取证。[②]其中，张某闵等52人电信网络诈骗案即详细说明了电子数据跨境取证过程。该案例中，肯尼亚警方在抓捕犯罪嫌疑人之后扣押了其使用的涉案笔记本电脑、语音网关、手机等电子设备，并全部移交给我国警方。取证人员通过对移交设备中Skype聊天记录、Word及Excel文档、网络电话拨打记录等电子数据的检验发现了多名犯罪嫌疑人在去肯尼亚之前曾在印度尼西亚进行诈骗的线索。继而，根据此线索将多名曾在印度尼西亚诈骗但并未赴肯尼亚诈骗的犯罪嫌疑人缉拿归案。可见，电子数据在证明犯罪事实、深挖犯罪嫌疑人方面发挥了重要作用。该案例主要描述就是通过国际司法协助取得存储介质进而提取电子数据这样一种情形，并未涉及其他电子数据跨境取证场景。

跨境协助取证是传统国际法框架下各国的惯常做法，可有效避免对他国主权的侵犯，也是我国法律规定获取境外电子证据的法定模式，但在实践中，仍存在诸多阻碍。由于该模式遵循“倒U形”流程，[③]涉及境内外中国机构，从提出协助申请到收到境外协助答复，需要经过诸多繁杂程序，往往需要等待10个月乃至更长时间。[④]而利用网络实施的洗钱犯罪网络犯罪流

① 吴跃文：《跨境快捷电子取证的探索与展望》，载《山东警察学院学报》2019年第6期。

② 《最高人民检察院发布第十八批指导性案例》，载最高人民检察院官网，https://www.spp.gov.cn/spp/xwfbh/wsfbh/202004/t20200408_458230.shtml，2023年9月30日最后访问。

③ 姚浩亮：《跨境电子取证的快捷路径探析——以网络服务商协助为立场》，载《福建警察学院学报》2023年第3期。

④ 梁坤：《基于数据主权的国家刑事取证管辖模式》，载《法学研究》2019年第2期。

动快、辐射广，相关电子证据易被篡改，如此长的等待时间难以及时打击犯罪、修复法益。此外，各国在证据标准上未形成共识。我国电子证据遵循真实性、合法性、完整性、关联性标准，而其他国家并非完全一致。以美国、日本为例，其“可采性”标准与我国证据标准虽有交叉但仍有差异。证据标准与取证技术相关，取证技术较弱的国家对电子证据的应用标准往往也较低。因此，在他国适用的电子证据在我国不一定满足证据能力要求，即使满足这一要求，其证明能力仍可能遭受质疑。对此，只能通过证据印证法增强其证明力，但部分证据可能面临重新取证的窘境，最终为繁杂程序与漫长时间所困。再如，跨境洗钱犯罪可能涉及多个司法管辖区域，可能需要同时向多国多机构申请协助，传统的取证途径难以满足此类需求。从现实中开展的取证协助来看，能够与我国积极开展取证互动的主要为东南亚某些国家，局限于电信网络诈骗等特定类型案件。这也是促使犯罪团伙逐步将业务转移至东非、南欧国家的主要原因。其他类型案件的核心数据集中于欧洲、美国，跨境取证难度大。现有国际司法协助机制冗长，效率低下，难以满足时限要求，无法应对层出不穷的高科技犯罪，实践中应用程度较低。

**（二）单边跨境远程取证模式**

所谓单边跨境远程取证，是指利用网络的无边界性，通过网络逾越国家边界，直接对地处他国的计算机信息系统搜集、提取相关的电子数据。自行远程电子取证实质上是一种单边主义的取证方式，它包括但不限于网络在线提取、网络远程勘验、网络远程搜查。其中，网络在线提取，通常是指通过网络公共空间对境外网页、网上视频、网盘文件上的涉案电子数据进行提取，可以理解为从网上下载文件。[①]

网络远程勘验，是将网络空间视为一个完整的犯罪现场，由网络执法技术人员通过网络对境外远程计算机信息系统实施勘验，以发现、提取与犯罪有关的电子证据。网络远程搜查则是传统搜查的网络版，是指一国网络执法人员在侦查过程中，为搜集犯罪证据，查获犯罪嫌疑人，根据国内法律授权，按照法律严格规定的程序，通过网络技术对境外一定网络空间进行远程搜寻、检查电子数据的强制性侦查行为，其搜查方式通常被称为网络调查技术，也称为黑客技术，而获得合法授权的网络黑客取证技术则称为“红客”

① 万春等：《〈关于办理刑事案件收集提取和审查判断电子数据若干问题的规定〉理解与适用》，载《人民检察》2017年第1期。

（Honker）或“白帽黑客”。自行远程电子取证是当前网络社会高速发展的产物，可视为跨境电子取证必要的临时性替代方案。

单边跨境取证模式具有高效、便捷特征，有一定的适用空间。如在2016年，最高人民法院、最高人民检察院、公安部《关于办理刑事案件收集提取和审查判断电子数据若干问题的规定》第9条第2款规定，于原始存储介质位于境外或者远程计算机信息系统上的电子数据，可以通过网络在线提取。第3条规定，为进一步查明有关情况，必要时，可以对远程计算机信息系统进行网络远程勘验。进行网络远程勘验，需要采取技术侦查措施的，应当依法经过严格的批准手续。

此种方法具有一定的争议性，从实际效果来看，使用技术取证限制条件较多、程度不够深入，网络在线提取方式重点面向公开或半公开的个人空间信息，不涉及复杂的技术难度，操作方式也较为简单，难以获取不公开数据，所能得到的信息证据价值不高。涉及境外服务器的取证复杂度增大，以提前获知用户名、登录密码为前提。一旦条件不能满足，后续工作便无法开展，存在延误获取时机的可能，所适用案件也受到限制。网络远程勘验及技术侦查措施虽然更具有效率优势，但并未获得法律明确授权，容易引发司法争议甚至国际争端。特别需要指出的是，境内外定罪标准不一致的案件（如淫秽物品传播及网络赌博）通常并不涉及网络主权争议。对于意识形态或政治意味较浓的案件由于无法开展国际协作，只能依托网络单边取证，容易引发网络主权国际争端。

## 二、优化路径的可能

对跨境取证的优化路径，学者和实务界专家有不少探讨，在探讨中，网络服务商成为关注的焦点主体。网络服务商多为大型跨国企业，其因强大的科研力量和巨大的市场占有率，俨然已成为在相关领域形成信息垄断的虚拟空间“帝王”。因此，无论是基于技术、成本还是法律规定的考虑，向这一主体寻求协助对侦查机关均有诸多便利。从技术角度，电子取证对侦查机关数据处理相关技术有较高要求，因而在跨境电子取证中，向具有技术优势的跨境网络服务商寻求协助成为解决技术难题的首选。从成本角度，刑事协助程序繁杂、耗时较长，耗费大量人力和时间成本，特别是对数据分散于多个国家的情形，向多国请求协助还会增加数据获取的不确定性以及资源的投入。但网络服务商基于其业务需要以及法律要求已将数据分类管理并完整存储，若这一主体能协助取证，不仅能解决电子取证的技术问题，还将大大降低侦查机关的取证成本。[①]

从取证的合法性而言，最高人民法院相关司法解释、“两高一部”对于利用信息网络实施的相关犯罪取证意见中都作出明确规定。如最高人民法院《关于适用〈中华人民共和国刑事诉讼法〉的解释》[②]规定，对来自境外的证据材料，人民检察院应当随案移送有关材料来源、提供人、提取人、提取时间等情况的说明。经人民法院审查，相关证据材料能够证明案件事实且符合刑事诉讼法规定的，可以作为证据使用，但提供人或者我国与有关国家签订的双边条约对材料的使用范围有明确限制的除外；材料来源不明或者其真实性无法确认的，不得作为定案的根据。2016 年，最高人民法院、最高人民检察院、公安部《关于办理电信网络诈骗等刑事案件适用法律若干问题的意见》对其他来自境外的证据材料，应当对其来源、提供人、提供时间以及提取人、提取时间进行审查。能够证明案件事实且符合刑事诉讼法规定的，可

---

① 网络服务商提供跨境取证服务在法律上面临的争议确实存在，跨境网络服务商拒绝配合境外执法机关取证可能遭受法律处罚甚至是资格剥夺，这在微软诉巴西案、雅虎诉比利时案、谷歌诉西班牙案、中资银行案等经典案例中已被反复验证。但当其配合境外执法机关取证，又可能面临本国法的制裁，以及用户对其数据安全保护能力的质疑。因此，跨境网络服务商配合境外执法机关的电子取证活动面临两难困境。但是，囿于本书的讨论主题，在此不做展开阐述，相关分析可参见姚浩亮：《跨境电子取证的快捷路径探析——以网络服务商协助为立场》，载《福建警察学院学报》2023 年第 3 期。

② 最高人民法院《关于适用〈中华人民共和国刑事诉讼法〉的解释》（法释〔2021〕1 号）第 77 条规定：对来自境外的证据材料，人民检察院应当随案移送有关材料来源、提供人、提取人、提取时间等情况的说明。经人民法院审查，相关证据材料能够证明案件事实且符合刑事诉讼法规定的，可以作为证据使用，但提供人或者我国与有关国家签订的双边条约对材料的使用范围有明确限制的除外；材料来源不明或者真实性无法确认的，不得作为定案的根据。

当事人及其辩护人、诉讼代理人提供来自境外的证据材料的，该证据材料应当经所在国公证机关证明，所在国中央外交主管机关或者其授权机关认证，并经中华人民共和国驻该国使领馆认证，或者履行中华人民共和国与该所在国订立的有关条约中规定的证明手续，但我国与该国之间有互免认证协定的除外。

以作为证据使用。[①]2020年，最高人民法院、最高人民检察院、公安部印发的《办理跨境赌博犯罪案件若干问题的意见》也规定“来自境外的证据材料，能够证明案件事实且符合刑事诉讼法及相关规定的，经查证属实，可以作为定案的根据”。[②]

从具体对策上，强化网络服务提供商的法律义务电信服务、社会信息服务、云服务等提供商收集大量业务数据。这些信息往往是案件侦办最需要的

---

① 最高人民法院、最高人民检察院、公安部《关于办理电信网络诈骗等刑事案件适用法律若干问题的意见》（法发〔2016〕32号）第6条“证据的收集和审查判断”中第3项规定：依照国际条约、刑事司法协助、互助协议或平等互助原则，请求证据材料所在地司法机关收集，或通过国际警务合作机制、国际刑警组织启动合作取证程序收集的境外证据材料，经查证属实，可以作为定案的依据。公安机关应对其来源、提取人、提取时间或者提供人、提供时间以及保管移交的过程等作出说明。

对其他来自境外的证据材料，应当对其来源、提供人、提供时间以及提取人、提取时间进行审查。能够证明案件事实且符合刑事诉讼法规定的，可以作为证据使用。

② 最高人民法院、最高人民检察院、公安部印发的《办理跨境赌博犯罪案件若干问题的意见》（公通字〔2020〕14号）第7条“关于跨境赌博犯罪案件证据的收集和审查判断”规定：（一）公安机关、人民检察院、人民法院在办理跨境赌博犯罪案件中应当注意对电子证据的收集、审查判断。公安机关应当遵守法定程序，遵循有关技术标准，全面、客观、及时收集、提取电子证据；人民检察院、人民法院应当围绕真实性、合法性、关联性审查判断电子证据。

公安机关、人民检察院、人民法院收集、提取、固定、移送、展示、审查、判断电子证据应当严格依照《最高人民法院、最高人民检察院、公安部关于办理刑事案件收集提取和审查判断电子数据若干问题的规定》《最高人民法院、最高人民检察院、公安部关于办理网络犯罪案件适用刑事诉讼程序若干问题的意见》的规定进行。

（二）公安机关采取技术侦查措施收集的证据材料，能够证明案件事实的，应当随案移送，并移送批准采取技术侦查措施的法律文书。

（三）依照国际条约、刑事司法协助、互助协议或者平等互助原则，请求证据材料所在地司法机关收集，或者通过国际警务合作机制、国际刑警组织启动合作取证程序收集的境外证据材料，公安机关应当对其来源、提取人、提取时间或者提供人、提供时间以及保管移交的过程等作出说明。

当事人及其辩护人、诉讼代理人提供的来自境外的证据材料，该证据材料应当经所在国公证机关证明，所在国中央外交主管机关或者其授权机关认证，并经我国驻该国使、领馆认证。未经证明、认证的，不能作为证据使用。

来自境外的证据材料，能够证明案件事实且符合刑事诉讼法及相关规定的，经查证属实，可以作为定案的根据。

证据。直接请求或要求服务提供商披露执法机构所需数据，规避烦琐的呈请、上报、移转流程，径直取得明文数据与实时数据，是当前最具效率的解决方式。服务商出于信息安全、商业利益等目的选择对服务数据进行加密，通常使用复杂加密算法，破解难度极大。此外，不同服务商所用加密算法差别巨大。通过技术方式获得数据中相当一部分为加密数据，如果无法解密即不具备证据价值，这也凸显了与服务商协作的重要意义。取证对象有时是系统运行过程中的内存数据，即实时数据，这种数据转瞬即逝。这种情形下，更加需要服务商配合。

针对提供跨境服务的第三方平台位于境内的情形，多部已出台以及即将出台的法律均明确了第三方平台需要配合侦查工作的法律义务。如数据安全法第 35 条规定："公安机关、国家安全机关因依法维护国家安全或者侦查犯罪的需要调取数据，应当按照国家有关规定，经过严格的批准手续，依法进行，有关组织、个人应当予以配合。"反电信网络诈骗法第 26 条规定，公安机关办理电信网络诈骗案件依法调取证据的，互联网服务提供者应当及时提供技术支持和协助。并要求"互联网服务提供者依照本法规定对有关涉诈信息、活动进行监测时，发现涉诈违法犯罪线索、风险信息的，应当依照国家有关规定，根据涉诈风险类型、程度情况移送公安、金融、电信、网信等部门。有关部门应当建立完善反馈机制，将相关情况及时告知移送单位"。

因此，公安机关可以依据相关法律开展取证调查，同时加强同第三方平台服务商联络，借鉴在阿里、腾讯等国内知名互联网企业协调方面的既有成熟经验，提供面向全国的服务工作，有效缩短证据收集时间。

另外，如果提供跨境服务的第三方平台在境外，跨境取证则会涉及司法管辖权、国际警务协作甚至外交等诸多领域，存在一定的难度。可考虑通过国家层面缔结、完善国际公约的形式强制网络服务供应商披露相关数据。网络犯罪治理领域已有多部区域性条约，其中影响力最大的是《布达佩斯公约》。欧美等西方主要国家均为其缔约国。目前，我国正在推动以金砖国家为主体，连同其他国家倡导在联合国指导框架下起草跨国网络犯罪国际协助公约；也可以考虑利用已有的国际公约（如《联合国打击跨国有组织犯罪公约》），以补充议定书方式提出跨国网络犯罪打击建议，强制网络服务商履行数据披露业务。

## 三、侦查取证实践和司法案例探讨

### （一）利用虚拟资产实施资金兑换的证据采集和证明

**案例：郭某某等人非法经营、帮助信息网络犯罪活动案**[①]

2018年1月至2021年9月，被告人郭某某伙同陈某某（另案处理）等人搭建“TW711平台”“火速平台”等网站为台湾客户提供新台币与人民币的汇兑服务，即换汇客户通过上述网站储值、代付等业务板块下单后向网站支付新台币，网站使用新台币购买虚拟货币泰达币，再通过虚拟币承兑商被告人范某某等人操作被告人詹某某、梁某某等2人提供的某境外虚拟币交易账户及银行账户，卖出虚拟币获取人民币，进而按照约定汇率向客户指定的第三方支付平台的账户支付相应数量的人民币，以虚拟币买卖实现人民币与新台币总量平衡，从中赚取汇率差及服务费。经查，上述网站非法经营数额总计人民币2.2亿余元。2022年6月27日，上海市B区人民法院作出一审判决，以非法经营罪分别判处郭某某等3人有期徒刑5年、有期徒刑3年3个月，并处罚金，以帮助信息网络犯罪活动罪分别判处詹某某、梁某某有期徒刑1年6个月、有期徒刑10个月，并处罚金。宣判后，詹某某上诉，后自行撤诉。2022年11月10日，上海市第二中级人民法院裁定准许撤回上诉。判决现已生效。

从法律定性上，犯罪嫌疑人以泰达币为媒介实现境内人民币与境外新台币的价值转换，达到了境内外资金跨境兑换的目的，扰乱了国家外汇管理秩序，属于新型非法经营外汇的行为。

针对本案部分犯罪事实发生在中国台湾地区，境外取证可能存在困难的问题，检察机关重点引导公安机关围绕“新台币—泰达币—人民币”的资金链条走向及各犯罪嫌疑人之间的交往联络情况，夯实犯罪手法的指控体系，克服境外取证难题，充分利用电子技术手段，结合犯罪嫌疑人供述和证人证言，形成证据闭环的做法有一定的借鉴意义。对以虚拟货币为媒介进行的洗钱、非法买卖外汇行为，可以将其分解为前端外币收取、中端虚拟币转换、后端人民币支付的完整证据链条。注重关键证据的全面审查，完整调取汇兑网站后台电子数据，并就后台数据显示的交易转账情况向涉案人员采集收集口供和证人证言；根据虚拟币的交易规则，对涉案虚拟币账户开展币链追

① 上海市宝山区人民法院刑事判决书（2022）沪0113刑初112号。

踪，通过哈希值、钱包地址匹配等数据分析的方式固定证据，查明虚拟承兑商控制的人民币账户的资金流转情况；对银行、第三方支付账户进行查询，逆向追索人民币的来源账户，与虚拟货币承兑商控制账户进行比对核实。全面排查涉案人员社会关系及非法汇兑网站 IP 登录信息，锁定关联账户，正向查明所有可能的资金转移通道。

**（二）赃款出境后回流境内的证据采集与证明**

**案例：黄某洗钱案**[①]

黄某，男，某银行原信贷员，系上游犯罪人员朱某成亲属。

2017 年 8 月至 2020 年 1 月间，朱某成等人在江苏省无锡市滨湖区成立海某体育发展有限公司（以下简称海某公司），以合买“体育彩票”为名，通过召开大会、体彩门店宣传、口口相传、微信宣传、授课等方式，向不特定社会公众公开宣传该公司配置顶尖专业体育竞彩分析师团队，团队下注方案可以取得高中奖率，以经营期间持续只盈不亏以及高额月收益为诱饵进行非法集资。集资款大部分用于发放奖金、支付佣金、本金赎回，以及员工工资、宣传费用等开销。案发时，朱某成等人集资诈骗共计人民币（以下币种同）3 亿余元。

2022 年 4 月 24 日，江苏省无锡市滨湖区人民法院以集资诈骗罪判处朱某成有期徒刑 14 年 9 个月，并处没收财产 50 万元；以偷越国境罪判处朱某成有期徒刑 9 个月，并处罚金 2 万元；数罪并罚，决定执行有期徒刑 15 年 3 个月，并处没收财产 50 万元，罚金 2 万元。朱某成未上诉，判决已生效。

2018 年 12 月至 2019 年 1 月间，黄某为掩饰、隐瞒朱某成非法集资犯罪所得，帮助朱某成联系境外洗钱人员黄某杰（公安机关已作出刑事拘留决定并上网追逃），将朱某成账户内共计 2306.7 万元资金分散存入黄某杰提供的 60 余个“傀儡账户”中。随后，黄某杰所在团伙将上述账户内的资金又分散转至其他二级、三级账户，并以帮助换汇为由，通过境内将人民币转入“换汇客户”的银行账户、境外支付等值外币“对敲”方式，将资金转移至境外。此后，朱某成为在境内使用资金，又让黄某杰以上述“对敲”方式转移资金至境内黄某控制的他人银行账户。黄某指使他人从银行提取现金后交给朱某成及朱某成母亲，从中获取好处费 60 余万元。

---

① 《检察机关惩治洗钱犯罪典型案例》，载最高人民检察院官网，https：//www.spp.gov.cn/spp/xwfbh/wsfbt/202211/t20221103_591486.shtml#2，2023 年 9 月 30 日最后访问。

2020年1月，黄某知道朱某成实际控制的海某公司无法兑付集资参与人本息后，应朱某成的要求，代为出售朱某成用非法集资款购买的2辆汽车，取得售车款104.3万元后，将其中的60万元转至朱某成的银行账户。此外，黄某联系偷渡中介人员崔某印（已判刑）等人，帮助朱某成等3人偷渡至境外。同年3月31日，朱某成等3人被抓获归案。

2020年12月30日，无锡市滨湖区人民法院以洗钱罪判处黄某有期徒刑5年6个月，并处罚金300万元；以偷越国境罪判处黄某有期徒刑6个月，并处罚金5万元，数罪并罚，决定执行有期徒刑5年9个月，并处罚金305万元。黄某未上诉，判决已生效。

2020年6月19日，江苏省无锡市滨湖区人民检察院在对朱某成等人涉嫌集资诈骗、偷越国境、职务侵占案审查逮捕时发现，朱某成供称有部分犯罪所得资金通过黄某转移，在案的银行交易记录证实与朱某成供述相互印证，无锡市滨湖区人民检察院认为黄某符合洗钱罪立案条件，于同年7月29日依法要求公安机关说明不立案理由。无锡市公安局滨湖分局对黄某以洗钱罪立案侦查。

检察机关应公安机关邀请介入侦查后，针对黄某到案后不供认犯罪事实、涉案洗钱账户众多且分布全国、部分资金流向境外的情况，重点围绕资金流转脉络等引导取证。公安机关商请中国人民银行无锡市中心支行协作配合，依托人民银行反洗钱工作平台和统筹调度优势，紧扣资金流出、回流两个关键节点，以朱某成起始资金账户为基础，核实接收洗钱资金账户情况，调取多个省市银行的60余个资金账户交易记录，分析资金走向，形成完整的资金流向图。上述资金流向与黄某司机证言、相关人员柜面提现记录等相互印证，最终认定洗钱后资金又回流至黄某处，黄某将洗钱资金交还给了朱某成及其母亲。公安机关依法从朱某成及其母亲处扣押、冻结人民币共计900余万元。同时，扣押黄某使用违法所得购入的汽车1辆、冻结涉案资金49万余元。

2020年11月16日，无锡市公安局滨湖分局以黄某涉嫌洗钱罪、偷越国境罪移送起诉。在审查起诉阶段，黄某认罪认罚，签署认罪认罚具结书。2020年11月30日，无锡市滨湖区人民检察院以黄某犯洗钱罪、偷越国境罪提起公诉。

最高检在本案的典型意义中指出，跨境洗钱犯罪不仅造成上游犯罪赃款追缴困难，而且严重危害国家金融安全，必须依法严惩。办案当中发现跨境洗钱线索的，要着力查清资金流向和流转过程，加强对境内相关资金交易记录等证据的收集。要注重引导公安机关查明资金流出的起始账户、途经账户和跨境转移的具体方式，为认定洗钱犯罪和追赃挽损夯实证据基础。对于资金流转账户多、流转过程复杂的案件，要加强与人民银行反洗钱部门等专业机构的协作，提升侦查取证和审查质效。

## 第三节　运用间接证据定案的证明思路

### 一、全面理解证据裁判原则

#### （一）准确把握证据裁判原则基本要求

刑事审判的主要任务就是认定控诉方指控的犯罪事实是否存在，指控的被告人是否构成犯罪、构成何种犯罪，对于被认定构成犯罪的被告人如何裁量刑罚。证据裁判原则是现代刑事诉讼所奉行的普遍原则，其基本要求就是通过证据认定案件事实、证据是认定案件事实的唯一手段。具体包括三层含义：一是认定案件事实，必须以证据为根据。法官认定案件事实只能依据证据，不得以证据之外的其他现象和事由，也不得凭法官个人的主观推测和个人印象认定事实。二是没有证据就不能认定犯罪事实，更不能认定被告人有罪和判处刑罚。三是据以认定犯罪事实并对被告人判处刑罚的证据必须确实、充分，并且符合法律要求。虽然有一定的数量的证据，但是达不到确实、充分的程度，或者在案的证据在数量上符合确实、充分的要求，但是，取得的手段非法，不具备证据资格的，仍然不能认定犯罪事实存在并对被告人定罪处刑。我国刑事诉讼法第 55 条规定，对一切案件的判处都要重证据，重调查研究，不轻信口供。只有被告人供述，没有其他证据的，不能认定被告人有罪和处以刑罚；没有被告人供述，证据确实、充分的，可以认定被告人有罪和处以刑罚。证据确实、充分，应当符合以下条件：（1）定罪量刑的事实都有证据证明；（2）据以定案的证据均经法定程序查证属实；（3）综合全案证据，对所认定的事实已排除合理怀疑。这些规定全面体现了证据裁判原则的要求，是刑事审判中认定犯罪事实和对被告人定罪处刑必须坚持的基本遵循。经验告诉我们，凡是坚持证据裁判基本要求，据以定案的证据确实、充分、合法，刑事案件的质量就有充分保障；反之，凡是发生冤错案件，大多是在证据上发生了错误，要么是由于据以裁判案件的证据达不到确实、充分的程度，要么是由于采信的证据因为获取程序违法而失去证据资格。

**（二）依法运用间接证据认定案件事实**

根据证据与案件的主要事实是否有直接证明关系，证据在理论上可以分为直接证据与间接证据。凡是可以单独直接证明案件主要事实的证据，都属于直接证据。通过直接证据，不需经过推理过程就可以直观地说明被指控的犯罪事实是否发生，是否为正在被追诉的人所实施。凡是必须与其他证据相结合，并经过推理才能证明案件主要事实的证据，属于间接证据。间接证据对案件主要事实的证明以推理的方式进行，任何一个间接证据，都不能肯定被告人是否有罪，只有把众多的间接证据相互衔接起来，根据经验规则和逻辑规律进行推断，在排除其他各种合理的可能性之后，才能得出确定的结论。①

**（三）摒弃“口供中心主义”**

近年来，我国的刑事诉讼在惩治犯罪和人权保障方面的能力显著增强，但基于传统和现实的种种因素，“口供中心主义”思想在刑事诉讼过程中仍然存在。在洗钱案犯罪中，行为人多具有专业知识，反侦查能力较强，到案后“零口供”现象颇为多见，在办案中要摒弃对口供的依赖，构建完整的证据体系证明犯罪事实。

## 二、运用间接证据定案证明规则分析

相关研究对运用间接证据定案的证明规则可以总结为以下五个方面，对于实践中运用间接证据认定洗钱犯罪可资借鉴。②

**（一）证据品质保障**

运用间接证据认定案件事实，首先必须保障各单个证据的品质。具体而言，用于证明案件事实的证据应当具备以下特性：③

---

① 谢小剑：《我国刑事诉讼相互印证的证明模式》，载《现代法学》2004年第6期。

② 张嘉艺：《运用间接证据定案证明规则探讨：以首例“零口供”老鼠仓案为例》，载《法律适用》2019年第11期。

③ 薛爱昌：《为作为证明方法的“印证”辩护》，载《法学研究》2018年第6期。

1. 证据来源的独立性。证据的来源应当相对独立，否则，不管这些证据所含信息的同一性有多高，都不能保证由此得出的结论是正确的。

2. 证据来源的可靠性。证据的生存或者收集过程应当是可靠的，生理上、精神上有缺陷或者年幼，不能辨别是非、不能正确表达的人，不能作证人，就是由于这种人的证言生成不可靠；通过刑讯逼供获得的证据之所以被排除，就是因为它的获取方式不可靠。

3. 证据来源的全面性和种类的多样性。证据来源应尽可能多元化，种类尽可能具有多样性，既要有言词证据、实物证据，也要有原始证据、传来证据等。

4. 证据数量的充分性与质量的关键性。通常也称为证据厚度和精度，是指对于参与定案的证据数量应尽可能丰富，至少应该包括所有与要件事实有关的证据，要都对于证明案件事实起重要作用的关键证据，不能仅依靠一些一般性的证据定案。

5. 证据的初始可信性。证据初始可信性与需要得到印证的程度成反比。在初始可信性越低的情况下，为了获得一种高概率为真的结论，所需要的印证程度就越高。

**（二）印证主导**

运用证据认定案件事实，就是不同的间接证据之间相互印证，通过比对发现不同证据所含信息同一性的过程。不同证据所含信息的同一，既包括信息的内容同一，也包括信息的指向同一、协调一致，即证据间虽有证据信息形式、信息量以及直接证明对象和内容的区别，但彼此协调、信息指向一致，相互支撑和加强，从而有助于证明待证事实。信息内容同一的印证可以对信息内容进行直接比较，这属于直接印证；信息指向同一的印证则需要借助信息筛选、语言以及证据推论等方法，才能进行信息比较，发现印证关系，这属于间接印证。

间接证据的特征是不能单独直接说明案件主要事实，而必须结合其他证据，通过推论证明案件主要事实。在推论的情况下，通常不是不同证据信息内容的同一，而是信息指向的同一，在性质上属于间接印证。

**（三）证据整体评价**

在运用间接证据认定案件事实的情况下，参与定案的单个证据均不能直接证明犯罪事实存在，而是根据不同证据所含信息的同一指向，推论出犯罪事实存在具有高度盖然性，如果推论过程能排除合理怀疑，又符合逻辑和经验，则认定犯罪事实存在，是在多个证据指向同一的情况下作出的一种推论，是在证据相互印证的过程中得出结论的，这就从根本上决定了运用间接证据认定案件事实的过程中，对于证据的评价只能采取整体模式。

**（四）心证确认**

犯罪要件事实的认定既要求证据间的客观印证，也要求法官的主观心证，客观印证只是必要条件，只有加上主观心证，才构成定罪的充分条件。即使证据间存在某种印证关系，但只要司法人员对要件事实的成立存在合理怀疑，就不能定罪处罚。

因此，运用间接证据定案包括两个环节：一个是对全案定案证据进行客观印证，另一个是对指控事实成立的盖然性进行的主观心证。笔者认为前者是基础，后者是关键，两者都是认定案件事实的证明方法。

**（五）结论可推翻**

运用间接证据认定案件事实，本质上是根据不同证据所含信息的同一指向，推论出指控事实存在具有高度盖然性，在能排除合理怀疑的情况下，认定指控事实成立。因此，通过间接证据认定的案件事实在本质上是一种推定事实，在符合一定条件的情况下，这种推定是可以推翻的。在实践中，通过间接证据认定的案件事实被推翻，主要是基于以下几个方面的因素：一是参与定案的证据本身不真实、不客观；二是参与定案证据与案件事实之间联系不客观、不稳定；三是根据证据认定案件事实不足以排除合理怀疑，结论不具有唯一性；四是运用证据进行的推理过程不符合逻辑和经验。

## 三、间接证据定罪的案例分析

洗钱犯罪中，行为人的主观故意和客观行为方式是需要证明的重要事实，在行为人拒绝供述其主观故意，查证资金流向存在困难甚至部分交易数据和交易对手方在境外情况下，如何完整地勾勒犯罪模式、认定行为人的主观故意、精确计算犯罪数额，是司法机关需要破除的难题。实践中，非法经营金融业务等案件在此类问题方面，与洗钱犯罪具有相通性，在此以沈某某非法经营案为例，分析案件的取证方向与要点，并讨论运用间接证据认定案件事实的思路。

**案例：沈某某非法经营案**

被告人沈某某，于 2020 年 9 月至 2021 年 1 月期间，以本人及通过他人虚假注册的家具经营店、刺青工作室、水产品店等名义先后向多家第三方支付公司申领 POS 机 7 台。嗣后，沈某某携带上述 POS 机多次往返中国澳门与内地，违反国家外汇管理规定，虚构交易，通过刷卡转账为赌场赌客、境外游客提供人民币与港元兑换业务，并按一定比例收取佣金获利，非法经营额为人民币 4900 余万元。2021 年 10 月，上海市浦东新区人民检察院以非法经营罪对被告人沈某某提起公诉，同年 11 月，上海市浦东新区人民法院以非法经营罪判处沈某某有期徒刑 5 年，并处罚金 15 万元，判决已生效。

本案在办理过程中，遇到了境外取证的难题，主要表现在本案中，行为人的交易对手方多为赌客，且居住地分散，交易地点在境外等客观条件限制，公安机关在侦查取证时难以寻找所有交易对手制作笔录以核实每笔交易的性质。为明确案件性质和取证方向，浦东新区人民检察院数次走访联络国家外汇管理局上海市分局寻求专业支持，并引导公安机关重点围绕账户资金流转锁定犯罪金额，通过账户交易信息寻找交易对手，最终完整刻画犯罪嫌疑人犯罪手法。即沈某某携带虚假注册申领的 POS 机，在没有真实业务情况下，通过 POS 机收款交易向不特定的境外赌客、游客结算，确定资金到账后，再根据当天汇率扣除好处费后当场支付港元现金，属于非法经营罪中非法买卖外汇的行为。虽然被告人一直拒绝供述，也缺乏直接证据予以认定，但是运用间接证据予以认定。思路可以分解为以下几个方面：

其一，在案证据品格良好，证据来源各自独立，相互不存在干扰。来源客观，都是公安机关依法调取，大量证据都是通过技术手段获取的电子证据，具有精准性。在案证据具有极强的初始可信度，除了证人证言外，其他证据都是原始证据、客观证据。证据来源全面、种类多样，既有交易记录、对手方信息等电子数据，出入境记录等书证，又有交易对手方证言等言词证据。证据兼具广度和深度，公安机关向第三方支付公司调取所有交易电子数据并制作备份，并根据查询交易对手方出入境记录，并与交易时间进行匹配，将交易失败、境内刷卡等无关或存疑交易一一剔除，最终确定非法经营犯罪金额。

其二，在案证据之间互相印证，均指向被告人非法经营外汇汇兑，被告人频繁来往于内地与中国澳门，所持 POS 机交易频繁，累计流水量大，且绝大多数交易发生在中国澳门，被告人在中国澳门没有开展生产经营或贸易活动，交易记录上的对手方证言均证实被告人向其提供兑换外币服务。

其三，在认定证据上，司法机关采取整体评价模式。被告人拒绝承认其在中国澳门实施了非法买卖外汇的行为，并要求公安机关一一证明其与之进行交易的境外人员之间不存在真实交易，而是进行外汇汇兑。很显然，被告人采取了理论上的“原子模式”，[①]要求检察机关举示具体证据证明指控的每一个事实，并要求所有证据在信息内容上要相互印证。与被告人及其辩护人采取“原子模式”对证据提出质疑不同，司法机关在对证据进行评价时则明确采取了“整体模式”，通过对间接证据和间接事实进行整体和认定，一是随机寻找部分交易对手方并制作了证人证言，以查明犯罪手法及交易性质；二是调取第三方支付公司所有交易电子数据；三是根据“两高一部”《关于办理刑事案件收集提取和审查判断电子数据若干问题的规定》，通过电子数据检查的方式，引导公安机关查询交易对手方出入境记录，并与交易时间进行匹配，将交易失败、境内刷卡等无关或存疑交易一一剔除，最终确定非法经营犯罪金额。

其四，法官通过心证确认案件事实。行为人在没有真实业务的情况下，以营利为目的，与有换汇需求的客户以 POS 机为媒介进行虚假交易，是先通过客户刷卡行为获取卡内人民币额度或资金，后支付外币现金并从中获取好处费的行为，本质上实现了卡内人民币额度或资金与外币现金之间的兑换，系在国家外汇管理规定的交易场所以外非法买卖外汇的行为，严重扰乱了国家外汇管理秩序，应当认定为非法经营罪。

其五，被告人辩解没有证据支持，反而被司法机关提供的其他证据证伪。根据证据整体评价原则，运用间接证据证明案件事实，司法人员可以在间接证据证明的基础事实基础上，通过推定方式直接认定指控事实成立。这在一定程度上降低了公诉方的证明责任，也相应降低了证明标准。

本案中，侦查和司法机关借鉴了海量证据取证方式确认非法交易金额。

---

① 西方证据学关于证明方式历来有“原子模式”（或“原子主义”）与“整体模式”（或“整体主义”）之说。这两种模式均以个别证据的证据能力和证明力审查为前提，其主要区别是：在对一个“证据群”的证明力进行评估时，“原子模式”是将其分解成单独的“项”，赋予每一项一个独立的证明价值，通过证据的链接、补强、聚合，建构“推论链条”，并结合概率进行判断，即在一系列“离散式推论”的基础上，将各个证据项的证明力以某种方式叠加，以实现事实认定；而“整体模式”的证据评价是轮廓性的或者整体性的，不赞成分解证据群，而是“将证据群作为一个整体、一个完成形态或布局来加以考察，并用一种与分析背道而驰的方式来对其整体证明力或可信性加以评估”。参见［英］威廉·特文宁：《反思证据：开拓性论著》，吴洪淇等译，中国人民大学出版社 2015 年版，第 320 页。

办案检察机关针对该取证难点进行充分研判后认为，本案可以按照“两高一部”《关于办理信息网络犯罪案件适用刑事诉讼程序若干问题的意见》第20条中有关“海量证据”取证方式取证，以确认非法交易金额：一是随机寻找部分交易对手方制作笔录，查明犯罪手法及交易性质；二是引导公安机关从第三方支付公司调取所有交易电子数据并制作备份；三是根据“两高一部”《关于办理刑事案件收集提取和审查判断电子数据若干问题的规定》，通过电子数据检查的方式，引导公安机关查询交易对手方出入境记录，并与交易时间进行匹配，将交易失败、境内刷卡等无关或存疑交易一一剔除，最终确定非法经营犯罪金额。

跨境换汇、洗钱犯罪经常面临涉及人数众多，住址分散，且换汇行为在境外，调取现场证据存在客观障碍，通过笔录核实等传统取证方式难以实现指控目的。当行为人拒绝供述情况下，充分运用海量证据取证方式取证，以间接证据认定犯罪事实非常必要。

对此，可以借鉴“两高一部”《关于办理信息网络犯罪案件适用刑事诉讼程序若干问题的意见》，结合跨境资金转移、转换的特点，确定“证人证言定性，电子证据定量”的审查思路。检察机关在引导侦查时，应重视电子证据调取的合法性和完整性，通过电子数据检查环节，对交易对手方出入境记录和刷卡记录进行匹配，锁定交易地点，建立跨境和交易之间的联系，再结合证人证言、被告人供述等，精准确定非法经营犯罪金额。

特别需要指出的是，对于资金交易复杂、电子数据海量的上游犯罪案件，检察机关同步审查洗钱线索时，要注意发挥检察技术辅助审查的作用。电子数据中含有大量与证明犯罪有关的信息，对于证明上游犯罪、发现下游犯罪具有重要价值。检察机关对电子数据需要作针对性挖掘梳理时，可以要求公安机关或者委托专门机构作专业技术分析，也可以应邀参与辅助审查。检察官要结合犯罪特征以及指控证明犯罪思路明确审查目的，提出审查的重点方向和具体要求，并与检察技术人员共同会商研判实现审查目的的技术路径及可行性。检察技术人员应根据审查目的运用专业方法对手机、电脑、电子设备存储电子数据等进行针对性审查，从已有电子数据中挖掘与上游犯罪及洗钱行为有关的数据信息。可以借鉴反洗钱大额交易监测、可疑交易分析等方法，对电子数据中有关大额资金流向及交易背景等，运用技术手段进行穿透式审查分析，并通过对电子数据与其他主客观证据的比对碰撞，发现及证明犯罪。

# 参考文献


## 一、专著

1. ［美］E. 博登海默:《法理学——法律哲学与法律方法论》，邓正来译，中国政法大学出版社 2010 年版。

2. ［美］兹维·博迪、罗伯特·C. 默顿、戴维·L. 克利顿:《金融学》，曹辉等译，中国人民大学出版社 2010 年版。

3. ［美］杰克逊、西蒙斯:《金融监管》，吴志攀等译，中国政法大学出版社 2003 年版。

4. 曹作义:《反洗钱可疑交易分析 16 讲》，中国金融出版社 2014 年版。

5. 储峥、魏玮主编:《反洗钱监管概论》，中国财政经济出版社 2021 年版。

6. 金赛波、付荣等编著:《中国法院审理洗钱罪实务和案例判决书精选》，法律出版社 2016 年版。

7. 刘丽洪:《反洗钱理论与实务探析》，中国金融出版社 2022 年版。

8. 孙陵霞:《基于国际视角的反洗钱政策研究》，中国财政经济出版社 2019 年版。

9. 王新:《反洗钱：概念与规范诠释》，中国法制出版社 2012 年版。

10. 严立新编著:《中外典型洗钱案例解析》，复旦大学出版社 2021 年版。

## 二、论文

1. 安玉书:《国际特定非金融领域反洗钱监管制度的经验及启示》，载《黑龙江金融》2017 年第 3 期。

2. 白欢欢:《英国特定非金融行业反洗钱监管经验及对我国的启示》，载《金融会计》2019 年第 9 期。

3. 陈灿平、温新宇:《金融性帮助行为评价为洗钱罪的法经济阐释》，载《法学论坛》2022 年第 5 期。

4. 蔡宁伟、戴君:《我国〈反洗钱法〉的实施现状与未来建议——基于美国、英国、西班牙与中国的反洗钱监管律法对比》，载《金融理论与实践》

2021 年第 10 期。

5. 蔡宁伟、李峰:《金融机构反洗钱最新监管规定对标研究——基于人民银行〈法人金融机构洗钱和恐怖融资风险管理指引(试行)〉与银保监会〈银行业金融机构反洗钱和反恐怖融资管理办法〉对比的视角》，载《金融理论与教学》2019 年第 6 期。

6. 陈恒有、康洋等:《FATF〈法律专业人员风险为本方法指引〉综述及对我国律师业反洗钱监管的启示》，载《西部金融》2020 年第 7 期。

7. 陈华:《反洗钱部门协调机制国际经验借鉴》，载《金融发展评论》2016 年第 5 期。

8. 陈明端:《特定非金融领域洗钱方式及其监管》，载《河北金融》2017 年第 9 期。

9. 陈山:《期待可能性视域中“自洗钱”入刑的教义学建构》，载《国家检察官学院学报》2022 年第 5 期。

10. 陈垣桥、肖斌卿等:《政府反洗钱监管力度与金融机构反洗钱资源规划——基于“政府—金融机构”间委托代理关系》，载《金融理论与实践》2021 年第 9 期。

11. 程璞:《FATF 黄金行业洗钱风险报告对我国反洗钱工作的启示》，载《时代金融》2018 年第 7 期。

12. 单英:《金融机构反洗钱成本分析及对反洗钱监管的启示》，载《时代金融》2016 年第 8 期。

13. 冯怡:《特定非金融行业反洗钱和反恐融资：国际规则与我国的实践》，载《财会学习》2011 年第 8 期。

14. 冯怡:《做好特定非金融行业和职业反洗钱工作的政策建议》，载《黑龙江金融》2022 年第 6 期。

15. 傅福兴、李伊凝:《我国反洗钱穿透识别的监管进路——以司法裁判为视角》，载《证券法苑》2022 年第 2 期。

16. 高天明:《论黄金行业反洗钱制度的完善》，北京外国语大学 2020 年硕士论文。

17. 龚一庆:《国际黄金市场与中国黄金市场发展探究》，载《中国市场》2020 年第 4 期。

18. 关婷婷:《特定非金融领域反洗钱制度框架和管理思路研究》，载《时代金融》2014 年第 6 期。

19. 韩向国:《特定非金融机构反洗钱监管研究》,载《内蒙古金融研究》2009 年第 10 期。

20. 何雷、晋鼎明:《从合作博弈到激励相容:公私部门合作治理的主体关系》,载《中州学刊》2021 年第 8 期。

21. 侯合心、冯乾:《我国参与国际反洗钱金融情报合作问题研究——基于 FATF 关于中国反洗钱评估报告的分析》,载《金融监管研究》2016 年第 2 期。

22. 胡娟:《大数据技术在第三方支付机构反洗钱监管领域的应用研究》,载《北京政法职业学院学报》2018 年第 6 期。

23. 黄敏:《反洗钱监管研究综述》,载《喀什大学学报》2016 年第 7 期。

24. 黄志健:《特定非金融领域反洗钱监管研究》,载《福建金融》2016 年第 2 期。

25. 贾济东、胡扬:《论我国反洗钱法域外适用的困境与出路》,载《华中科技大学学报(社会科学版)》2021 年第 3 期。

26. 蒋海、萧松华:《金融监管效率的基石:激励相容的监管机制》,载《当代经济科学》2004 年第 7 期。

27. 焦瑾璞:《夯实黄金市场发展基石》,载《中国金融》2018 年第 1 期。

28. 金梅、倪晗:《国内反洗钱研究进展与趋势分析——基于 CNKI 文献的 CiteSpace 可视化分析》,载《兰州交通大学学报》2022 年第 8 期。

29. 乐明德、汪锋:《Python 在反洗钱执法检查中的应用探讨——以景德镇市反洗钱执法检查为例》,载《金融科技时代》2022 年第 10 期。

30. 黎宏:《“自洗钱”行为认定的难点问题分析》,载《法学评论》2023 年第 3 期。

31. 李福焕、孔秀杰:《金融机构反洗钱工作内在动力不足问题研究》,载《内蒙古财经学院学报(综合版)》2012 年第 4 期。

32. 李红英:《金融科技、监管科技助力反洗钱监管的实践与思考》,载《时代金融》2020 年第 10 期。

33. 李佳:《意大利特定非金融行业反洗钱监管模式分析及对我国的启示》,载《西部金融》2021 年第 12 期。

34. 李建文:《国际反洗钱形势的新变化及对我国反洗钱工作的战略思考》,载《金融发展研究》2013 年第 5 期。

35. 李思佳:《虚拟资产服务提供商反洗钱法律责任》,载《河北法学》

2022 年第 5 期。

36. 李伟、叶威:《加密货币洗钱风险的法律规制》，载《江西警察学院学报》2019 年第 11 期。

37. 李贤彬、许余洁等:《基于区块链技术的嵌入式监管创新研究》，载《财经科学》2022 年第 10 期。

38. 李鑫:《特定非金融机构反洗钱监管机制研究》，载《北方金融》2018 年第 5 期。

39. 林怡:《国内特定非金融市场的洗钱风险及其法律防范》，载《淮南职业技术学院学报》2020 年第 4 期。

40. 刘国军:《探讨特定非金融行业洗钱防控措施》，载《北方金融》2019 年第 3 期。

41. 刘金林:《洗钱犯罪法律适用问题研究》，载《法律适用》2023 年第 4 期。

42. 刘亚军、刘晨晨:《我国银行业洗钱风险管理体系框架及机制构建研究——基于巴塞尔协议风险监管框架分析》，载《西部金融》2019 年第 4 期。

43. 刘莹、李鹏等:《反洗钱监管机构与金融情报机构关系研究——基于国际经验比较分析》，载《西部金融》2018 年第 5 期。

44. 刘用明、李钊等:《监管科技在反洗钱领域的应用与探索》，载《证券市场导报》2020 年第 6 期。

45. 罗剑、赵茜:《建设中国多层次黄金市场体系研究》，载《证券市场导报》2009 年第 10 期。

46. 罗强:《特定非金融行业反洗钱监管》，载《中国金融》2020 年第 8 期。

47. 骆品亮等:《P2P 网贷平台信用风险控制的演化博弈分析》，载《研究与发展管理》2018 年第 3 期。

48. 米晓文:《全球数字加密货币反洗钱监管：经验与趋势》，载《华北金融》2018 年第 11 期。

49. 苗文龙、张菁华:《国家面临的洗钱风险评估：方法设计与风险计量》，载《金融监管研究》2016 年第 9 期。

50. 年四伍:《对加强黄金市场洗钱风险防控的思考》，载《金融纵横》2018 年第 2 期。

51. 潘文娣:《贵金属和珠宝交易洗钱风险及监管建议》，载《海南金融》2015年第9期。

52. 秦晓伟:《黄金交易下洗钱犯罪防范的难点及建议》，载《济南金融》2006年第2期。

53. 覃盈盈:《我国反洗钱领域监管科技应用研究》，载《金融经济》2021年第2期。

54. 时方:《我国洗钱罪名体系的适用困局与法益认定》，载《环球法律评论》2023年第3期。

55. 石龙:《黄金交易洗钱行为监测分析研究》，载《新金融》2019年第11期。

56. 史庆璜、冯涛、马玉红:《特定非金融行业洗钱风险防范研究》，载《西部金融》2018年第11期。

57. 童文俊:《黄金珠宝业的洗钱风险与反洗钱措施分析》，载《中国货币市场》2009年第3期。

58. 童文俊:《金融机构腐败洗钱风险与反洗钱对策分析》，载《金融管理与研究》2012年第6期。

59. 王薇、刘秋月:《黄金、黄金期货与黄金ETF》，载《西部皮革》2018年第8期。

60. 王文华、魏祎远:《互联网平台企业反腐败、反洗钱合规机制构建初探——以G20为视角》，载《中国应用法学》2022年第1期。

61. 王先甲等:《有限理性下的演化博弈与合作机制研究》，载《系统工程理论与实践》2011年第31期。

62. 王小丽:《国际贵金属、珠宝交易商反洗钱监管经验与启示》，载《金融会计》2021年第11期。

63. 王新:《洗钱罪的基础问题辨析——兼与张明楷教授商榷》，载《法学评论》2023年第3期。

64. 王新:《洗钱罪的司法认定难点》，载《国家检察官学院学报》2022年第6期。

65. 吴绍艳、高静娟:《金融机构反洗钱措施中了解客户原则之探析——兼议我国金融机构反洗钱体制中该原则的完善》，载《北京理工大学学报（社会科学版）》2006年第2期。

66. 吴卫锋:《贵金属珠宝业的洗钱风险与对策研究》，载《金融会计》

2021 年第 12 期。

67. 吴朝平:《论“互联网 +”时代反洗钱措施之变革——“互联网 +”背景下国家反洗钱的脆弱性及其应对》，载《征信》2016 年第 10 期。

68. 向琳:《特定非金融领域反腐败洗钱的现状与对策》，载《廉政文化研究》2015 年第 5 期。

69. 熊陈楚:《香港跨境洗钱的监管经验及启示》，载《区域金融研究》2016 年第 4 期。

70. 严胧:《从“8.31”特大黄金期货非法经营案看网络洗钱特点和防范措施》，载《时代金融》2013 年第 6 期。

71. 杨春丽:《我国特定非金融机构反洗钱监管现状及存在的问题》，载《时代金融》2019 年第 11 期。

72. 杨钦:《特定非金融机构洗钱风险及防范》，载《当代经济》2017 年第 2 期。

73. 尹志锋:《黄金行业洗钱诱因和反洗钱监管分析》，载《杭州金融研修学院学报》2021 年第 8 期。

74. 于畅:《基于演化博弈模型的反洗钱监管有效性问题研究》，载《吉林金融研究》2019 年第 7 期。

75. 苑士威、冯慧佳:《互联网金融洗钱风险及反洗钱监管对策研究》，载《西部金融》2016 年第 12 期。

76. 张超:《洗钱渠道向特定非金融机构转移的趋势分析》，载《西部金融》2010 年第 4 期。

77. 张国坤:《构建特定非金融机构反洗钱监管机制》，载《中国金融》2019 年第 9 期。

78. 张洁、孙茂辉等:《虚拟货币的洗钱风险防范和反洗钱监管》，载《中国金融家》2021 年第 8 期。

79. 张明楷:《洗钱罪的保护法益》，载《法学》2022 年第 5 期。

80. 张明楷:《自洗钱入罪后的争议问题》，载《比较法研究》2022 年第 5 期。

81. 张文汇:《特定非金融领域反洗钱制度》，载《中国金融》2015 年第 5 期。

82. 张艳、薛耀文:《多阶段多目标洗钱网络路径算法研究及反洗钱应对策略》，载《系统工程理论与实践》2017 年第 8 期。

83. 赵永林:《论我国特定非金融机构反洗钱监管》，载《河北法学》2014年第10期。

84. 郑家庆:《我国特定非金融行业反洗钱监管体系初探》，载《西南金融》2017年第1期。

85. 中国人民银行长春中心支行反洗钱处课题组:《基于FATF新标准浅析我国反洗钱监管有效性及改善建议》，载《吉林金融研究》2018年第10期。

86. 中国人民银行甘南州中心支行课题组:《对特定非金融行业反洗钱监管模式的思考》，载《甘肃金融》2016年第6期。

87. 周锦依:《反洗钱视域下洗钱入罪之功能解析》，载《南昌大学学报(人文社会科学版)》2022年第10期。

88. 周袁民:《基于博弈论视角的特定非金融机构反洗钱监管路径选择》，载《吉林金融研究》2019年第6期。

89. 朱米均:《贵金属行业洗钱风险及对策》，载《河北金融》2010年第5期。

90. 宗晓丽、赵洁等;《钻石贸易洗钱与恐怖融资：方式、监管及工作建议》，载《金融发展研究》2014年第3期。

91. 邹德志:《我国特定非金融行业反洗钱策略研究》，载《金融会计》2013年第2期。

92. 程璞:《商业银行POS机套现的洗钱风险管理探析》，载《西部金融》2017年第4期。

93. HKEX，research report financial technology applications and related regulatory framework，2018.

94. FATF，RBA guidance for dealers in precious metal and stones，2008.

95. FATF，Money laundering / terrorist financing risks and vulnerabilities associated with gold，2015.

96. FATF，Professional Money Laundering，2018.

97. FATF，Procedures for the FATF fourth round of AML/CFT mutual evaluation.

98. FATF，International standards on combating money laundering and the financing of terrorism&poliferatio，2018.

99. FATF，Anti-money laundering and counter terrorist financing for judges & prosecutor ，2018.